Henry Miller

Von der Unmoral der Moral

und andere Texte

Deutsch von
Hermann Stiehl

rororo

Rowohlt

Rowohlt Verlag GmbH, Kirchenallee 19, 20099 Hamburg

Kontaktadresse nach EU-Produktsicherheitsverordnung:
produktsicherheit@rowohlt.de

Die amerikanische Originalausgabe erschien 1962 unter dem Titel
«Stand Still Like the Hummingbird»
im Verlag New Directions Publishing Corporation, New York
Umschlagentwurf Werner Rebhuhn (Foto: Der dreiundzwanzigjährige
Henry Miller im Ausflugsdampfer auf dem Hudson)
Deutsche Erstausgabe
Hinweise auf die Originaltitel und die Quellen siehe Seite 183

8. Auflage April 2021

Veröffentlicht im Rowohlt Taschenbuch Verlag,
Reinbek bei Hamburg, August 1979

Satz Aldus (Linotron 404) bei CPI books GmbH, Leck
Druck und Bindung
BoD – Books on Demand GmbH, Norderstedt, Germany
ISBN 978-3-499-14396-0

Inhalt

Vorwort	7
Die Stunde des Menschen	11
Kinder der Erde	21
Sesam, öffne dich!	32
Patchen: Mann des Zorns und des Lichts	38
Ein offener Brief an alle	49
Erste Liebe	53
Offener Brief an kleine Zeitschriften	58
Mein Leben als Echo	62
Von der Unmoral der Moral	69
Ionesco	77
Walt Whitman	91
Henry David Thoreau	95
Geld und wie es dazu wird	104
Lesen oder nicht lesen	143
Lindenzweige und Verrat	147
Drei neugeborene Elefanten	154
Anderson, der Geschichtenerzähler	160
Die Romane Albert Cosserys	167
Schweb still wie der Kolibri	171

Bei der Lektüre der vorliegenden Sammlung von Essays, Vorworten, Besprechungen und anderer Prosa sollte sich der Leser vor Augen halten, daß diese Texte während eines Zeitraums von über fünfundzwanzig Jahren entstanden und daß sie nicht chronologisch geordnet sind. Das Erstaunliche ist, daß sie dennoch ein Ganzes bilden. Es sieht so aus, als verliere man niemals seine Identität, wie oft man sich auch häutet.

Mir fällt beim Wiederlesen dieser Texte auf, daß sich zwar meine Lebensauffassung – meine Philosophie, wenn man so will – seit dem ‹*Wendekreis des Krebses*› geändert haben mag, meine Einstellung zur Gesellschaft aber dieselbe geblieben ist. Ich vermute, daß diejenigen, die Schwierigkeiten haben, mit dem ‹*Wendekreis des Krebses*› auch mit dem vorliegenden Buch nichts anfangen können. Die Gedanken, die ich darin äußere, dürften für ein prüdes Gemüt ebenso ungenießbar sein wie meine berüchtigten Erlebnisse aus der frühen Pariser Zeit.

In diesem Fall jedoch müßten neue Formeln herhalten, um meinen schlechten Geschmack zu beschreiben. Die vorliegenden Texte enthalten keine Obszönitäten. Und jedes einzelne Stück ist in sich abgeschlossen, auch wenn das vielleicht nicht immer auffällt. Ich möchte sogar behaupten, daß sich ein roter Faden durch die ganze Sammlung zieht, der sie zusammenhält, so lose miteinander verknüpft die Texte auch sein mögen.

Wie hart ich auch immer mit unserer Lebensweise ins Gericht gehe, der Tenor dieses Buches hat nichts Unerlaubtes. Amerika wird durch die Augen eines Amerikaners betrachtet und nicht durch die eines Hottentotten. Und Europa, das im Vergleich mit Amerika oft günstiger abschneidet, ist ein Europa, wie es nur ein Amerikaner sehen kann.

Nun, meine lieben Landsleute – als was werdet ihr mich diesmal abstempeln? Als unamerikanisch? Ich fürchte, das Epithet paßt nicht. Ich bin amerikanischer als ihr, nur gegen den Strich. Wenn ihr einen Augenblick nachdenkt, werdet ihr feststellen, daß gerade diese Eigenschaft mich in die Tradition einfügt. Alle Kritik, die ich gegen unsere Lebensweise, unsere Institutionen, unsere Fehler vorbringe, findet sich bereits bei Thoreau, Whitman, Emerson sogar in noch schärferer Form. Schon vor der Jahrhundertwende hatte Whitman zu seinen amerikanischen Landsleuten gesagt: «Ihr seid auf dem besten Weg, eine ganze Nation von Irren hervorzubringen.»

Heute kommt es einem vor, als sei bereits die ganze Welt verrückt geworden. Aber ob wir wollen oder nicht, wir marschieren an der Spitze des Zugs. Wir sind doch immer und überall die ersten.

Das beherrschende Thema dieses Buches ist die Misere des Menschen, die natürlich auf die gesellschaftliche Misere verweist, da sich Gesellschaft nur als eine Gesamtheit von Individuen begreifen läßt. Zwei der in diesem Buch vorgestellten Personen symbolisieren die Art des angedeuteten Dilemmas: Kenneth Patchen, unser eigener amerikanischer Poet, und George Dibbern, der erste und einzige «Weltbürger». Der Artikel über Patchen entstand 1947; seine Lage hat sich seitdem kein bißchen geändert, allenfalls zum Schlechteren. Seit ich ihn 1940 kennenlernte, hat er eine schlimme Krankheit nach der anderen durchgemacht. Heute, nach mehreren schweren Operationen, leidet er ständig unter Schmerzen, denn er ist allergisch gegen Medikamente und darf nichts Stärkeres als Aspirin einnehmen. Und obwohl er noch eine ganze Reihe von Gedicht- und Prosabänden veröffentlicht hat, seit ich das erste Mal über ihn schrieb, und dazu Hunderte von Umschlägen für seine Bücher entworfen hat, wird er von dem breiten Publikum noch immer nicht zur Kenntnis genommen. Und George Dibbern steht noch genau da, wo er angefangen hat; mit einundsiebzig arbeitet er heute irgendwo in Neuseeland als Scheuermann. So geht's einem, wenn man sich den Kompromissen verweigert. Wir kennen das Schicksal von Melville, Poe, Hart Crane, um nur die bekanntesten Namen zu nennen. Es ist eine lange Liste, und wenn man die Leidensgeschichte unserer Genies verfolgt, jagt es einem die Schamröte ins Gesicht. Ebenso wie die Indianer, die wir an die Wand gedrückt haben, sind die wahren Individuen, die schöpferischen Geister in unserer Mitte von vornherein zum Untergang verurteilt. Inzwischen floriert eine Vielzahl von Stiftungen, deren Direktoren eine geniale Begabung für die Förderung der Mittelmäßigkeit entfalten.

Nein, die Dinge haben sich kein bißchen geändert seit den Tagen des ‹*Wendekreis des Krebses*›, es sei denn zum Schlechteren. *La vie en rose* ist dem Künstler jedenfalls nicht bestimmt. Der Künstler, wenigstens der wirkliche Künstler, wird noch immer als suspekt betrachtet, als eine Bedrohung für die Gesellschaft. Die Konformisten, diejenigen, die das Spiel mitspielen, werden getätschelt und verhätschelt. Nirgendwo sonst auf der Welt, außer in Sowjetrußland, werden diese Konformisten so großzügig belohnt, nirgendwo sonst erhalten sie so breite Anerkennung für ihre Leistungen.

Soviel zu dem wichtigsten Punkt. Grundsätzlich möchte ich jedem raten: Warte nicht darauf, daß sich die Dinge ändern, die Stunde des Menschen ist bereits gekommen, und ob du in dem großen Getriebe unten oder oben arbeitest, wenn du ein schöpferischer Mensch bist, wirst du weiter produktiv sein, was auch immer komme. Was kannst du dir Besseres erhoffen? Man muß immer an sich selbst glauben, ob anerkannt oder nicht, ob beachtet oder nicht. Die Welt mag einem vorkommen wie die ausgemachte Hölle – wir tun ja schließlich alles dazu, nicht wahr? –, aber es gibt immer noch einen Freiraum, und wenn er in der eigenen Seele liegt, wo man sich ein Fleckchen Paradies schaffen kann, so verrückt das klingen mag.

Wenn du siehst, du kannst weder vor noch zurück, wenn du feststellst, daß du nicht mehr stehen noch sitzen oder liegen kannst, wenn deine Kinder an Unterernährung gestorben und deine alten Eltern ins Armenhaus oder in die Gaskammer geschickt worden sind, wenn du merkst, du kannst weder schreiben noch *nicht* schreiben, wenn du überzeugt bist, daß alle Auswege versperrt sind, dann kannst du nur noch an Wunder glauben oder still in der Luft schweben wie der Kolibri. Das Wunder ist, daß es den Honig gibt, gleich vor deiner Nase, du warst nur zu sehr damit beschäftigt, ihn anderswo zu suchen. Das Schlimmste ist nicht der Tod, sondern Blindsein, blind für die Tatsache, daß alles am Leben im Bereich des Wunderbaren liegt.

Die Gesellschaft drückt sich durch Konformität aus; das schöpferische Individuum durch Freiheit. Das Leben wird weiterhin eine Hölle sein, solange die Menschen, die die Welt ausmachen, die Augen vor der Wirklichkeit verschließen. Von einer Ideologie zur anderen umzuschalten ist sinnlos. Jeder einzelne von uns ist einmalig und muß als solcher anerkannt werden. Daß wir Amerikaner oder Franzosen oder was sonst immer sind, sagt wenig über uns. In erster Linie sind wir alle Menschen, einer vom anderen verschieden, und wir sind gezwungen, miteinander zu leben, in demselben Topf zu schmoren. Die schöpferischen Geister sind die Befruchter: sie sind die *Lamed Waw*, die die Welt vor dem Auseinanderfallen bewahren. Ignoriert man sie, unterdrückt man sie, wird die Gesellschaft zu einer Ansammlung von Automaten.

Was wir nicht hinnehmen, nicht sehen oder hören wollen, sei es Unsinn, Verrat oder Gotteslästerung, gerade das sind die Dinge, auf die wir achten sollten. Selbst der Idiot könnte eine Botschaft für uns haben. Vielleicht bin ich einer dieser Idioten. Aber ich sage, was ich zu sagen habe.

It's a long, long way to Tipperary und, wie Fritz von Unruh sagt: «Noch ist nicht das Ende.»

Kalifornien, 16. Februar 1962 *Henry Miller*

Die Stunde des Menschen

Wenn Walker Winslow und ich zu Fuß an der Autostraße entlang von der Arbeit nach Hause gingen, kamen wir oft auf ein Thema zurück – wie wunderbar einfach und wirkungsvoll gegenseitige Hilfe ist. Walker war Mitglied bei den Anonymen Alkoholikern gewesen und hatte dort immer wieder beobachten können, was für verblüffende Ergebnisse allein schon das Solidaritätsgefühl bewirkt. Wenn nun ein Alkoholiker, der sich für hilflos und hoffnungslos hält, allein durch das Zusammensein mit Leidensgefährten Trost findet und gestützt wird, wie steht es dann mit den anderen Hilflosen, den anderen Süchtigen, den anderen Opfern der Gesellschaft? (Das heißt mit der großen Mehrzahl der Menschheit.) Sitzen wir nicht alle in demselben Boot? Wer von uns ist schon Herr seines Schicksals? Von wie vielen unserer Freunde und Bekannten können wir sagen: «Das ist ein freies Individuum!» Oder gar: «Das ist ein Mensch, der sich selbst genügt!»

Die Substanz unserer Überlegungen könnte ich so zusammenfassen: Angenommen, wir alle verstünden uns nicht als Mitglieder in einer Organisation, sondern als Angehörige einer alten, beständigen Gemeinschaft, der einzigen, der wir uns wirklich verpflichtet fühlen können – der Menschheit; angenommen, wir begegneten Abweichungen von der Norm nicht mit Vorwurf und Strafe, sondern mit Verständnis und Mitgefühl, mit dem Verlangen zu helfen, statt mit dem Verlangen, uns zu schützen. Angenommen, wir gründeten unsere Sicherheit allein auf die Gewißheit gegenseitiger Hilfe. Angenommen, wir zerrissen das Netz komplizierter Gesetze, dessen Maschen uns jetzt umfangen, und setzten an seine Stelle das ungeschriebene Gesetz, daß kein Schrei aus der Not, kein Hilferuf ungehört bleiben darf. Ist nicht der Impuls, einander zu helfen, genauso stark, ja, stärker noch als der Impuls, einander zu verdammen? Leiden wir nicht unter dem Mißbrauch dieses Instinkts, unter seiner Usurpation durch den Staat und mildtätige Organisationen aller Art? Kurzum, wenn wir wüßten, daß wir, in welcher Notlage auch immer, nur davon zu sprechen brauchten, damit uns geholfen würde, wären wir dann nicht der meisten Übel, die uns jetzt plagen, schon ledig? Sind wir nicht alle Opfer von Angst und Furcht, eben weil wir kein Vertrauen zueinander, ineinander haben? Und dies um so mehr, als uns die Intelligenz fehlt, eine Macht und Weisheit zu erkennen, die größer ist als die unsere?

Da gibt es ein kurzes Gebet, das von Mitgliedern der Anonymen Alkoholiker oft gesprochen wird: «Gott schenke uns die Gelassenheit, das hinzunehmen, was wir nicht ändern können, den Mut, das zu ändern, was wir ändern können, und die Weisheit, zwischen beiden zu unterscheiden.»

Um zur Crux des Problems zu kommen, das uns verfolgte, hier die Frage, die wir einander stellten: «Kann man einem anderen wirklich helfen, und wenn ja: wie?»

Die Frage ist natürlich schon längst von Jesus beantwortet worden, einfach und direkt – wie im Zen, sind wir heute zu sagen versucht. Jesus hat mehrfach sehr deutlich gesagt, sogar befohlen, daß man nicht erst nachdenken, sondern sofort auf jeden Hilferuf antworten soll. Großmütig antworten: Gib ihm nicht nur deinen Rock, sondern auch den Mantel, geh nicht nur eine Meile, sondern zwei. Und wie wir wissen, gehört zu dieser Forderung eine andere, noch wichtigere – Böses mit Gutem zu vergelten. «Ihr sollt nicht nicht widerstreben dem Bösen!»

Durch die Gleichnisse Jesu geht ein anderer lehrreicher Gedanke: daß wir keine Unruhe stiften, nichts übertünchen und uns nicht anmaßen sollen, andere zu unserer Denkweise zu bekehren, sondern die Wahrheit zeigen sollen, die in uns wohnt, indem wir instinktiv und spontan reagieren, wenn wir mit etwas konfrontiert werden. Mit anderen Worten: wir sollen unser Teil tun und auf den Herrn vertrauen.

Indem wir aufgeschlossen, mit vollem Geist, auf jede Forderung antworten, die an uns gestellt wird, helfen wir unserem Nächsten, sich selbst zu helfen. Für Jesus war das kein Problem. Es war einfach. Indem man das volle Maß seiner selbst gab – mehr, mit anderen Worten, als verlangt war –, versetzte man den, der in Not war, in seine menschliche Würde zurück. Man gab von dem Kelch, der überfloß. Die Not des anderen war sofort gestillt, weil sie aus dem unerschöpflichen Reservoir des Geistes schöpfen konnte. Und Geist antwortet auf Geist.

Die Antwort lautet also: immer bereit sein, sofort das Mögliche tun und geben, ohne zu knausern. Nicht die Motive des anderen oder die eigenen prüfen, nicht lang herumreden, nicht zaudern, sich nicht fragen nach dem Ergebnis der eigenen Handlungsweise – und ganz gewiß nicht nach Billigung, Bestätigung oder Belohnung Ausschau halten. Wenn diese Antwort für den einzelnen gilt, gilt sie auch für die Gesellschaft als Ganzes. Man ist nicht der Gesellschaft, sondern Gott verantwortlich.

Um eine radikale Veränderung herbeizuführen, brauchte man, so sahen wir es, nur die einfache Forderung zu praktizieren: «Alles, was ihr wollt, daß euch die Leute tun sollen, das tut ihr ihnen auch.» Keine Glaubenssätze, keine Anbetung, keine Zehn Gebote, keine Zeremonien, keine Kirchen, keine Organisation irgendwelcher Art. Kein Warten auf eine bessere Regierung, auf bessere Gesetze, bessere Arbeitsbedingungen, besseres dies und besseres das. Fangt an hier und jetzt, wo immer ihr euch befindet, und denkt nicht an morgen. Schaut nicht nach Rußland, China, Indien, nicht nach Washington, nicht nach dem Nachbarland, der Nachbarstadt, schaut nur nach eurer unmittelbaren Umgebung. Vergeßt Buddha, Jesus, Mohammed und alle anderen. Tut, was ihr könnt, so gut ihr es könnt, ohne Rücksicht auf die Folgen. Und vor allem: erwartet nicht, daß euch gleich jemand nachfolgt.

Das erschien uns so absolut klar und einfach. Zu klar, zu einfach vielleicht. Wer immer nach dieser Wahrheit handeln will, braucht den Mut des Löwen, die Hartnäckigkeit des Stiers, die Verschlagenheit der Schlange und die Unschuld der Taube. Dennoch bleibt bestehen – und das ist aufschlußreich –, daß es in jedem Zeitalter nur eine Handvoll Menschen gibt, deren Wirken die Gesellschaft vor der völligen Degeneration bewahrt. Die Tradition will es, daß diese wenigen allzeit anonym bleiben und daß sie es sind, denen die Berühmten die Inspiration verdanken.

In einem kurzen Artikel mit dem Titel ‹*The Hour of Man*› (*Manas*, 31. Januar 1951, Los Angeles, Kalifornien) versuchte Walker seine Überlegungen in Worte zu fassen. Hier ist der Anfang:

«In einer großen Nervenklinik saß ich kürzlich mit einem Team von Wissenschaftlern zusammen, die Patienten für eine Leukotomie auswählten – einen drastischen chirurgischen Eingriff, der bisweilen den Erkrankten gegen seine Erkrankung immunisiert, indem das Gehirngewebe beschädigt wird. Bevor die einzelnen Patienten erschienen, wurden ihre Krankengeschichten verlesen. Da erfuhr man von defekten Familien, von Eifersucht, von natürlicher Angst vor wirtschaftlichen oder sozialen Konsequenzen, von Menschen, die von sexuellen Dingen nichts gewußt hatten, und schließlich von Menschen, die den Schrecken des Krieges ausgesetzt waren. Keiner dieser Menschen hatte ein organisch beschädigtes Gehirn, keiner litt an einer körperlichen Krankheit. Die Kluft zwischen dem Leben, das ihre Geburt ihnen versprochen hatte, und dem Leben, das wir als Gesellschaft ihnen aufgezwungen hatten, war zu groß für ihre emotionale Widerstandskraft.

Seltsamerweise war eines der Auswahlkriterien für die Leukotomie, daß der Patient in eine bessere Umgebung zurückkehrte als die, aus der er gekommen war. Erst wenn dies gesichert war, griff der Chirurg zu seinem Messer. An jenem Abend sah ich einen Mann, der mit Tränen in den Augen um eine Operation bat, die ihn für immer ein wenig betäubte. Er wollte seine Sensibilität abstumpfen lassen, bis er die Welt ertragen konnte, in der er lebte. Von wegen bessere Umgebung!»

Er zitiert dann ungeheuerliche statistische Angaben über den jährlichen Konsum von Alkohol und Drogen jeder Art in diesem «Land der unbegrenzten Möglichkeiten» und stellt fest:

«Ich bin in vielen Nervenkliniken in unserem Land ein und aus gegangen, habe mich erkundigt, wie es um die Verhaltenshygiene steht, und habe viele Organisationen nach einer Lösung meiner eigenen Probleme befragt und danach, wie diese Probleme bei anderen verhindert werden können. Innerhalb eines Jahres habe ich 1400 Alkoholiker interviewt. Ich fand zwar viele vortreffliche und problembewußte Männer und Frauen und zahllose Leidende, aber keine fertige Antwort.»

Dann fährt er fort:

«Ich wünsche mir, daß eine Stunde in der Woche Radio und Fernsehen abgeschaltet, Zeitungen und Zeitschriften beiseite gelegt werden, das Auto in der Garage verschlossen, der Bridgetisch zusammengeklappt, die Flasche verkorkt wird, die Beruhigungsmittel in der Packung bleiben. Ich wünsche mir, daß Produktion und Konsum für die Dauer dieser einen Stunde vergessen werden, desgleichen die Politik, auf nationaler wie internationaler Ebene. Und während dieser einen Stunde, die ich *Die Stunde des Menschen* nennen möchte, könnte der Mensch sich selbst und seinen Nachbarn fragen, zu welchem Zweck er auf der Welt ist, was das Leben ist, was der Mensch vom Leben verlangen kann und was er ihm dafür schuldet. Wenn einer sich müht und nach dem strebt, was er wirklich will, ist es den Preis wert, den er an persönlichem Leiden zahlt? Nachbarn sollten aufmerksam dem zuhören, was Nachbarn zu sagen haben. Nur auf diese Weise wird sich das Auge nach innen kehren. In den Seelen anderer Menschen könnten sie das unverzerrte Bild ihrer eigenen Seele erblicken. So wie sie anderen helfen, würden sie sich selbst helfen.»

Ich muß gestehen, daß diese Vorstellung, wie eine ganze Nation, wenn auch in der Woche nur eine Stunde lang, innehält, um darüber nachzudenken, mir sehr gefällt. Ich glaube, das Ergebnis wäre phantastisch. Und es *wäre* möglich, so chimärisch es jetzt scheint. Die islamische Welt vereinigt sich täglich im Gebet, wenn der Muezzin vom Minarett herab ruft. Doch wann hat irgendeine Gemeinschaft einmal alles liegen gelassen, um ein paar Minuten den Problemen zu widmen, die die Gemeinschaft beschäftigen? Nachdenken, vereint, über ein gegebenes Problem – welche Möglichkeiten würde das bieten! Ich möchte behaupten, daß wir in einem solchen Falle aus dem Mund unserer *Kinder* die klügsten, praktikabelsten und fruchtbarsten Beobachtungen und Hinweise empfangen würden. Wie die Dinge heute stehen, wird sogar der intelligente Mensch aus den Ratsversammlungen unserer Führer ausgeschlossen. Es wird viel von Redefreiheit, Pressefreiheit, freien Wahlen gesprochen, aber ich glaube, es wäre für manche ein Schock, wenn sie wüßten, wie der gewöhnliche Mensch über die Probleme denkt, mit denen sich die Welt konfrontiert sieht. Der eine gewöhnliche Mensch wird immer geschickt gegen den anderen ausgespielt, die Kinder sind immer ausgeschaltet, den jungen Leuten wird Konformismus und Gehorsam befohlen, und die Ansichten der Weisen, Heiligmäßigen, der wahren Diener der Menschheit, werden stets als unpraktisch verspottet.

Nein, es wäre schon etwas Großartiges für jede Gemeinschaft, ob groß oder klein, wenn sie nur fünf Minuten am Tag für ernsthafte Kontemplation bereit hielte. Wenn nicht mehr dabei herauskäme als das Bewußtwerden eines solchen Gefühls wie «Gemeinschaft», wäre das schon ein großer Schritt vorwärts. Sollte es wahr sein, daß wir uns noch nicht als Glieder einer «einzigen Welt» oder auch nur Nation begriffen haben, wieviel wahrer ist es dann, daß wir noch nicht einmal Glieder der kleinen Gemeinschaften sind, denen wir angehören. Wir leben immer atomisierter, immer getrennter, immer isolierter. Wir überlassen unsere Probleme den Regierungen und sprechen uns von Pflicht, Gewissen und Initiative frei. Wir glauben *nicht* an das persönliche Beispiel, obwohl wir vorgeben, das große Vorbild Jesus Christus zu verehren. Wir wollen die Wirklichkeit nicht sehen: sie ist zu schrecklich, glauben wir. Aber *wir* sind es, und nur wir, die diese gräßliche Welt geschaffen haben. Und *wir* sind es, die sie verändern werden – indem wir unsere innere Vision verändern.

Das wahrhaft Bejammernswerte an der *condition humaine* ist, daß neun Zehntel der uns erdrückenden Probleme über Nacht gelöst werden könnten. Es sind keineswegs unüberwindbare Probleme. Alle derzeit für widersinnige, idiotische, herabwürdigende und zerstörerische Zwecke eingespannten Energien könnten nützlichen und guten Zwecken zugeführt werden durch einen bloßen Wandel der Einstellung. Nur ganz wenige Geister hatten und haben im jeweiligen Zeitabschnitt der menschlichen Geschichte das Vorrecht, mit den großen Problemen zu ringen, den Problemen, die des Menschen würdig sind. Wann immer meine Gedanken in diese Richtung gehen, fällt mir der englische Romancier Claude Houghton ein, der meines Wissens einzige Schriftsteller, der in jedem seiner Bücher die Hauptfigur gleich am Anfang von den üblichen weltlichen Problemen befreit, mit denen gewöhnliche Menschen ihr Leben lang vergeblich kämpfen. Kein Wunder, daß er als «metaphysischer» Romancier eingestuft wird! Und doch kann der Autor nur dann die Hoffnung haben, seine Figur als einmalig und der Aufmerksamkeit wert darzustellen, wenn er sie von den üblichen Alltagsproblemen befreit. Man rüste einen Menschen mit seinen gottgegebenen Kräften aus, stelle ihn der Wirklichkeit gegenüber, dann laßt uns sehen, welche Form und Substanz *menschliche* Probleme wirklich annehmen! Manchmal scheint mir, die einzigen Helden seien die heiligmäßigen. Gutes tun, für das Recht streiten, den Bedürftigen geben, die Schwachen unterstützen, predigen, bekehren, die Jugend erziehen – das läuft doch alles einzig darauf hinaus, uns daran zu erinnern, daß wir nur zum Teil entwickelt, zum Teil verwirklicht sind, nur zum Teil leben! Die Blinden führen die Blinden, die Kranken pflegen die Kranken, die Starken herrschen über die Schwachen.

Der Sinn des Lebens! Nun, welcher könnte das sein, wenn nicht das Leben zu genießen? Wie kann einer aber nur daran denken, das Leben zu genießen, wenn er halb tot ist?

Hier möchte ich einen Absatz aus Eric Gutkinds wenig bekanntem Buch ‹*The Absolute Collective*› zitieren:

«Die ‹fromme› Einstellung, Askese, Spiritualität, Schuldbewußtsein – sie schrauben die Weißglut Gottes auf ein angenehm wärmendes Feuer herunter. Die Religion macht Gott harmlos. Unsere irdische Existenz rollt vor dem Angesicht dessen ab, den kein Mensch lebendig schauen kann. Und dieses unaussprechliche Paradoxon wird herabgestutzt auf die Dimensionen einer Vision, die sich bequem unseren alltäglichen Erfordernissen anpaßt. Unser glorreiches, unausweichliches Gefühl für *diese* Welt wurde somit präpariert, hundert Auswege zu eröffnen. Doch indem wir unseren Blick einwärts kehrten, hielten wir Spiritualität für Realität. Die Freude der Begegnung mit Gott verwelkte vor einer verhaßten Theologie. Die Religion hat uns verraten. Sie hat uns um jenes Wunder der Wunder betrogen, das uns, wenn unsere letzte Hoffnung auf Entrinnen erstorben ist, befähigt, uns zu erheben und die absolute Realität zu erreichen, den ewigen Sinn von allem, wo wir, nicht verzehrt, sondern gehärtet in der Weißglut Gottes ausrufen können, daß ‹alle Wege der Erde Wege zum Himmel sind› und die ‹andere Welt›, wie fern und entrückt auch immer, nichts anderes ist als diese manifest gewordene erschaffene Welt. Unter dem Zwang der Religion war das Leben nie vollständig und ungestört. Weder die Welt noch der Mensch hat bis jetzt wirklich existiert.»

So spricht ein Mann Gottes.

Und jetzt machen wir in Gedanken einen Sprung. Nehmen wir an, der Mensch sei seiner untauglichen Leistungen – Wunderdrogen, Leukotomie-Operationen, Atomgespenster – müde geworden und beginne auf einmal, seine psychischen Kräfte zu entwickeln. Nehmen wir an, er konzentriere seine ganze Aufmerksamkeit auf den Erwerb solcher Kräfte und es gelinge ihm, alle Krankheiten auszurotten, die Toten zum Leben zu erwecken und noch erstaunlichere Wunder zu wirken. Gestehen wir ihm jene Herrschaft über die Natur und die Schöpfung zu, die er seit jeher erstrebt. Was dann? Als Antwort hier eine Geschichte, die Ramakrischna einmal seinen Zuhörern erzählte.

«Da war noch ein anderer Siddha, der war sehr stolz auf seine psychischen Kräfte. Er war ein guter Mensch und Asket. Eines Tages kam der Herr zu ihm in der Gestalt eines Heiligen und sagte: ‹Verehrter Meister, ich habe gehört, du besitzest wundersame Kräfte.› Der gute Mensch empfing ihn freundlich und lud ihn ein, Platz zu nehmen. In diesem Augenblick kam ein Elefant vorbei. Der Heilige fragte: ‹Meister, wenn du willst, kannst du diesen Elefanten töten?› Der Siddha erwiderte: ‹Ja, das ist möglich›, und nahm eine Handvoll Staub, sprach einen Spruch darüber und warf den Staub auf den Elefanten. Sogleich brüllte das Tier auf, fiel in Todeskrämpfen zu Boden und starb. Als der Heilige dies sah, rief er aus: ‹Welch wundersame Kräfte du besitzest! Du hast ein so großes Tier im Nu getötet!› Dann drang der Heilige in ihn und sagte: ‹Du mußt auch die Kraft besitzen, ihn wieder zum Leben zu erwecken.› Der Siddha erwiderte: ‹Ja, das ist auch möglich.› Abermals nahm er eine Handvoll Staub und warf sie, nachdem er einen Spruch darüber gesprochen hatte, auf den Elefanten, und siehe! der Elefant wurde wieder lebendig. Der Heilige zeigte sich verblüfft ob dieses Schauspiels und rief erneut aus: ‹Wie wundersam sind in der Tat deine Kräfte! Aber gestatte mir eine Frage. Du hast den Elefanten getötet und wieder ins Leben zurückgerufen. Was hast du damit gewonnen? Hast du Gott verwirklicht?› Mit diesen Worten verschwand der Heilige› (‹*The Gospel of Ramakrishna*›, New York 1947).

«Immer aufs neue von Gott zu sprechen, dies sollte unsere zentrale Aufgabe sein», sagte Eric Gutkind.

Ich muß ihn noch etwas ausführlicher zitieren, da seine Worte alles in hervorragender Weise zusammenfassen und beantworten, was auf den vorangegangenen Seiten angesprochen wurde.

«Gott, Welt und Mensch. Was ist, was könnte sein, was sollte sein. Gott, die eine und einzige Realität. Welt, die völlig relative und unwirkliche Szene. Mensch, angesprochen und antwortend, aufgefordert, zur Realität zu finden. Gott, der nicht allein sein will. Welt, die nicht allein sein kann. Mensch, der nicht allein sein sollte. Diese drei, vereint in dem ‹Volk›, welches das ‹*Absolute Collective*› ist.

Die vollendete Einheit der drei in dem «Volk» hat nichts, was nach Flucht schmeckt, nichts Nationales oder Erdgeborenes, nichts Ideologisches. Sie ist durch und durch konkret. In der Sackgasse finden wir den subjektiven Menschen. Er ist völlig mit sich selbst beschäftigt; autistisch, innerlich gebrochen, wenn auch äußerlich sicher – der Bürger. Nichts ist lebendig in seiner Welt. Alles ist abgeschlossen, alles tot. Er verleugnet Gott. Die eine höchste und transzendente Idee, die allein den Menschen einen Sinn verleiht, ist für ihn ein Objekt des Spotts. Nein – wir müssen uns immer wieder an diese höchste Vereinigung wagen, diese Quelle aller anderen Vereinigungen, dieser Begegnung von Gott, Mensch und Welt. An keinem der drei darf herumgebastelt werden. Immer aufs neue von Gott zu sprechen, dies sollte unsere zentrale Aufgabe sein. Doch nur der wird die Kraft dazu haben, der nicht nur *über* Gott spricht, sondern auch *zu* Gott selbst sprechen kann. Keinen Augenblick lang darf diese Darlegung in einem theologischen Sinn interpretiert werden, wenn dieser auch im Klang alter, mit der menschlichen Inbrunst vergangener Zeiten beladener Worte mitschwingen mag. Und der ist am besten geeignet, mit Gott zu sprechen, der mit den Menschen zu sprechen weiß und der die Fülle der Herrlichkeit der Welt verkünden kann. Die absolute Einheit aller Wesen, die erreicht wird im Zusammenkommen von Menschen, die in ihrem Menschsein vollendet sind, frei von Angst, Natur und Ideologie – dies ist der wahre ‹Tabernakel der Begegnung mit Gott›, der Tabernakel der Gegenwart. Die Gegenwart ist frei vom Fluß der Zeit und von der ‹Welt jenseits›. Die Welt ist da. Der Mensch wird erhoben. Wer immer sich Gottes bewußt ist, besitzt die Gegenwart.»

Um auf Walker und die «Stunde des Menschen» zurückzukommen – wurde durch diese Gespräche etwas gewonnen? Ja und nein. Gewiß hat die Stunde noch nicht geschlagen, da ein solcher Gedanke ernst genommen wird. Der Mensch formt das Schicksal der Welt noch immer auf eine negative Weise. Er ist noch nicht in der letzten Sackgasse angelangt. Er ist noch nicht verzweifelt genug, um sich den Anonymen Alkoholikern oder ihrem umfassenderen Äquivalent anzuschließen. Er will noch einen Spaß haben, vielleicht auch zwei oder drei, ehe er das Handtuch wirft. Er ist noch immer zufrieden mit Erklärungen, die nichts erklären, mit Experimenten, von denen er im Grunde weiß, daß sie nur halbe Maßnahmen sind und folglich mehr Böses als Gutes bewirken. Er ist noch immer bereit, neuen Göttern, neuen Religionen zu huldigen – mehr aus Unglauben als aus Glauben. Er will nicht wahrhaben, daß er die Quelle der Offenbarung unmittelbar vor Augen hat. In einem Felsen erblickt er nichts mehr als einen Felsen, in einer Blume nichts mehr als eine Blume, im Menschen nichts mehr als den Menschen. Und doch liegt im unbedeutendsten Ding der Schöpfung das Geheimnis der ganzen Schöpfung verborgen.

Scheint es auch bisweilen, als könnte nichts ihn aus der Trägheit reißen, hinter der er sich verschanzt, so ist es durchaus möglich, daß er eines Tages in einen Zustand schärferen Bewußtseins hineinge*schockt* wird. Gebot und Beispiel scheinen wenig bewirkt zu haben. Im Grunde genommen unterscheidet sich der zivilisierte Mensch wenig vom primitiven Menschen. Er hat weder die Welt akzeptiert noch das geringste Verlangen gezeigt, an ihrer Realität teilzunehmen. Er ist noch immer an Mythos und Tabu gebunden, ist noch immer der Sklave des Opfers der Geschichte, noch immer der Feind des eigenen Bruders. Die simple, offenkundige Wahrheit nämlich, daß die Welt zu akzeptieren heißt, sie zu verändern, scheint über sein Begriffsvermögen zu gehen.

Wenn das Tor nicht nachgibt, muß es mit Gewalt geöffnet werden. Nichts kann die ansteigende Flut eindämmen. Und alles deutet darauf hin, daß die Flut tatsächlich ansteigt. Mag sich der Mensch so gut absichern, wie er glaubt – das Tor wird nachgeben.

Kinder der Erde

Wenn man seit dreizehn Jahren nicht mehr in Frankreich war, kommen einem bestimmte Aspekte vor wie Fragmente aus einem vergessenen Traum. Besonders erfrischend berührt das Verhalten der französischen Kinder, die so offensichtlich zufrieden sind, oft mit wenigem. So frühreif sie auch wirken, sie scheinen deshalb nicht weniger fröhlich zu sein.

In Frankreich spürt man sofort, daß man in einer Welt der Erwachsenen lebt; die Kinder kommen erst an zweiter Stelle. Wie jeder weiß, scheinen bei uns die Kinder an erster Stelle zu kommen. Die Folge ist, daß wir Männer und Frauen haben, die nie richtig erwachsen geworden sind, die ewig unzufrieden sind und die vor nichts wirklich Achtung haben, am wenigsten voreinander. Ist nicht ein großer Teil der morbiden, frenetischen Aktivität des Amerikaners auf die Rastlosigkeit und Unzufriedenheit der Kindheit zurückzuführen? Die unnötige Zerstörung und der Wiederaufbau, vorgeblich im Namen des Fortschritts ständig im Gange, entsprechen dem Verhalten des verwöhnten Kindes, das seiner Bauklötze müde ist und mit einem Handstreich zerstört, was es stundenlang aufzubauen sich bemühte. Die einzige gültige Realität bei uns scheint die des Kindergartens zu sein.

Wir beklagen die Rolle der Mutter in Amerika, ihre Vorherrschaft in allen Bereichen, aber ist das nicht die Folge der Abdankung des Mannes? Wenn der Mann nur noch Arbeiter und Versorger ist, *muß* dann nicht die Frau die Zügel ergreifen? Für die amerikanische Frau ist der Mann, ob Gatte, Sohn oder Geliebter, ein Wesen, das man einschüchtert, ausbeutet und verleumdet.

Der Frankreich-Besucher ist zwangsläufig beeindruckt von dem lächelnden Anblick des Landes. Liebe zum Boden ist ein Ausdruck, der hier noch eine Bedeutung hat. Überall ist die Hand des Menschen spürbar, weil die Franzosen dem Boden ständig ihre geduldige, liebevolle Aufmerksamkeit widmen. Man könnte fast meinen, die Liebe zum Boden rangiere noch vor der Liebe zum Land oder zum Nachbarn.

Chez nous ist die Hand fast ausgestorben. Wo immer die Maschine zu gebrauchen ist, wird die Hand ersetzt durch dieses Monstrum, das die erstaunlichsten Arbeiten vollbringt, Wunder oft – aber um welchen Preis! Die rücksichtslose Ausbeutung des Bodens in Amerika ist jetzt überall eine bekannte Geschichte, doch ihre Tragik ist noch nicht in das Bewußtsein des Europäers eingedrungen. Auch er möchte die Maschine, wo nur möglich, einsetzen – aber ohne den uns abgeforderten Preis zu zahlen. Er möchte die Früchte des Maschinenzeitalters ernten, ohne seine traditionelle Lebensweise aufzugeben, was natürlich ein Ding der Unmöglichkeit ist.

Als jemanden, der die positiven Seiten zweier völlig verschiedener Welten genossen hat, verblüfft es mich immer wieder, daß offenbar kein Land dem anderen seine Tugenden mitzuteilen vermag – besser ausgedrückt, daß kein Austausch möglich ist. Zu einer Zeit, da die Kommunikation kein Problem mehr ist, da man in Stunden vom einen Ende der Welt zum anderen reist, sind die Schranken zwischen Völkern, zwischen sogenannten «freien Völkern», höher denn je. Trotz Marshall-Plan, trotz der ständigen Invasion ganzer Horden von Touristen, trotz Rundfunk und Fernsehen, trotz der fortdauernden Kriegsdrohung scheint mir, daß die Franzosen und Amerikaner heute weniger gemein haben als vor 1914. Was, seien wir ehrlich, haben wir von der französischen Kultur aufgenommen oder von der Kunst des Lebens? Fast nichts, möchte ich behaupten. Was durchsickert, bleibt auf der intellektuellen Ebene hängen; die breite Masse wird davon nicht berührt.

Was Frankreich betrifft, was besitzt es an Bequemlichkeiten – so ziemlich das einzige von Wert, was wir zu bieten haben? Ich habe den Eindruck, daß sich seit 1939, als ich fortging, nichts geändert hat. Ich sehe keine radikale Veränderung in der französischen Lebensweise. All die sogenannten Bequemlichkeiten und Vervollkommnungen, hinter denen Amerikaner ständig her sind – wobei sie sich eher unglücklich machen –, fehlen hier. Alles ist noch immer antiquiert und kompliziert. Nichts wird schnell und pünktlich erledigt.

Es muß seltsam klingen, daß jemand, der die amerikanische Lebensweise so von Herzen verabscheut, sich über die unamerikanischen Aspekte des Lebens in Frankreich ausläßt, doch was ich beklage, sind halbe Maßnahmen. Die Franzosen verachten den Komfort nicht, sie beneiden uns darum; sie bewundern die Tüchtigkeit, sind aber, so scheint es, vom Temperament her nicht in der Lage, sie zu praktizieren. Eine unerklärliche Trägheit scheint sie gefangenzuhalten. «*Français, encore un tout petit effort!*» sage ich manchmal zu meinen guten französischen Freunden. Darauf drängte der göttliche Marquis, als die Bastille gestürmt worden war.

Jedesmal wenn ich mich in die Welt hinausbegebe, frage ich mich, ob die Menschen sich wirklich verändern wollen. Man findet so selten jemanden, der mit seinem Leben zufrieden ist. Selbst die großen Geister scheinen beunruhigt zu sein, wenn nicht wegen ihrer eigenen Mängel, dann wegen des traurigen Loses der Menschheit. Wir kennen die Menschen nicht, die diese Probleme überwunden oder transzendiert haben; denn sie leben schon in der Welt der Zukunft. Interessant ist die Überlegung, daß diese einsamen Geister, diese Magier, Weisen oder Heiligen, könnte man sie befragen, wahrscheinlich antworten würden: «Nehmt die Welt an, wie sie ist!» Nur wer ganz und gar akzeptiert, würden sie betonen, gelangt zur Emanzipation.

Aber Emanzipation ist nicht das, was die große Mehrheit erstrebt. Eindringlich befragt, geben die meisten Menschen zu, daß man nicht viel braucht, um glücklich zu sein. (Nicht daß sie diese Weisheit praktizierten!) Der Mensch strebt nach Glück hier auf Erden, nicht nach Erfüllung, nicht nach Emanzipation. Ist er dann irregeleitet, wenn er das Glück sucht? Nein, Glück *ist* begehrenswert, aber es ist ein Nebenprodukt, das Ergebnis einer Lebensweise, nicht ein Ziel, das für immer außerhalb unserer Reichweite liegt. Glück wird unterwegs erreicht. Und wenn es vergänglich ist, wie die meisten Menschen glauben, so muß es nicht Angst und Verzweiflung weichen, es kann auch einer Freude Platz machen, die erhaben und von Dauer ist. Das Glück zum Ziel machen heißt, es von vornherein abtöten. Wenn man ein Ziel haben muß, was fraglich ist, warum dann nicht Selbstverwirklichung? Die einmalige und heilende Eigenschaft in dieser Einstellung zum Leben ist, daß im Verlauf des Prozesses Ziel und Erstreben eins werden.

Überlegungen dieser Art werden häufig als mystisch abgetan. Das sind sie natürlich nicht. Sie gehören zum Wesen der Realität. Und es gibt auch keine zehn, zwölf verschiedene Arten von Realität. Es gibt nur eine, die Realität des Lebens, eine Realität, die mit

Wahrheit durchwirkt ist. Wenn ich solche strittigen Begriffe wie Realität und Wahrheit gebrauche, so nicht, um mich in den Sumpf von Mystizismus und Metaphysik hinabziehen zu lassen. Es gibt etwas, das Dauer hat, etwas, das dem täglichen Leben zugrunde liegt und ihm Sinn verleiht, und in Verbindung mit diesem stets vorhandenen Schatz der Schöpfung gewinnen solche Begriffe Bedeutung. Daß wir aus ihnen leere Symbole gemacht haben, mit denen Theologen und Metaphysiker spielen können, heißt eingestehen, daß wir das Leben allen Sinns entleert haben.

Es gibt Augenblicke in der menschlichen Geschichte, da der Mensch, aus Mangel an Glauben, Mangel an Vision, eins wird mit den schrecklichen Kräften des Chaos. Nicht auf eine erhabene, sondern auf eine erbärmliche Weise, gleich einem vergeblichen Opfer. Wir sehen uns heute der möglichen Vernichtung gegenüber – wo ist die Arche, und mit wem könnte ein Bund geschlossen werden? Die Katastrophe, die uns bedroht, kommt zudem nicht von oben, sondern aus den Gedanken und Taten des Menschen. Er bettelt um Vernichtung von eigener Hand.

Entweder haben wir diesen grauenvollen Endpunkt erreicht oder die Zerstörung, die uns droht, ist drastisch übertrieben worden. Auf jeden Fall wird die Entscheidung, die jeder jetzt für sich trifft, den Ausschlag des Pendels bestimmen.

Ich bin oft als Prophet des Untergangs kritisiert und lächerlich gemacht worden. Ich gebe zu, Hoffnung ist kein Wort, dem ich große Bedeutung beimesse. Nicht einmal Glaube im religiösen Sinn. Dann und wann, gleich den alten Propheten, bin ich so weit gegangen, über den bevorstehenden Untergang zu frohlocken. Es war nicht der Mensch, den ich verdammte, sondern seine Lebensweise. Denn wenn es eine Kraft gibt, über die der Mensch zweifellos verfügt – haben wir nicht immer wieder Beweise dafür gehabt? –, dann ist es die Kraft, die Lebensweise zu ändern. Vielleicht ist das die einzige Kraft des Menschen.

Die gesamte Gesellschaftsstruktur zu verdammen, das klingt nach Irrsinn. Besonders, wenn nichts Greifbares, nichts Spezifisches, nichts von fern nach Allheilmittel Riechendes angeboten wird. Fordert man, wie die Alten: «Erkenne dich selbst!», gibt man sich der Lächerlichkeit preis. Man begreift, warum Fünf-, Zehn-, Zwanzig-Jahres-Programme leichter zu schlucken sind. Man begreift auch, warum es leichter ist, die Theorie von der schneckengleichen Entwicklung des Menschen zu akzeptieren, als die Ankunft des Wunderbaren zu beschwören. Was steht dem Leben näher, ist befruchtender – sich als Spielball einer Evolutionshypothese zu betrachten und in den langsamen Gang der Zeit zu schicken oder als verantwortliches, schöpferisches Wesen zu handeln, das bereit ist, die Konsequenzen seines Tuns zu tragen?

Der alte Mensch, der Urmensch, ist auf dem Weg nach draußen. Der Mensch hat kein Alter, außer in den Augen der Anthropologen. Da ist der Mensch von gestern und der Mensch von morgen. Die Zeit spielt keine Rolle bei der Beschleunigung des Geistes. Das Tor steht immer offen. Der heutige Tag ist wie alle anderen Tage. Es gibt nur heute.

In die Sackgasse, in der wir uns jetzt befinden, sind wir geraten, weil wir in zwei Richtungen gleichzeitig geblickt haben. Vielleicht gibt es keinen Weg hinaus, aber es könnte einen Weg zurück geben, zurück zur Quelle des Lebens. Wozu die Frage der Sicherheit aufwerfen oder gar des Überlebens? Wer würde inmitten der Trümmer dieser Welt leben wollen?

Beim Niederschreiben dieser letzten Worte fällt mich plötzlich eine gräßliche Wahrheit an. Lebt der Mensch nicht seit Jahrtausenden inmitten der Trümmer dieser Welt? So weit man auch zurückgeht, stets findet man nur die Zeugnisse seiner gescheiterten Anstrengungen. Der Mensch hat sich als Mensch nie verwirklicht. Der größere Teil von ihm, sein potentielles Wesen, blieb immer verborgen, unterdrückt. Was ist die Geschichte, wenn nicht eine endlose Schilderung seines ewig wiederholten Versagens?

Der Mensch lebt nicht in einem Vakuum historischer Fakten, sondern in einem Reich der Magie und des Mysteriums. Nur im Mythos hat er den Mut, die Herrlichkeit seines Ursprungs, die Kraft seines Geistes anzuerkennen.

Wieder und wieder wurde darauf hingewiesen, daß die historische Ebene keinen Ausweg bietet. Weder durch soziale noch ökonomische Veränderungen, nicht einmal durch moralische Wandlungen sind echte Lösungen möglich. Die einzige Ebene, auf der eine entscheidende Veränderung stattfinden kann, ist die Ebene des Geistes. Innerlich wiedergeboren zu werden heißt, zum Ursprung zurückzukehren, die schöpferischen Kräfte zur Lösung aller Probleme wiederzugewinnen. Im ewigen Dreieck Gott–Mensch–

Welt haben wir die drei fundamentalen Aspekte der Schöpfung. Der Mensch ist das Maß aller drei. Er *ist* das, was er Gott genannt und jenseits von sich gestellt hat. Er *ist* die Welt in allen ihren vielfältigen Aspekten. Aber er ist noch nicht *Mensch*, denn er weigert sich, die Bedingungen seiner Souveränität zu akzeptieren. Weil er sich dem Vollbesitz des Lebens verweigert, führt er den Tod Gottes und die Nichtigkeit der Welt herbei. Nach allem, was der Mensch im Laufe der Zeiten erlitten und erduldet hat, möchte man kaum glauben, daß irgendeine neue Katastrophe, wie schrecklich, wie ausufernd auch immer, seine Einstellung ändern wird. Seine Neigung, sich zu fügen, den Rücken zu beugen – man könnte es einen Hang zur Abdankung nennen –, scheint unerschöpflich zu sein. Er ist ein gepeinigtes Wesen, aufs Rad der Hoffnung und Sehnsucht geflochten – freiwillig. Die erstaunliche Vielfalt von Störungen physischer, geistiger und sozialer Art, die jetzt die Menschheit verheeren, könnte darauf hindeuten, daß die Seele des Menschen rebelliert. Bei all seinen Krankheiten wird ihm als Rat nur angeboten: «Friß das Erbrochene, Hund!»

Eines weiß er jetzt ganz sicher: die Hölle ist nicht irgendwo jenseits, sondern hier auf der Erde, und er, er allein, hat die Erde dazu gemacht.

Alles Tun des Menschen scheint jetzt nur noch einen Zweck zu verfolgen – das Leben mehr in die Agonie zu verwandeln, zu der es im Grunde schon geworden ist. Ob man als Einzelwesen oder in der Gruppe handelt, einträchtig oder nicht, der Weg führt in die Katastrophe. Rebellion ist sinnlos geworden. Der Mensch rebelliert gegen sich selbst. Wie kann er sich selbst stürzen?

Das Leben ist nicht das Werkzeug des Todes. Das Leben hat von jeher versucht, sich breiter zu manifestieren. Außerdem ist es nicht der Tod, wovor sich der Mensch fürchtet, sondern der Gedanke, daß er aufhören könnte zu sein. Erst wenn wir aufgeben, übernimmt der Tod die Macht. Der Tod ist nicht das Ende des Lebens, geschweige denn sein Ziel. Er ist nur ein weiterer Aspekt des Lebens. Es gibt nichts als Leben, selbst unter den Toten.

Ich komme zu den Kindern zurück, den Kindern dieser Welt, die nichts dafür können, daß die Gegenwart so grausig aussieht. Als Vater oder Mutter muß man vor Scham das Haupt senken. Selbst die besten Eltern sind verdammt, hilflos zuzusehen. Was wird aus unseren Kindern . . . können wir nichts für sie tun? Gäbe es noch einen Funken Barmherzigkeit, noch ein Körnchen Intelligenz auf der Welt, wäre es dann nicht möglich, selbst zu so später Stunde, etwas gegen das schreckliche Los unserer Nachkommen zu unternehmen? Gibt es nicht ein Stück Erde, einen sicheren Hafen auf dieser Welt, wo die Kinder aller Völker versammelt und vor dem Wahnsinn und der Dummheit ihrer Vorfahren beschützt werden könnten?

Dies den trägen Köpfen der Erwachsenen bewußt zu machen ist allein schon eine fast unlösbare Aufgabe. Doch selbst wenn das bewirkt werden könnte, wäre es noch schwieriger, sie zu einer Übereinstimmung darüber zu bringen, wie und von wem ihre Kinder erzogen werden sollten. Der gegenwärtige Zustand des Irreseins legt die Vermutung nahe, daß sie eher ihre Kinder zusammen mit sich untergehen lassen würden, als daß sie es riskierten, sie zu furchtlosen, unabhängig denkenden, friedliebenden Menschen heranwachsen zu sehen. Daß Kinder einen besonderen Anspruch auf das Leben, ein Leben frei vom üblen Einfluß ihrer Vorgänger haben, ist noch immer undenkbar. Ein schlichter Bauer, von Not bedroht, hat Verstand genug, für seine Saat Vorsorge zu treffen, doch die Menschheit als Ganzes ermangelt angesichts ihrer kurz bevorstehenden Vernichtung des Willens und der Klugheit, für den Tag der Vernichtung vorzusorgen. Gleichsam in Wurzel, Samen und Blüte zu sterben – darauf scheint es der Mensch angelegt zu haben.

Mit dem nackten Horror der Welt konfrontiert, wie man ihn heute kennt, erlebe ich erneut die Qual, die Melancholie, die Verzweiflung, die ich als junger Mensch empfand. Die Ferien, die ich zu genießen hoffte, als ich ins Ausland ging, sind zu einer Prüfung seltsamer, ungreifbarer Art geworden. Die Welt betrachtend wie ein Besucher von einem anderen Stern, bin ich abermals in die Wehen universellen Leidens verwickelt worden. Als junger Mensch, keck, impulsiv, besessen von Idealen, wurde ich fast vernichtet von dem Kummer und Elend, die mich rings umgaben. Etwas für meinen Mitmenschen zu tun, ihn befreien zu helfen, wurde zu meiner persönlichen Angelegenheit. Gleich jedem fanatischen Idealisten machte ich mir damit schließlich mein eigenes Leben so elend und kompliziert, daß ich bald meine ganze Energie, Zeit und Klugheit für mein bloßes Überleben aufwenden mußte. Vergingen mir auch bald alle Illusionen, was die Einschätzung meines eigenen Vermögens betraf, bin ich doch nie für die Not der Menschen um mich her abgestumpft. Mir schien jedoch, als wohnte dem Wesen des Menschen so etwas inne wie die sture Weigerung, sich helfen zu lassen. Während ich meine eigene Haut rettete, lernte ich ein wenig Weisheit kennen, einen größeren Sinn für die Realität und Mitleid, und dadurch kamen die törichten Konflikte zur Ruhe, die in mir getobt hatten.

Jahre später, viele Jahre später, konnte ich durch glückliche Fügung das Leben leben, das ich immer hatte leben wollen, als Glied einer anscheinend von der Welt abgeschlossenen Gemeinschaft. In diesen letzten Jahren in Big Sur habe ich von der Bitterkeit der Hölle und der Süße des Paradieses die Fülle gekostet. Vor allem habe ich im Land meiner Geburt einen Ort gefunden, den ich «daheim» nennen konnte.

An diesem entlegenen Fleckchen der Welt kann ich zu der Entdeckung, daß man «aus der Welt» sein kann, wie man so sagt, und doch der Erde und der ganzen Schöpfung näher. Der Gedanke, daß ich ausgeschert sei, kam mir nie. Im Gegenteil, ich hatte den Eindruck, daß ich mir zum erstenmal in meinem Leben die Chance gab, das Leben zu leben, das jeder aufrichtige, empfindsame, wohlmeinende Mensch leben möchte.

Während ich für mich und im Frieden mit mir selbst lebte, wurde mir deutlicher der Sinn der Lehre vom Akzeptieren bewußt. Sich nicht als Ratgeber betätigen, sich nicht, auch aus der besten Absicht heraus, in das Leben anderer einmischen – so einfach und doch so schwierig für einen aktiven Geist! Hände weg! Dabei aber nicht gleichgültig werden oder Hilfe verweigern, wo sie wirklich gefordert wird. Als ich so lebte, diese simple Lebensweise praktizierte, geschahen seltsame Dinge; mancher würde sie Wunder nennen. Und aus den unerwartetesten Quellen kamen erstaunliche, äußerst lehrreiche Lektionen . . .

Und während der ganzen Zeit bildete sich in mir das leidenschaftliche Verlangen, ein anonymes Leben zu führen. Die Bedeutung dieses Drangs kann ich ganz einfach erklären – es ging darum, den Eiferer und Prediger in mir auszurotten. «Töte den Buddja!» sagte der Zen-Meister gelegentlich. Töte das flüchtige Mühen ab, heißt das. Rück nicht Buddha (oder Christus) aus dir hinaus. Erkenn ihn in dir selbst. Sei, was du bist, ganz.

Wenn man diesen Bewußtseinszustand erreicht, besteht natürlich kein Verlangen, kein Drang mehr, den anderen zur eigenen Denkweise zu bekehren. Es ist nicht einmal notwendig, wie Vivekananda es einmal ausdrückte, herumzugehen und Gutes zu tun. Die unbekannten Buddhas, diejenigen, die Gautama vorausgingen, so sagte er, rührten nicht die Welt auf. Sie waren es zufrieden, das Licht auszustrahlen, das in ihnen war. Ihr einziger Lebenszweck war zu leben, jeden einzelnen Tag zu leben, als wäre das Leben ein Segen und keine Qual und kein Fluch.

Was konnte es derartig emanzipierte Menschen kümmern, unter welchen Bedingungen sie lebten? Für sie verband sich das Paradies nicht mit einem entlegenen Winkel der Erde noch mit dem Jenseits, noch war es, vom Bewußtsein her, durch eine strenge und elitäre Lebensweise zu erreichen. Sie waren frei in jedem Sinne des Wortes. Selbst das Leben eines Sklaven hatte für sie keinen Schrecken. Sie waren in der Welt und von der Welt, zur Gänze. Sie gaben nichts auf; sie machten keine Unterschiede; sie rieten nichts. Sie *waren*, und das genügte.

Das Beispiel dieser Gesegneten war es zweifellos, das die «Erlöser» inspirierte. Für diese aktiven Geister jedoch erwies sich das Licht der Wahrheit nicht nur als blendend, sondern als zerstörerisch. Auf unüberlegte Weise, ohne Voraussicht, aktivierten sie die Seele des Menschen, und in ihrer Kielwelle vermehrten sich Kämpfe und Konflikte. Der Mensch wurde nicht regeneriert, nicht noch einmal neu gemacht: er wurde zum Schlachtfeld dunklerer, beunruhigenderer Kräfte.

Und so bin ich dazu gekommen, derartige Aktivitäten, wie heroisch auch das Verhalten, wie erhaben die Beweggründe sein mögen, dazu gelangt, als unentschuldbar anzusehen. Selbst aus den reinsten Motiven heraus hat man nicht das Recht, einander zu «belästigen». Das Bemühen, einen Menschen zu Gott oder ihm die Erleuchtung zu bringen, ist ein Akt der Vergewaltigung. Kreist nicht die ganze Lebenskunst um die Praxis der Toleranzen, der Nichteinmischung? Ehe es möglich ist, einander zu lieben, wie wir so oft aufgefordert werden, müssen wir einander respektieren, die private Sphäre der Seele respektieren.

Um auf Big Sur zurückzukommen, auf meine neu gewonnene Freiheit, meinen inneren Frieden, mein Gefühl des Zuhauseseins und Einsseins . . . Ist es selbstsüchtig, wenn ich versuche, es mir zu bewahren? Ist es überhaupt etwas, das man bewahren kann? Kann man es mit anderen teilen? Und wem würde es das bedeuten, was es mir bedeutet?

Nun gut, ich gebe zu, solange ich schreibe, werde ich zwangsläufig ein Propagandist bleiben. Ich kenne auf dem Gebiet des Schreibens nur ein Genre, das von diesem beklagenswerten Element frei ist, und das ist der japanische Haiku. Das ist eine lyrische Form, die auf eine bestimmte Anzahl von Silben begrenzt ist, innerhalb derer der Dichter seine Liebe, gewöhnlich zur Natur, ausdrückt, ohne Vergleiche anzustellen, ohne zu Superlativen zu greifen. Er sagt nur, was ist oder wie es ist. Die Wirkung, auf den westlichen Leser zumindest, ist die einer großen Freude. Es ist, als wäre ihm eine Last von den Schultern genommen. Er fühlt sich freigesprochen. «Amen!» ist alles, was er ausrufen kann.

Sein Leben in dem Geist zu leben, den der Haiku mitteilt, dünkt mich ein Äußerstes. Schon den Gedanken zu äußern, heißt alles negieren, was ich geschrieben habe. Vielleicht nähere ich mich jener Stufe der Erleuchtung, die Thomas von Aquin auf dem Sterbebett erreicht hatte, als er ausrief: «Alles, was ich geschrieben habe, erscheint mir jetzt als leeres Stroh.»

Ein neuer Himmel und eine neue Erde! Können sie nicht ohne Gemetzel und Zerstörung erschaffen werden? Können wir nicht die törichte Maschine anhalten, eine moralische Pause erklären und mit einer frischen neuen Vision Ordnung, Harmonie, Gerechtigkeit und Frieden einführen? Wieviel Faules und Nutzloses könnten wir loswerden, indem wir es einfach fahrenlassen! Die größten dem Menschen bekannten Revolutionen gingen von Augenblicken des Schweigens aus. Die Erfindungen und Entdeckungen, die Visionen und Prophezeiungen sind alle in einem Augenblick der Stille geboren. Was war es, was da sprach? Woher die Gedanken, die immer wieder das Angesicht der Erde verändern? Wehen müssen gewiß dabei sein, aber Wehen des Schoßes, in Dunkelheit und Gewißheit.

Drücken wir den Gedanken offen aus: der Mensch wird nicht von der Erde verschwinden! In der dunkelsten Stunde werden ihm die Augen geöffnet werden. Die Erde in ihrer Fülle ist sein, aber nicht, um sie zu zerstören. Das hat Jehova in seiner Antwort an Hiob ein für allemal klargemacht.

Aber wieviel tiefer in die Dunkelheit müssen wir noch hinabsteigen?

In keinem himmlischen Register steht geschrieben, wie weit wir gehen oder wieviel wir erdulden müssen. Wir selbst sind es, die darüber entscheiden. Für manche ist die dunkelste Stunde schon vorüber, für andere ist sie vielleicht noch weit entfernt. Wir sind alle in dem einen Topf, aber er ist nicht für alle der gleiche. Unser Schicksal liegt gerade in der Fähigkeit beschlossen, die endlosen Veränderungen zu unterscheiden, die dieses Gefäß des Lebens – die *condition humaine* – mitzumachen in der Lage ist. Wer davon als von ein und demselben spricht, redet in der Sprache des Untergangs. Schöpfer und Schöpfung sind eins und unteilbar.

Wer immer die Einheit des Lebens und die Freude des Lebens erfahren hat, weiß, daß Sein alles ist. «Reif sein ist alles», sagte Shakespeare. Das ist dasselbe.

Sesam, öffne dich!

In jeder Periode der Verzweiflung wie der gegenwärtigen richtet sich die Aufmerksamkeit auf die Jugend als läge in ihr unsere letzte Hoffnung. Die Welt umerziehen zu wollen ist jedoch ein fast hoffnungsloses Unterfangen. Die Durchführung eines solchen Programms, soll es wirklich einen Sinn haben, setzt voraus, daß unkonventionelle Denker daran mitarbeiten, gerade jene Denker, deren Rat die Welt noch nie folgen wollte. Jeder große Weise hat gesagt, es sei unmöglich, Weisheit weiterzugeben. Und Weisheit ist es, was wir brauchen, nicht mehr Wissen oder «besseres» Wissen. Wir brauchen Weisheit des Lebens, die eine Art Wissen ist, wie sie nach unserer Kenntnis bisher nur Eingeweihte besessen haben.

Auf den einleitenden Seiten von ‹*Walden*› schreibt Thoreau: «Was meine Nachbarn gut nennen, halte ich in meinem Innersten zum größten Teil für schlecht, und wenn ich irgend etwas bereue, so ist es höchstwahrscheinlich mein gutes Betragen. Welcher Dämon hatte mich besessen, daß ich so brav gehorchte? Ihr könnt die weisesten Dinge sagen, Alter, der Ihr siebzig Jahre ehrsam gelebt habt – ich höre eine unwiderstehliche Stimme, die mich weit von alledem fortlockt . . .»

Mit allem Feuer, allem Genius der Jugend sagte Rimbaud: «Alles, was uns gelehrt wird, ist falsch.» Jesus wollte die alte Lebensweise zerstören, indem er uns daran erinnerte, daß der einzige wahre Ratgeber der Geist in uns ist. Und gebraucht nicht der Zen-Meister, der den Geist von seinen Fesseln befreien will, alle Mittel, um unsere Denkweise zu erschüttern?

In ‹*Siddharta*› macht Hermann Hesse wiederholt deutlich, daß sich sein Erleuchteter im Umgang mit der Welt nur auf die drei «edlen und unüberwindlichen Künste» verließ – Fasten, Warten, Denken. Muß man darauf hinweisen, wie sehr es dem modernen Menschen an diesen Künsten gebricht? Was noch schlimmer ist – er ist sich dieses Mangels nicht einmal bewußt.

Welches ist das große Problem? Menschen heranzuziehen, die sich im Geist von denen unterscheiden, die sie zeugten? Wenn ja, wie läßt sich der im Verlauf der Jahrhunderte angerichtete Schaden beseitigen? Können wir Kinder erziehen, die das Böse wiedergutmachen, das wir geschaffen haben? Wie erreichen wir eine «schöne neue Welt»? Durch Erziehung, durch Moral und religiöse Unterweisung, durch Rassenhygiene, durch Revolution? Ist es möglich, einen neuen Menschen zu schaffen, einen neuen Himmel und eine neue Erde? Oder ist das ein Wahn von alters her?

Die großen Vorbilder führten alle ein einfaches Leben. So anspornend ihr Wirken, keiner folgt ihm nach. Nur ganz wenige haben es je versucht. Doch dann und wann bricht selbst heutzutage ein Individuum aus, verläßt die Tretmühle und demonstriert, daß es sogar in dieser tristen Welt möglich ist, sein eigenes Leben zu führen. Wir wissen wenig von den geheimen Antrieben, die solche Menschen befähigen, sich über die große Masse zu erheben. Wir wissen nur, daß jeder einzelne den Weg für sich und aus sich allein gefunden hat. Es ist zu vermuten, daß der gewählte Weg nie ein leichter war, nie ein solcher, dem ein Mensch mit gesundem Verstand folgen würde. «Der Weg ist nicht schwierig, aber du darfst nicht auswählen.» Darin liegt die große Schwierigkeit.

Die Menschen, von denen ich spreche – Götter in den Augen der meisten Menschen –, waren allesamt Revolutionäre im tiefsten Sinne des Wortes. Das Große an ihnen, das sie alle gemein hatten, war die Fähigkeit, sich selbst zu revolutionieren. Dabei wurde die Gesellschaft von oben nach unten gekehrt. Was sie uns lehrten, was sie in ihrer eigenen Person demonstrierten, war, daß wir ganz neu denken, die Welt mit ganz neuen Augen betrachten müssen. Sie wandten sich nicht ausschließlich an die Jugend, sondern an alle und jeden, ohne Rücksicht auf Alter, Geschlecht, Stellung, Glaube, Beruf oder Bildungsstand. Sie sprachen nicht von allmählicher Verbesserung, nicht von Zehn- oder Zwanzig-Jahres-Programmen, sondern von sofortiger Konversion. Sie waren begabt mit Sicherheit und Autorität, innerer Autorität, und sie wirkten Wunder.

Der Mensch wird fortfahren, diese strahlenden Gestalten zu verehren und zu verherrlichen. Und gleichzeitig ihre Botschaft zu verwerfen. Was die Säulen der Gesellschaft betrifft, die ihre Namen ausbeuten, so haben sie uns seit langem das genaue Gegenteil dessen eingeimpft, was diese erhabenen Wesen repräsentierten. Dieses merkwürdige und widersprüchliche Verhalten, das den Menschen innezuwohnen scheint, hat in eine Sackgasse geführt, die nur als eine Art «kosmische Schizophrenie» bezeichnet werden kann.

Inzwischen steht es jedem frei, dem «Weg» zu folgen. Aber wer wagt es schon noch, den Weg zu weisen?

Die allererste Zeile des Büchleins mit dem Titel ‹*Sesam, öffne dich – Bücher sind Schlüssel*› lautet so: «Die Massen der Welt leiden am geistigen Hunger.» Man könnte es nicht besser ausdrükken. Die Massen leiden nicht nur an geistigem Hunger, sie sind emotionell und spirituell verkrüppelt. Und zwar vom Morgengrauen der Geschichte an. Madame Scheu-Riesz, die Autorin des Büchleins und Initiatorin der Reihe entzückender Kinderbücher mit dem Titel «United World Books», bemüht sich darum, unterstützt von Persönlichkeiten aus verschiedenen Lebensbereichen, der Jugend der ganzen Welt das beste der Weltliteratur zur Verfügung zu stellen, und zwar zu einem erschwinglichen Preis. Und das ist ihr schon zu einem guten Teil gelungen.

Es wäre vermessen zu behaupten, Helene Scheu-Riesz und ihre Helfer bemühten sich vergebens. Wer wünschte sich nicht eine vereinte Welt, eine Welt in Frieden, eine Welt, in der Gesundheit, Vernunft, Gerechtigkeit, Liebe und Lebensfreude vorherrschen? Selbst unsere «Feinde» bekennen sich zu diesem Wunsch. Wir sind alle Befürworter einer besseren Welt, und wir sind alle des Teufels Jünger. Wir wollen den anderen verändern, nicht aber uns selbst; wir wollen, daß unsere Kinder besser sind als wir, tun aber nichts, um uns unserer Kinder würdiger zu machen.

Sowie wir uns daranmachen, neue Pläne für die Jugend zu entwerfen, ihnen Lesestoff auszusuchen, zum Beispiel, oder ihre Spielgefährten, sowie wir das Leben neu organisieren wollen, gleichsam die Spreu vom Weizen scheiden, sehen wir uns nicht nur einem Problem, sondern einem Rätsel gegenüber. Richten, auswählen, ausscheiden, neu zuordnen, neu zuteilen – kann das jemals ein Ende haben? Versuch dir vorzustellen, du seist mit der Weisheit, der Barmherzigkeit und der Macht des Schöpfers begabt. Und jetzt bring die Welt in Ordnung! Ist das nicht der sicherste Weg, einen ins Irrenhaus zu bringen?

Amerika hat der Welt *einen* Dichter geschenkt, den einzigen, den ich kenne, der mit jeder Zeile, die er schrieb, das Hinnehmen besang. (Vergessen wir nicht, daß er zu seiner Zeit als obszöner Schriftsteller, als unmoralische Person betrachtet wurde!) Diese

Doktrin des Hinnehmens, die schwierigste und doch einfachste aller radikalen Ideen, die der Mensch sich selbst vorgeschlagen hat, verkörpert das Verstehen, daß die Welt sich aus einander widerstreitenden Gliedern aller Stufen des Aufstiegs und Abstiegs zusammensetzt, daß Gut und Böse koexistieren, auch wenn das eine nur der Schatten des anderen ist, und daß die Welt, bei all ihren Übeln und Mängeln, zu unserer Freude erschaffen wurde. Sie beinhaltet nicht die Vorstellung, daß das Leben erst zu genießen sei, wenn wir alle den Zustand der Vollkommenheit erreicht haben. Der hervorspringende Gedanke ist der, daß das Leben jetzt genossen werden kann und sollte, unter welchen Bedingungen auch immer. Dieser Gedanke ist in dem vorhin erwähnten Buch von Hermann Hesse so schön ausgedrückt, daß ich hier einfach zitieren muß:

«Höre gut, Lieber, höre gut! [sagt Siddharta] Der Sünder, der ich bin und der du bist, der ist Sünder, aber er wird einst wieder Brahma sein, er wird einst Nirwana erreichen, wird Buddha sein – und nun siehe: dies ‹Einst› ist Täuschung, ist nur Gleichnis. Der Sünder ist nicht auf dem Weg zur Buddhaschaft unterwegs, er ist nicht in einer Entwicklung begriffen, obwohl unser Denken sich die Dinge nicht anders vorzustellen weiß. Nein, in dem Sünder ist, ist jetzt und heute schon der künftige Buddha, seine Zukunft ist alle schon da, du hast in ihm, in dir, in jedem den werdenden, den möglichen, den verborgenen Buddha zu verehren. Die Welt, Freund Govinda, ist nicht unvollkommen oder auf einem langsamen Weg zur Vollkommenheit begriffen: nein, sie ist in jedem Augenblick vollkommen, alle Sünde trägt schon die Gnade in sich, alle kleinen Kinder haben schon den Greis in sich, alle Säuglinge den Tod, alle Sterbenden das ewige Leben. Es ist keinem Menschen möglich, vom anderen zu sehen, wie weit er auf seinem Weg sei, im Räuber und Würfelspieler wartet Buddha, im Brahmanen wartet der Räuber. Es gibt in der tiefen Meditation die Möglichkeit, die Zeit aufzuheben, alles gewesene, seiende und sein werdendes Leben als gleichzeitig zu sehen, und da ist alles gut, alles vollkommen, alles ist Brahman. Darum scheint mir das, was ist, gut, es scheint mir Tod wie Leben, Sünde wie Heiligkeit, Klugheit wie Torheit, alles muß so sein, alles bedarf nur meiner Zustimmung, nur meiner Willigkeit, meines liebenden Einverständnisses, so ist es für mich gut, kann mich nur fördern, kann mir nicht schaden.

Ich habe an meinem Leibe und an meiner Seele erfahren, daß ich der Sünde sehr bedurfte, ich bedurfte der Wollust, des Strebens nach Gütern, der Eitelkeit und bedurfte der schmählichsten Verzweiflung, um das Widerstreben aufgeben zu lernen, um die Welt lieben zu lernen, um sie nicht mehr mit irgendeiner von mir gewünschten, von mir eingebildeten Welt zu vergleichen, einer von mir ausgedachten Art der Vollkommenheit, sondern sie zu lassen, wie sie ist, und sie zu lieben und ihr gerne anzugehören . . .»

Beginnen wir also mit ‹*Ali Baba und die vierzig Räuber*› – dem ersten Titel der United World-(Sesam-öffne-dich)-Bücherei. Warum nicht? Es ist ein reizendes Märchen, und als Kind hatte ich große Freude daran. Ob es mir geschadet oder genützt hat, vermag ich nicht zu sagen. Ich weiß allerdings, daß einige der Bücher, die ich gierig verschlang und bei denen ich mir noch weniger sicher bin (in der Frage des Schadens oder Nutzens), niemals in diese oder irgendeine andere Kinderbuchreihe aufgenommen werden. Es gibt gewisse Bücher, die kein seriöser «Erzieher» der Jugend darbieten würde, doch gerade diese Bücher haben mir die Augen geöffnet, wie dies kein «gutes» Buch je vermocht hätte. Worauf ich hinaus will, falls das noch nicht klar ist, ist dies, daß niemand, ganz gewiß nicht Vater, Mutter oder Lehrer, voraussehen kann, welches Buch, welcher Satz, welcher Gedanke dem Kind einmal die Türen der Vision aufschließen werden. Man setzt uns so viel gelehrtes, verschmocktes Gerede vor über Lesen zur Bildung, Lesen zur Inspiration, Lesen zu einem Zweck und so weiter. Meine persönliche Erfahrung, und ich glaube nicht, daß ich damit allein stehe, ist die, daß die Bücher, die mir am besten gefielen, ganz gleich, welchen spezifischen Wert sie besaßen, diejenigen waren, die am meisten für mich getan haben . . . mich angespornt, inspiriert, belehrt, erweckt haben . . . wie man das auch ausdrücken will. Was wir an Wertvollem lernen, nehmen wir indirekt, zum großen Teil unbewußt auf. Meines Erachtens wird zu oft betont, daß wir durch Kummer und Leiden lernen. Ich will das nicht bestreiten, aber ich behaupte, daß wir auch, und vielleicht dauerhafter, durch Augenblicke der Freude, der Wonne, der Ekstase lernen. Der Kampf hat seine Bedeutung, aber wir neigen dazu, ihn zu überschätzen. Harmonie, Abgeklärtheit, Ekstase werden nicht aus Kampf geboren, sondern aus Ergebung.

Sorgen wir uns nicht zu sehr darum, wovon sich unsere Kinder geistig ernähren. Lassen wir sie herumsuchen und selbst zurechtkommen, wie wir das auch tun, unsere Probleme teilend, unsere Träume nährend, unsere Liebe inspirierend. Lassen wir sie bleiben, was sie sind, ein sehr realer Teil dieser «einen Welt», zu der wir alle gehören, ob wir es wissen und zugeben oder nicht. Wir können ihnen nicht ersparen, was wir uns selbst nicht ersparen. Wenn wir sie beschützen wollen, müssen wir zuerst lernen, uns selbst zu beschützen. Aber wollen wir uns denn beschützen? Wissen wir, was «Schutz» wirklich bedeutet? Oder was es einschließt? Wüßten wir es, hätten wir das Wort längst aus unserem Wortschatz gestrichen.

Ich hoffe, Madame Scheu-Riesz glaubt nicht, ich sei gegen ihr Programm. Wenn ich gegen etwas bin, dann gegen die Illusion, daß das Lesen der guten Bücher gute Bürger aus uns macht. Es ist unser Schicksal, mit den schlechten wie den guten Bürgern zusammen zu leben und von ihnen zu lernen, von den schlecht gesinnten vielleicht noch mehr als von den anderen. Wenn es uns – nach wie vielen Jahrhunderten jetzt? – noch immer nicht gelungen ist, aus dem Leben die Elemente auszuscheiden, die uns heimsuchen, dann müssen wir das Leben vielleicht eindringlicher befragen. Vielleicht ist unsere Weigerung, uns der Realität zu stellen, das einzige Übel, an dem wir leiden, und alles andere nichts als Illusion und Verblendung.

«Der Weg ist nicht schwierig, aber du darfst nicht auswählen!» Oder, wie es ein anderer der alten Weisen ausgedrückt hat – «Der Weg ist nah, aber die Menschen suchen ihn in der Ferne. Er liegt in leichten Dingen begriffen, aber die Menschen suchen ihn in schwierigen Dingen.»

Patchen: Mann des Zorns und des Lichts

Wer Kenneth Patchen begegnet, der bemerkt als erstes, daß er hier ein lebendiges Symbol des Protests vor sich hat. Ich erinnere mich noch deutlich an meinen ersten Eindruck, als wir uns in New York kennenlernten: da war ein kraftvolles, sensibles Wesen, das sich auf Samttatzen bewegte. Eine Art ehrlicher Mörder, dachte ich, als wir uns die Hände schüttelten. Dieser Eindruck hat mich nie ganz verlassen. Ob es nun stimmt oder nicht – ich habe das Gefühl, es würde ihm die größte Freude bereiten, mit eigenen Händen alle Tyrannen und Sadisten dieser Erde zu vernichten, zusammen mit der Kunst, den Institutionen und der ganzen Maschinerie des täglichen Lebens, die sie am Leben erhalten und glorifizieren. Er ist eine luntenzischende menschliche Bombe, die jeden Augenblick in unserer Mitte explodieren kann. Mitfühlend und rücksichtslos zugleich, bringt er es fertig, sich gerade denjenigen zu entfremden, die ihm helfen möchten. Er ist unerbittlich: er besitzt weder Manieren noch Takt, noch Charme. Er gibt kein Pardon. Gleich dem Gangster folgt er seinem eigenen Gesetz. Er gibt einem die Chance, die Hände zu heben, ehe er einen niederknallt. Die meisten jedoch sind viel zu erschrocken, um die Hände zu heben. Sie werden niedergemäht.

Dies ist seine monströse Seite, die ihn als rücksichtslos und raubgierig erscheinen läßt. In der Hülle des wutschnaubenden Drachen steckt jedoch ein sanftmütiger Prinz, der leidet, wenn er nur von der geringsten Grausamkeit oder Ungerechtigkeit hört. Ein zartes Gemüt, das sich bald einen Mantel aus Feuer zuzulegen wußte, um seine empfindsame Haut zu schützen. Kein amerikanischer Dichter schmäht so erbarmungslos wie Patchen. Sein Zorn, seine Rebellion grenzen an den Irrsinn.

Gleich Gorki begann Patchen seine Ausbildung in der Universität des Lebens recht früh. Die Stunden, die er in den Stahlwerken von Ohio opferte, wo er geboren wurde, fachten seinen Haß auf eine Gesellschaft an, in der Ungleichheit, Ungerechtigkeit und Unduldsamkeit die Lebensgrundlage bilden. Seine Wanderjahre, in deren Verlauf er seine Manuskripte verstreute wie Samenkörner, verstärkten noch den zu Hause, auf der Schule, in der Fabrik gewonnenen Eindruck. Heute ist er ein Invalide, dank einem System, in dem das Leben einer Maschine höher eingestuft wird als das eines Menschen. Er leidet an Wirbelsäulenarthritis und ist die meiste Zeit ans Bett gefesselt. Er liegt auf einem riesigen Bett in einem Puppenhaus nahe dem Fluß, der nach Henry Hudson genannt ist, ein kranker Riese, der verzehrt wird von der vergiftenden Gleichgültigkeit einer Welt, die für Mausefallen mehr Verwendung hat als für Dichter. Er schreibt Buch um Buch, Prosa wie Lyrik, stets damit rechnend, daß «man» eines Tages kommt und ihn (samt seinem Bett) auf die Straße setzt. Das geht jetzt so seit sieben Jahren, wenn ich mich nicht irre. Sollte Patchen wieder gesund werden, Hände und Füße wieder frei gebrauchen können, wäre es durchaus möglich, daß er die Gelegenheit dazu benutzte, über einem nichtsahnenden Opfer seines Abscheus das Haus einzureißen. Er würde es langsam tun, bewußt, gründlich. Und in völligem Schweigen.

Das ist eine weitere Eigenschaft Patchens, die einem bei der ersten Begegnung Furcht einflößt – sein schreckliches Schweigen. Es scheint aus seinem Fleisch zu stammen, als hätte er sein Fleisch zum Schweigen gebracht. Es ist unheimlich. Da ist ein Mensch mit der Gabe der Sprache, aber er spricht nicht. Da ist ein Mensch, der von Worten trieft, aber er weigert sich, den Mund aufzumachen. Da ist ein Mensch, der sich verzweifelt mitteilen möchte, doch stattdessen gibt er einem ein Buch oder ein Manuskript zu lesen. Das Schweigen, das von ihm ausgeht, ist schwarz. Er spannt einen auf die Folter. Die Situation führt zur Hysterie. Natürlich ist er schüchtern. Und wie lange er noch leben wird, umgänglich werden wird er nie. Er ist Amerikaner durch und durch, und Amerikaner sind trotz ihrer Redseligkeit im Grunde schweigsame Menschen. Sie reden, um ihre angeborene Reserviertheit zu verbergen. Nur in Augenblicken größter Intimität gehen sie aus sich heraus. Patchen ist typisch dafür. Wenn er endlich den Mund aufmacht, läßt er eine heiße Flut von Worten los. Seine Emotion bricht sich in Brokken Bahn.

Als gieriger Leser setzt er sich jedem Einfluß aus, selbst dem schlimmsten. Gleich Picasso greift er alles auf. Der Innovator und der Initiator sind stark in ihm entwickelt. Er verzichtet auf die Mitarbeit zweitrangiger Künstler und entwirft die Umschläge für ein Buch selbst, für jedes Exemplar einen anderen. Und wie schön und originell sind diese individuellen Umschläge* von der Hand eines Schriftstellers, der nicht den Anspruch erhebt, Maler oder Illustrator zu sein! Wie interessant sind auch die typographischen Anordnungen, die er für seine Bücher trifft! Wie kompetent kann er sein, wenn er sein eigener Verleger sein muß (siehe *The Journal of Albion Moonlight*)! Vom Krankenbett aus trotzt er allen Hindernissen, um sie zu überwinden. Er braucht nur zum Telefonhörer zu greifen, und schon ist ein Redaktionsstab aufgescheucht. Er hat den Willen eines Tyrannen, die Sturheit eines Bullen. «So will ich's haben und nicht anders!» brüllt er. Und weiß Gott, so wird es gemacht.

Es sei mir gestattet, einiges von dem zu zitieren, was er auf meine Fragen zu antworten hatte:

«Der Schmerz gehört jetzt fast zu meiner Natur – nur die Depressionsanfälle, die mit dieser Krankheit einhergehen, erschöpfen wirklich meine Kräfte und entstellen meinen angeborenen Lebensgeist. Darüber könnte ich recht Morbides sagen. Die Krankheit der Welt hat die meine wahrscheinlich nicht verursacht, aber sie bedingt auf jeden Fall die Art, wie ich ihr begegne. Das Schlimmste eigentlich ist das Gefühl, ich wäre etwas anderes, wenn ich nicht mit dem ständigen Druck der Krankheit starr in mir eingesperrt wäre; ich würde reiner sein, weniger geneigt, sagen wir, nur deshalb zu schreiben, um dem kranken Teil von mir zu zeigen, daß er nie übermächtig werden kann; ich könnte andere Künstler eher erfassen, wenn ich mich nicht so intensiv um das kümmern müßte, was in mir vorgeht; ich würde weniger das Bedürfnis haben, in Gegenwart der Dinge, die ich liebe, rein zu sein, und hätte dann wahrscheinlich ein persönliches Bild meiner selbst . . . Ich glaube, je artikulierter ein Künstler wird, desto weniger weiß er über sich selbst zu sagen, denn gewöhnlich ist die erhabenste Vorstellung von Liebe, die man hat, nicht zu trennen von so etwas wie Wesensahnung . . . man kann sich nur schwer vorstellen, weshalb Gott

* Bisher hat Patchen für limitierte Ausgaben von ‹*The Dark Kingdom*› und ‹*Sleepers Awake*› Umschläge gemacht, hundertfünfzig insgesamt. Von einer Ausstellung dieser bemerkenswerten Produktionen wollte er bis jetzt noch nichts wissen – ich persönlich hoffe, er ändert seine Meinung noch. Jede Galerie könnte sich glücklich schätzen, diese herrlichen Gemälde zu zeigen!

‹denken› sollte, doch dieses ‹Denken› ist das Material der größten Kunst . . . wir wollen uns nicht selbst erkennen, wir wollen uns im Erkennen verlieren, wie ein Samenkorn im Wind.

Ich glaube, wenn ich je einmal so etwas wie ein gesichertes Einkommen hätte, dann würde ich Bücher im Maßstab großer Ölgemälde schreiben, mit allem drin – große Symphonien, die sich mit Poesie und Prosa beschäftigen, wie sie sich von Tag zu Tag darbieten und von einem Aspekt und Interesse meines Lebens zum anderen. Aber das ist alles, glaube ich, vorbei. Das nächste Mal geht alles hoch – und ich glaube, uns bleibt nicht mehr viel Zeit. Immer wieder hat man vom ENDE DER WELT gesprochen – es ist fast da. Die Mauer wackelt schon . . . ein, zwei Steine werden ersetzt . . . dann steht kein Stein mehr auf dem anderen – und das lange Schweigen; wirklich für immer. Was gibt's, wogegen man ankämpfen könnte? Niemand kann die Sterne wieder zusammen an ihren Ort setzen. Es ist wirklich nicht mehr viel Zeit. Ich kann nicht sagen, daß es nichts ausmacht; es macht mehr aus als alles andere – aber wir können es jetzt nicht mehr aufhalten.

Es fällt mir sehr schwer, Ihre Fragen zu beantworten. Einige waren Rebellen aus freier Entscheidung; ich hatte keine – ich wollte, man gäbe mir nur den Funken eines Beweises dafür, daß diese ‹ihre Welt› nicht besser eingerichtet und gehandhabt werden könnte durch fünf, sechs an Händen und Füßen gefesselte, berauschte Idioten am Boden eines zehn Meilen tiefen Brunnenschachts. Wir werden immer nur aus Liebe zu Rebellen; es braucht viel Liebe, um sich von jetzt an noch um irgend etwas zu kümmern: ich tu's noch. Die Situation für den Menschen ist hoffnungslos. Für die Zeit, die uns bleibt, können wir uns jedoch des Großen und der Götter erinnern.»

Die Mischung von Hoffnung und Verzweiflung, von Liebe und Resignation, Mut und Ohnmacht, die aus diesen Exzerpten hervorgeht, sagt alles. Indem Patchen sich, als Dichter, als Mensch mit einer Vision, von der Welt absetzt, identifiziert er sich dennoch mit ihr in der Malaise, die universell geworden ist. Er besitzt die Demut anzuerkennen, daß sein Genius, daß jeder Genius der göttlichen Quelle entspringt. Er hängt auch in aller Unschuld dem Gedanken an, daß die Schöpfung Gottes Stimme anerkennen und ihr gehorchen sollte. Er ist sich klar bewußt, daß sein Leiden nicht wichtig ist, daß es seinen angeborenen Lebensgeist entstellt, wie er es ausdrückt, aber gibt er sich selbst gegenüber zu, kann er dies zugeben, daß das Leiden der Welt auch den wahren Geist der Welt entstellt? Wenn er an seine eigene Heilung glauben könnte, könnte er dann nicht auch an eine universelle Heilung glauben? Die Situation für den Menschen ist hoffnungslos, sagt er. Aber er ist doch selbst ein Mensch, und er ist keineswegs davon überzeugt, daß sein Fall hoffnungslos ist. Mit einem bißchen Sicherheit stellt er sich vor, er könnte seinen Kräften tieferen Ausdruck geben. Die ganze Welt schreit jetzt nach Sicherheit. Sie schreit nach Frieden, strengt sich aber nicht richtig an, die Kräfte zu stoppen, die auf Krieg hin arbeiten. In seiner Agonie spricht jeder, der ehrlich ist, von der Welt als von «der Welt von denen da». Kein vernünftiger Mensch will zugeben, daß er ein freiwilliger Bestandteil dieser Welt ist, so durch und durch unmenschlich und intolerant, wie sie geworden ist. Wir warten alle, ob wir es uns eingestehen oder nicht, auf das Ende der Welt, als ob sie nicht eine Welt wäre, die wir selbst herbeigeführt haben, sondern eine Hölle, in die uns ein böses Schicksal hineingeworfen hat.

Patchen gebraucht die Sprache der Revolte. Eine andere Sprache gibt es nicht mehr. Wenn man eine Bank überfällt, hat man keine Zeit, den Direktoren die unselige Ungerechtigkeit des derzeitigen ökonomischen Systems zu erklären. Erklärungen sind immer und immer wieder gegeben worden, Warnungen wurden da und dort ausgeschlagen. Sie wurden nicht beachtet. Zeit zum Handeln. «Hände hoch! Raus mit dem Zaster!»

In seiner Prosa führt Patchen seine Sprache am wirkungsvollsten vor. Mit *The Journal of Albion Moonlight* eröffnete Patchen etwas ganz Neues in der englischsprachigen Literatur. Diese Prosaarbeiten, deren letzte ‹*Sleepers Awake*› ist, entziehen sich jeder Klassifizierung. Gleich den Wonder Books von damals enthält jede Seite ein neues Wunder. Hinter der chaotisch-irren Oberfläche entdeckt man sehr rasch die Logik und den Willen eines wagemutigen Schöpfers. Man denkt an Blake, an Lautréamont, an Picasso – und an Jakob Böhme. Seltsame Vorläufer! Man denkt aber auch an Savonarola, Grünewald, an den Johannes der Offenbarung, an Hieronymus Bosch – und an Zeiten, Ereignisse und Szenen, wie man sie nur aus den Wartezimmern des Schlafs kennt. Jeder neue Band ist ein neues Kunststück, nicht nur in der proteischen Vielfalt des Textes, sondern auch, was Entwurf, Komposition und Format betrifft. Man hat nicht mehr ein totes, gedrucktes Buch vor sich, sondern etwas, das lebt und atmet, etwas, das einen seinerseits genauso erstaunt ansieht. Die Neuheit ist hier nicht als Verführung gebraucht, sondern als die strenge Faust des Zen-Meisters – um das Bewußtsein des Lesers zu erwecken. SO WIE DER MENSCH LEBT, LÜGT ER SICH ETWAS VOR! – das ist die Realität, die einem aus den Seiten dieser Bücher entgegenspringt. Wieder einmal haben wir es mit der Revolte der Engel zu tun.

Hier ist nicht der Ort, über die Qualität von Patchens Werk zu sprechen. Was mich im Augenblick bewegt, ist die Tatsache, daß er trotz allem ein Dichter ist. Ich bin entscheidend an dem Menschen interessiert, der heutzutage das Mißgeschick hat, ein Künstler und ein Mensch zu sein. Auf die gleiche Weise bin ich an den Manövern der Gangster interessiert wie auch an denen der Finanziers oder des Soldaten. Sie gehören alle zur Gesellschaft; manche werden für ihre Mühen gelobt, manche geschmäht, manche verfolgt und gejagt wie wilde Tiere. In unserer Gesellschaft wird der Künstler nicht ermutigt, nicht gelobt, nicht belohnt, wenn er nicht eine Waffe gebraucht, die stärker ist als die Waffe seiner Gegner. Eine solche Waffe ist nicht in Läden oder Arsenalen zu finden: sie muß vom Künstler selbst aus seinem eigenen Stoff geschmiedet werden. Läßt er sie los, zerstört er auch sich selbst. Er hat keine andere Methode gefunden, um seine Art zu erhalten. Von Anfang an ist sein Leben verpfändet. Er ist ein Märtyrer, ob er will oder nicht. Er strebt nicht mehr danach, Wärme hervorzubringen, er sucht nach einem Virus, den die Gesellschaft sich injizieren lassen muß, wenn sie nicht untergehen will. Es ist gleichgültig, ob er Liebe oder Haß predigt, Freiheit oder Sklaverei; er muß sich Raum schaffen, um gehört zu werden, Ohren, die hören können. Er muß unter Aufopferung seiner selbst das Bewußtsein eines Werts und einer Würde schaffen, die in dem Wert *menschlich* einmal inbegriffen waren. Dies ist nicht der Augenblick, Kunstwerke zu analysieren und zu kritisieren. Dies ist nicht der Augenblick, die Blüten des Genius auszuwählen, sie zu unterscheiden, zu etikettieren, kategorisieren. Dies ist der Augenblick anzunehmen, was angeboten wird, und dankbar dafür zu sein, daß etwas anderes als Massenintoleranz und Massenselbstmord den menschlichen Intellekt beschäftigen kann.

Wenn wir durch Gleichgültigkeit und Trägheit nicht nur Atom-, sondern auch menschliche Bomben produzieren können, dann hat, so scheint mir, der Dichter das Recht, auf seine Weise und zu seiner Zeit zu explodieren. Wenn alles hoffnungslos der Zerstörung überantwortet ist, warum sollte dann der Dichter nicht vorangehen? Warum sollte er in den Ruinen zurückbleiben wie ein verstörtes Tier? Wenn wir unseren Schöpfer verleugnen, warum sollten wir dann den Schöpfer von Worten und Bildern bewahren? Sollen die Formen und Symbole, die er ersinnt, über die Schöpfung selbst gestellt werden?

Wenn Menschen bewußt Werkzeuge der Vernichtung schaffen, die gegen die Unschuldigen wie gegen die Schuldigen angewendet werden sollen, gegen Säuglinge wie gegen Greise, gegen Kranke, Lahme, Krüppel, Blinde, Geistesgestörte, wenn ihre Ziele ganze Bevölkerungen umfassen, wenn sie gegen jeden Anruf immun sind, dann wissen wir, daß das Herz und die Phantasie des Menschen sich nicht mehr aufrühren lassen. Wenn die Mächtigen dieser Erde im Bann von Furcht und Zittern sind, welche Hoffnung gibt es dann noch für die Schwächeren? Was kümmert es jene Monster, die jetzt an den Schalthebeln sitzen, was aus dem Dichter, dem Bildhauer, dem Musiker wird?

Im reichsten und mächtigsten Land der Erde gibt es kein Mittel, einen invaliden Dichter wie Kenneth Patchen gegen Verhungern oder Exmittierung zu versichern. Auch gibt es keine Gruppe loyaler Kollegen, die sich zusammentun, um ihn gegen überflüssige Attacken seichter, gehässiger Kritiker zu verteidigen. Jeder Tag bringt einen neuen Schlag, eine neue Beleidigung, eine neue Züchtigung. Trotzdem ist er weiter schöpferisch tätig. Er arbeitet an zwei, drei Büchern gleichzeitig. Er müht sich unter fast unablässigen Schmerzen. Er lebt in einem Zimmer, das gerade seine Körperhülle aufnimmt. Einen gemieteten Sarg könnte man es nennen und einen höchst unsicheren dazu. Wäre er nicht besser tot? Was hat er schon noch zu erwarten – als Mensch, als Künstler, als Glied der Gesellschaft?

Ich schreibe diese Zeilen für eine englische und eine französische Ausgabe seines Werks. Sie sind schwerlich ein Vorwort im althergebrachten Sinn. Aber ich hoffe, daß Patchen (und das gilt auch für andere jetzt noch unbekannte amerikanische Schriftsteller) in diesen fernen Ländern Freunde finden wird und Unterstützung und Ermutigung zum Weiterleben und Weiterarbeiten. Amerika ist für alle Hilferufe taub. Seine Menschen verstehen die Sprache des Dichters nicht. Sie wollen vom Leiden nichts wissen – es ist zu peinlich. Sie empfangen die Schönheit nicht mit offenen Armen – ihre Gegenwart ist für herzlose Automaten verwirrend. Ihre Furcht vor Gewalt treibt sie dazu, unsinnige Grausamkeiten zu begehen. Sie haben keine Achtung vor Form oder Bild: sie wollen unbedingt alles zerstören, was sich nicht in ihr Schema einfügt, welches das Chaos ist. Nicht einmal ihre eigene Desintegration beunruhigt sie, weil sie schon im Verfaulen begriffen sind. Amerika, ein großer, wüster Haufen vermodernder Gräber, harrt noch eine Weile aus, wartet auf den rechten Augenblick, um sich in Stücke zu sprengen.

Was Patchen nicht verstehen, einfach nicht dulden kann, ist, daß man sich weigert zu handeln. Da ist er unnachgiebig. Kommt man ihm mit Ausflüchten und Erklärungen, wird er zum brüllenden Löwen.

Vor allem die Wohlhabenden erwecken seinen Zorn. Ab und zu wird ihm ein Knochen hingeworfen, doch das beruhigt ihn nicht, er brüllt nur um so zorniger. Wir wissen natürlich, was Mäzenatentum bedeutet: gewöhnlich Schweigegeld. «Was soll man mit einem solchen Menschen machen?» rufen die armen Reichen aus. Ja, ein Mensch wie Patchen bringt sie in ein Dilemma. Entweder schraubt er seine Forderungen höher oder benutzt, was er bekommt, um seinem Zorn und Abscheu Ausdruck zu verleihen. Er braucht Geld für Essen und Miete, Geld für den Arzt, für Operationen, Medikamente – und doch produziert er weiter schöne Bücher. Gewalttätige Bücher, in äußerliche Eleganz gekleidet. Der Mann hat einen ungewöhnlichen Geschmack, das ist nicht abzustreiten. Aber welches Recht hat er auf einen kultivierten Appetit? Morgen will er ein Häuschen am Meer haben oder einen Rouault, dessen Werk er verehrt. Oder vielleicht einen Capehart, denn er liebt Musik. Wie kann man ein solches Monster befriedigen?

So denken die Reichen über den hungernden Künstler. Die Armen auch, bisweilen. Warum sucht er sich nicht einen vernünftigen Job? Warum läßt er sich nicht von seiner Frau unterstützen? Muß er in einem Haus mit zwei Zimmern leben? Braucht er wirklich alle diese Bücher und Platten? Wenn der Mann dazu Invalide ist, reagieren sie noch empfindlicher, noch boshafter. Sie werfen ihm vor, er lasse sich durch die Krankheit sein Weltbild trüben.

«Das Werk eines Kranken», sagen sie achselzuckend. Wenn er aufbegehrt, dann ist es «das Werk eines Impotenten». Wenn er bittet und fleht, hat er «jedes Gefühl für Würde» verloren. Aber wenn er brüllt? Dann ist er hoffnungslos geistesgestört. Wie er sich auch gibt, er ist von vornherein verdammt. Wenn er zu Grabe getragen wird, preist man ihn als einen weiteren *poète maudit*. Welch schöne Krokodilstränen werden über unsere toten und verfluchten Dichter vergossen! Welche Milchstraße davon haben wir schon in der kurzen Spanne unserer Geschichte!

Im Jahre 1909 verfaßte Charles Péguy ein *morceau* für seine ‹*Cahiers de la Quinzaine*› in dem er das damals bevorstehende Debakel der Neuzeit beschrieb. «Wir sind besiegt», beginnt der Artikel. «Wir sind in einem solchen Ausmaß so vollkommen besiegt, daß es wohl in der ganzen Geschichte keinen ähnlichen Fall des Besiegtseins gibt, wie wir ihn liefern . . . Besiegt sein, das ist nichts. Brauchte nichts zu sein. Im Gegenteil, es kann etwas Großes sein. Es kann alles sein: die letzte Erfüllung. Besiegt sein ist nichts: [aber] wir sind geschlagen worden. Wir haben eine gehörige Tracht Prügel eingesteckt. In ein paar Jahren wird diese Gesellschaft, diese moderne Gesellschaft, ehe wir noch Zeit gehabt haben, sie kritisch zu beurteilen, in einen Zustand des Verfalls geraten sein, in eine solche Auflösung, wie sie die Geschichte noch nicht erlebt hat . . . Jener große historische Verfall, jene große Auflösung, jener große Präzedenzfall, den wir auf literarische Weise den Untergang der römischen Dekadenz nennen, die Auflösung des Römischen Reiches und was man, mit Sorel, den Ruin der Antike nennen kann, war nichts, verglichen mit der Auflösung der derzeitigen Gesellschaft, verglichen mit der Auflösung und Erniedrigung dieser Gesellschaft, der gegenwärtigen neuzeitigen Gesellschaft. Gewiß, damals gab es mehr Verbrechen und noch mehr Laster. Aber es gab auch unendlich mehr Ressourcen. Diese Fäulnis war voller Samenkörner. Die Menschen damals hatten nicht diese Verheißung der Sterilität, die wir heute haben, sozusagen, falls man diese beiden Worte gemeinsam gebrauchen kann.»

Nach zwei verheerenden Kriegen – im ersten gab Péguy sein Leben – erscheint die «Verheißung der Sterilität» keineswegs als leeres «Versprechen». Die Situation der Gesellschaft, die dem Dichter und Denker damals offenkundig war – und natürlich heute noch mehr (selbst der Mann auf der Straße ist sich ihrer bewußt) –, nannte Péguy «ein wahrhaftes Durcheinander von Impotenz und Sterilität». Es ist nützlich, sich an diese Worte zu erinnern, wenn die gekauften Pressekritiker (sowohl der Rechten wie der Linken) ihre Angriffe auf die Poeten des Tages richten. Gerade die Künstler mit dem lebendigsten Funken greifen sie am heftigsten an. Dem schöpferischen Individualisten werfen sie vor, er untergrabe die soziale Struktur. Eine Verfolgungsmanie zeigt sich, sowie ein ehrliches Wort ausgesprochen wird. Die Atmosphäre der gesamten modernen Welt, vom kommunistischen Rußland bis zum kapitalistischen Amerika, ist beladen von Schuld. Wir leben in der Zeit der *assassins*. Die Tagesordnung lautet: liquidieren! Der Feind, der Erzfeind, ist der, der die Wahrheit ausspricht. Jeder Bereich der Gesellschaft ist durchdrungen von Falschheit und Fälschung. Was überlebt, was aufrechterhalten und bis zum letzten verteidigt wird, ist die Lüge.

«Vielleicht macht es uns gerade dieser Zustand der Verwirrung und Not», schrieb Charles Péguy, «um so energischer zur Pflicht, nicht aufzugeben. Man darf nie aufgeben. Um so weniger, als die Position so wichtig und isoliert und bedroht und das Land in den Händen des Feindes ist.»

Wer Kenneth Patchen kennt, wird gemerkt haben, daß ich seinen Standpunkt mit dem Péguys identifiziere. Vielleicht könnte es keine zwei verschiedenere Menschen geben. Vielleicht haben sie nichts anderes miteinander gemein als das Nein zur Lüge, das Nein zur Aufgabe auch in der schwärzesten Stunde. Ich kenne keinen Amerikaner, der so kraftvoll behauptet hat, daß der Feind in unseren eigenen Reihen ist. Wenn er sich weigert, das Spiel mitzuspielen, dann nicht deshalb, weil er sich besiegt fühlt, sondern nur deshalb, weil er zu keiner Zeit jene aus Furcht und Verwirrung geschaffenen Phantome anerkannt hat, die die Menschen «den Feind» nennen. Er weiß, daß der Feind des Menschen der Mensch ist. Er rebelliert aus Liebe, nicht aus Haß. Stellt man sein Temperament, sein Gerechtigkeitsgefühl, seine Liebe zur Wahrheit in Rechnung, hat er dann nicht recht, wenn er sagt, er habe «keine andere Wahl gehabt», als zu rebellieren? Finden wir ihn etwa in einer Reihe mit jenen Rebellen, die nur andere absetzen wollen, um selbst die Peitsche zu schwingen? Nein, wir finden ihn allein, in einer Dachkammer, an ein Krankenbett gefesselt, auf dem er sich hin und her dreht, als wäre er in einem eisernen Käfig gefangen. Und es ist ein sehr wirklicher Käfig. Er braucht nur jeden Tag die Augen aufzuschlagen, um sich seiner Hilflosigkeit bewußt zu werden. Er könnte nicht klein beigeben, selbst wenn er es wollte, außer vor dem Tod. Er liegt mit weit offenen Augen am Rande eines Abgrunds. Die Welt, die ihn zur Gefangenschaft verurteilt, liegt in tiefem Schlaf. Er ist sich voller Zorn bewußt, daß seine Freilassung nicht davon abhängt, daß die Menge ihn akzeptiert, sondern davon, daß die Welt sich auflöst, die ihn erstickt.

«Die Situation für den Menschen ist hoffnungslos» hat er gesagt? In ‹*Albion Moonlight*› ist diese Verzweiflung dichterisch ausgedrückt: «Ich möchte ein Teppich in einem Hurenhaus sein.» Um den Titel eines seiner Gedichte zu gebrauchen: «Die wütende Krone verbirgt ihren Thron.» So schreiten, um Miró zu paraphrasieren, durch die Sterne magnetisierte Menschen zur Musik einer umgepflügten Landschaft dahin. So nehmen wir Abschied von unserem atavistischen Freund, dem Dichter, der dazu verurteilt ist, in einer Welt zu leben, die nie war, nie sein wird die Welt der «in leuchtenden Schößen geborenen Blumen». Denn Blumen werden immer geboren, und Schöße werden immer strahlen, besonders wenn der Dichter verflucht ist. Für ihn ist das wilde Tier immer die Zahl, die Landschaft immer die der Sterne, Zeit und Ort der Schöpfung immer hier und jetzt. Er bewegt sich in einem «Zirkel scheinbarer Schicksale», Herrscher über das dunkle Reich, verleumdet, verfolgt und verlassen im Tageslicht.

Wieder einmal nähert sich die Nacht. Und wieder einmal wird uns das «dunkle Reich» seinen Strahlenglanz offenbaren. Inmitten dieses 20. Jahrhunderts haben wir alle miteinander, keinen ausgenommen, einen Fluß aus menschlichen Tränen überquert. Wir haben keine Väter, keine Mütter, keine Brüder, keine Schwestern. Wieder sind wir nichts als Geschöpfe.

«Ich habe die Sprache schlafen gelegt», sagte Joyce. Ja, und jetzt wird auch das Gewissen schlafen gelegt.

Ich nehme an, jeder, und vor allem der Künstler, möchte am liebsten von dem leben, was er gern tut. Der nicht kommerziell eingestellte Künstler hat dabei soviel Überlebenschancen wie eine Ratte im Abwasserkanal. Bleibt er seiner Kunst treu, muß er im Leben Kompromisse machen, indem er bettelt oder pumpt, reich heiratet oder irgendeiner stupiden Arbeit nachgeht, die ihm einen Hungerlohn einbringt.

Wenn man kein Experte ist, gibt es beim Betteln und Pumpen eine Grenze. Eine reiche Heirat bietet sich einem, wenn überhaupt, nur einmal im Leben. Das übliche ist, daß man irgendeine Art Arbeit findet, die gerade Leib und Seele zusammenhält und einem die paar Stunden pro Woche frei läßt, die man braucht, um seine Kunst auszuüben.

Kürzlich kam mir die Idee, ich könnte die bescheidene Summe, die ich zum Leben brauche, dadurch verdienen, daß ich die Aquarelle verkaufe, die ich in Augenblicken der Muße produziere. Ich erhebe nicht den Anspruch, malen zu können; ich glaube nicht, daß meine Malerei als Kunst etwas wert ist. Aber ich male gern, und ich denke mir, daß das Hobby eines Künstlers immerhin interessant und vielleicht für ihn bezeichnend ist. Auch weiß ich, daß diese Aquarelle, die ich zu meiner und meiner Freunde Freude von mir gebe, einen realen Wert besitzen werden, falls ich es bis zu meinem Tod zu einem gewissen Ruhm als Schriftsteller gebracht habe. Zusammen mit Notizheften und Tagebüchern runden sie das Bild der Persönlichkeit eines Schriftstellers ab.

Aus echter, ständiger und immer fast verzweifelter Notlage heraus habe ich beschlossen, dem Augenblick des Todes zuvorzukommen und diese *post mortem*-Effekten schon jetzt anzubieten. Ich verlange keinen bestimmten Preis für diese Gemälde, wenn ich sie so nennen darf. Ich biete sie an in der Erwartung, daß der Käufer seinen eigenen Preis nennt. (Sollte ich später eine Methode finden, meine Bücher selbst zu drucken, werde ich es mit denen genauso machen.) Das Wichtigste ist, daß alles Geld, das ich vielleicht bekomme, eine Hypothek auf die Zukunft darstellt, auf *meine Zu-*

kunft als Schriftsteller. Aquarelle zu malen macht mir Spaß, entspannt mich. Mit anderen Worten, ich bin dabei glücklich, voller Begeisterung und am Leben, und das ist eine Vorbedingung für den Künstler.

Um meinem potentiellen Wohltäter eine Vorstellung von meinem Interesse an Aquarellen zu vermitteln, füge ich hier gleich ein Kapitel aus ‹*Schwarzer Frühling*› mit dem Titel ‹*The Angel Is My Watermark*› an.* Aus ihm läßt sich ersehen, daß die Manie mich vor etwa fünfzehn Jahren packte. Heute ist sie stärker denn je. Es ist möglich, daß ich vor meinem Tod, außer daß ich Schriftsteller bin, noch das werde, was man einen Maler nennt. Warum nicht? Dr. Marion Souchon in New Orleans begann erst mit sechzig Jahren zu malen, nachdem sie Tausende von chirurgischen Operationen durchgeführt hatte.

Hätte ich es mir leisten können, hätte ich dieser Broschüre ein paar Farbreproduktionen beigefügt. So aber muß ich mich mit einigen Schwarzweiß-Stücken begnügen. Sollte jemand an dieser Phase meiner Aktivität interessiert sein, hilft er mir vielleicht später, ein Buch von Faksimiles herauszubringen. Jede Form der Reproduktion ist unerschwinglich teuer. Zur Befriedigung seiner Launen muß man schon Millionär sein, wenn es darum geht, Worte oder Bilder nicht gleich waggonweise zu reproduzieren.

Ein Wort zur Auswahl dieser Aquarelle. Zur Zeit verfüge ich nur über meine Produktion der letzten paar Wochen. Alles andere habe ich irgendwann vorher an Freunde verschenkt. Ich habe nur einige wenige «Meisterwerke», sozusagen, übrig. Macht nichts. Ich fange immer ganz von vorn an – und voller Eifer. Es hat keinen Zweck, mir zu sagen, was Sie gern hätten: ich kann Ihnen nur anbieten, was ich im Augenblick zur Verfügung habe. Sie müssen es mit mir eben riskieren. Aus rein praktischen Gründen kann ich Ihnen auch keine Auswahlsendung schicken. Wenn Sie ein Bild haben wollen, schicke ich Ihnen eines, eines, von dem ich glaube, daß es Ihnen gefallen wird. Wenn Sie drei Bilder haben wollen, schicke ich Ihnen drei; wenn Sie sie zu Hause an der Wand nicht ausstehen können, können Sie sie immer noch verschenken oder als Toilettenpapier benutzen. Auf der Toilette machen sich Aquarelle übrigens ausgezeichnet. Ich kann Ihnen gar nicht sagen, welches Ver-

* Unmöglich mangels Fonds.

gnügen es mir bereitet, «wenn ich ins Badezimmer gehe», wie wir in Amerika sagen, und eines meiner Meisterwerke erblicke. *En passant* sei hier erwähnt, daß ich diese Vorliebe für die Toilette in den Häusern vieler Kunstsammler und Kunstkenner bemerkt habe. Erst kürzlich entdeckte ich, als ich *chez* Walter Arensberg, dem faszinierendsten Sammler moderner Kunst, Pipi machte, einige sehr ungewöhnliche, sehr inspirierende Kunsterzeugnisse. Glauben Sie also nicht, Sie beleidigen mich, wenn Sie eines meiner Meisterwerke ins Klo hängen. Im Gegenteil, ich werde darin ein Zeichen Ihrer Achtung erblicken.

Vielleicht sollte ich ein paar Worte über meine Sujets sagen. Nun, ich bin in allen Bereichen zu Hause. Ich male nicht nach der Natur: ich male aus dem Kopf und dem, was drin steckt. Ab und zu habe ich natürlich auch einmal ein Stilleben, ein Porträt oder eine Landschaft gemalt, indem ich mir den Gegenstand ansah und ihn dann zu reproduzieren versuchte. Das Ergebnis ist gewöhnlich niederschmetternd. Niemand, selbst ich nicht, kann dabei das entdekken, was man «Ähnlichkeit» nennt. Glücklicherweise sind Ähnlichkeiten nicht mehr modern.

Ich besitze eine begrenzte Anzahl von Versatzstücken, die das Material meiner Bilder darstellen. Mein malerischer Wortschatz beschränkt sich auf einen Baum, ein Haus, eine Blume, einen Himmel, ein Gesicht; damit gebe ich die unendliche Vielfalt von Bäumen, Häusern, Blumen, Himmeln und Gesichtern in der Natur wieder. Wissen Sie, ich verstehe nichts von Zeichnen. Bis zum Jahre 1926 oder 1927 konnte ich nicht einmal ein Bild kopieren. Da entdeckte ich eines Tages rein zufällig, daß ich imstande war, George Grosz recht gut nachzuzeichnen, dessen Selbstporträt ich in einem seiner Alben gefunden hatte. Von dem Tag an machte es mir Spaß, mit Stift und Pinsel umzugehen. An guten Tagen kann ich mit einem Hackmesser zeichnen. Auf Ähnlichkeit lege ich inzwischen keinen Wert mehr, ich bin mit der Realität zufrieden. Jeder hat seine eigene Realität, in der man schwimmt, wenn man nicht zu vorsichtig oder ängstlich ist. Dies ist die einzige Realität, die es gibt. Kann man sie zu Papier bringen, in Worten, Noten oder Farbe, um so besser. Die großen Künstler machen sich nicht einmal die Mühe, sie zu Papier zu bringen: sie leben sie schweigend, sie werden die Realität.

Die beiden Männer, die ich auf dem Gebiet des Aquarells am

meisten bewundere, sind John Marin und Paul Klee; ich gäbe meine rechte Hand dafür, könnte ich so malen wie einer von ihnen. Ihr Werk dünkt mich die reinste Magie. Leider scheint, bei aller meiner Bewunderung für ihre Kunst, ihr Einfluß auf mich gleich Null zu sein. Ich bin noch immer ungefähr da, wo ich 1926 oder 1927 war. Ich drehe mich in einem Sargassomeer der Neugierde und des Entzückens. Alles, was ich mache, gefällt mir ganz gut. Es ist immer das Beste, was ich kann, und wenn das weit von der Perfektion entfernt ist, so doch nicht so schrecklich weit vom Paradies. Ich mache meine eigenen Himmel und meine eigenen Höllen, und ich lebe in ihnen und genieße sie. Ich könnte natürlich, wie manche meinen, auf eine Akademie gehen und ein paar Grundtechniken des Malens lernen. *Aber wäre ich deshalb glücklicher?* So wie ich's kann, gut oder schlecht, macht mir alles Spaß, was ich mit dem Pinsel anfange. Ich brauche nicht zu beweisen, daß ich ein Maler bin, brauche mir keinen Ruhm zu erwerben. Wenn ich male, ist die Welt mein!

Sollte sich der Plan, den ich hier ausbreite, als Fehlschlag erweisen, werde ich dennoch weitere Aquarelle malen. Ich werde mein eigenes Grab malen und mich hineinlegen, und sind meine Augen auch für immer geschlossen, werde ich jeden Aspekt meines Ablebens genießen, trotz des Fehlens der Perspektive, des Fehlens der Form, des Fehlens von diesem und jenem. Ich werde ein farbiges Ende haben, vielleicht nicht im Stil von Paul Klee oder John Marin (der Gott sei Dank noch lebt!), aber ein Ende, mein eigenes Ende, das einzige Ende, das jedermann erstreben sollte.

Und jetzt, ehe ich mich in der «Genesis eines Meisterwerks» verliere, schlage ich vor, Sie schreiben sich meinen Namen und meine Adresse auf, die beide mehr oder weniger von Dauer sind:

14. März 1943 Henry Miller, Big Sur
California

P.S. Sollte jemand wünschen, die Aquarellmanie zu fördern, täte er gut daran, mir Papier, Pinsel und Farbtuben zu schicken, die ich ständig brauche. Ich wäre auch dankbar für alte Kleider, Hemden, Socken usw. Meine Maße: Größe 1,75, Gewicht 75 kg, Kragenweite 39, Brustumfang 95, Taille 80, Hut und Schuhe beides Größe 7 bis 7½. Trage gern Cordsachen.

P.P.S. Diesen Brief hat ein guter Freund von mir in Chicago vervielfältigt und verteilt.

Erste Liebe

Ich sehe sie heute noch so deutlich vor mir wie damals, als wir uns auf dem Flur der Eastern District High School (Brooklyn) begegneten, während sie gerade vom einen Klassenzimmer zum anderen ging. Sie war ein wenig kleiner als ich, gut gebaut, das heißt eher stramm, strahlend, vor Gesundheit strotzend, den Kopf gereckt, der Blick herrisch und keß zugleich, eine Schüchternheit überdeckend, die verwirrend war. Sie hatte einen üppigen Mund voller großer, blitzender weißer Zähne. Was ich aber zuerst sah, waren ihr Haar und ihre Augen. Hellgoldenes Haar war es, straff aufgekämmt zur Form einer Muschel. Ein natürliches Blond, wie man es selten sieht, außer in der Oper. Ihre sehr hellen, klaren Augen waren groß und rund und von einem Porzellanblau, das zu dem leuchtenden Haar und der Apfelblütengesichtsfarbe paßte. Sie war natürlich erst sechzehn und noch recht unsicher, wenn sie sich auch selbstbewußt zu geben schien. Sie hob sich von den anderen Mädchen auf der Schule ab wie ein blaublütiges Wesen. Blaues Blut und eiskalt, bin ich versucht zu sagen.

Der erste Blick, den sie mir zuwarf, haute mich um. Ich war von ihrer Schönheit nicht nur beeindruckt, sondern auch eingeschüchtert. Wie ich es je fertiggebracht habe, sie anzusprechen und ein paar belanglose Worte zu murmeln, daran kann ich mich nicht mehr erinnern. Ich weiß nur, es dauerte Wochen nach dieser ersten Begegnung, bis ich allen Mut zusammenraffte. Ich erinnere mich deutlich, wie sie jedesmal errötete, wenn ich in ihre Nähe kam. Natürlich muß alles, was wir einander sagten, Telegrammcharakter gehabt haben. Sie ließ nie ein Wort, einen Satz fallen, die in meinem Gedächtnis haftenblieben. Diese Begegnungen fanden, wie gesagt, immer auf den Schulhausfluren statt, auf dem Weg vom einen Unterrichtsraum zum anderen. Sie muß ein oder zwei Klassen unter mir gewesen sein, wenn auch im gleichen Alter. Für mich hatten diese kleinen Nichtigkeiten eine große Bedeutung.

Erst nach dem Abgang von der High School wechselten wir einige Briefe. Während der Sommerferien hielt sie sich in Asbury Park, New Jersey, auf, indes ich meiner täglichen Fronarbeit als Angestellter im Büro der Atlas Portland Cement Company nachging. Jeden Abend, wenn ich heimkam, stürzte ich zum Kaminsims, wo die Post hingelegt wurde, um zu sehen, ob ein Brief von ihr gekommen war. Bekam ich einen oder zwei während der langen Ferienzeit, hatte ich Glück. Mein Gesamteindruck von dieser eigenartigen Minnezeit ist der einer großen Frustration. Ab und zu, aber selten, traf ich sie bei einer Tanzveranstaltung. Zweimal, glaube ich, habe ich sie ins Theater geführt. Ich besaß nicht einmal ein Foto von ihr, das ich hätte in die Brieftasche stecken und heimlich anschauen können.

Aber ich brauchte gar kein Foto. Ihr Bild war mit ständig gegenwärtig; ihre Abwesenheit war eine unablässige Qual, die dazu diente, ihr Bild lebendig zu erhalten. Ich trug sie gleichsam in mir. War ich allein, sprach ich oft zu ihr, entweder in Gedanken oder laut. Oft rief ich, wenn ich abends auf dem Heimweg einen Gang um ihr Haus gemacht hatte, laut ihren Namen, flehend, als wollte ich sie um die Gunst einer Audienz von hoch oben bitten. Sie war immer irgendwo da oben, hoch über mir, gleich einer Göttin, die ich entdeckt hatte und als die meine betrachtete. Natürlich war ich es, in meiner Dummheit, der sie daran hinderte, zur Ebene gewöhnlicher Sterblicher herabzusteigen. Das war von dem Augenblick an so bestimmt, als ich sie das erste Mal sah: ich hatte keine andere Wahl.

Das Eigenartige ist, daß sie zu mir nie abweisend oder gleichgültig war. Wer weiß – vielleicht flehte sie ihrerseits mich im stillen an, etwas mehr menschliche Aufmerksamkeit zu zeigen, als Mann um sie zu werben, sie notfalls mit Gewalt zu erobern.

Zwei- oder dreimal im Jahr trafen wir uns auf einer jener Teenagerparties, die bis in den Morgen gehen bei Singen und Tanzen und albernen Gesellschaftsspielen wie «Kiss the Pillow» oder «Post Office», jenem Spiel, bei dem man die Person seiner Wahl aufrufen und in einem dunklen Raum flüchtig in die Arme nehmen kann. Selbst da, wo wir uns richtig hätten küssen und umarmen können, hielt uns die Scheu davor zurück, mehr als das unschuldigste Vergnügen zu teilen. Wenn ich mit ihr tanzte, zitterte ich von Kopf bis Fuß und stolperte gewöhnlich über die eigenen Füße, was sie peinlich berührte.

Alles, was ich tun konnte, war Klavier spielen – spielen und eifersüchtig beobachten, wie sie mit meinen Freunden tanzte. Nie trat sie hinter mich, um mir die Arme um die Schultern zu legen und irgend etwas Dummes zuzuflüstern. Nach solchen Abenden lag ich dann wach im Bett und knirschte mit den Zähnen oder weinte wie ein Narr oder flehte zu einem Gott, an den ich nicht mehr glaubte, er möchte mich Gnade vor ihren Augen finden lassen.

Und während all dieser fünf, sechs Jahre blieb sie, was sie von Anfang an gewesen war – ein flammendes Bild. Ich hatte keine Ahnung, was sie dachte, hoffte, träumte, ersehnte. Sie war ein absolut leeres Blatt, auf das ich schrieb, was ich wünschte. Zweifellos ging es ihr mit mir genauso.

Schließlich kam der Tag, an dem ich mich von ihr verabschiedete. Der Tag, an dem ich in den Wilden Westen aufbrach, um Cowboy zu werden, wie ich dachte. Ich ging zu ihrem Haus und klingelte schüchtern. (Es war erst das zweite oder dritte Mal, daß ich es wagte, ihren Klingelknopf zu drücken.) Sie kam an die Tür, und sie sah hagerer, älter, verhärmter aus, als ich sie je gekannt hatte.

Wir waren jetzt einundzwanzig, und ich hatte seit zwei, drei Jahren ein Verhältnis mit der «Witwe». Deshalb wollte ich in den Westen – um mich von einer fatalen Leidenschaft zu kurieren. Anstatt mich hereinzubitten, trat sie vor die Tür und begleitete mich zum Gartentor, und dort standen wir vielleicht fünfzehn, zwanzig Minuten lang und tauschten nichtssagende Bemerkungen. Ich hatte sie natürlich vorher von meinem Kommen unterrichtet und ihr kurz meine Zukunftspläne geschildert. Was ich ihr nicht gesagt hatte, war, daß ich sie eines Tages nachkommen lassen wollte – und all diesen Unsinn. Worauf ich auch im stillen noch gehofft haben mochte, jetzt wußte ich, daß die Sache nicht wiedergutzumachen war. Sie wußte, daß ich sie liebte – jeder wußte das –, aber meine Affäre mit der «Witwe» hatte mich ihr endgültig entrückt. Das war etwas, das sie nicht verstehen, noch weniger verzeihen konnte.

Was für eine traurige Figur muß ich abgegeben haben! Selbst in diesem Augenblick noch, wäre ich nur mutig und entschlossen genug gewesen, hätte ich sie vielleicht für mich erringen können. So schien es mir zumindest, als ich den bekümmerten, verlorenen

Ausdruck in ihren Augen sah. Aber ich redete blindlings weiter vom herrlichen Goldenen Westen daher. Obwohl ich das Gefühl hatte, wir könnten uns jetzt zum letztenmal sehen, fehlte mir der Mut, sie in die Arme zu nehmen und ihr einen letzten leidenschaftlichen Kuß zu geben. Statt dessen gaben wir uns höflich die Hand, murmelten ein paar verlegene Abschiedsworte, und dann ging ich davon.

Obwohl ich mich kein einziges Mal umdrehte, war ich der festen Überzeugung, daß sie noch immer beim Tor stand und mir mit den Augen folgte. Wartete sie, bis ich um die Ecke gebogen war, bevor sie auf ihr Zimmer stürzte, sich aufs Bett warf und herzzerreißend schluchzte? Ich werde es nie erfahren, weder in dieser noch in der nächsten Welt.

Etwa ein Jahr später, aus dem Westen zurückgekehrt, unglücklicher und klüger, zurückgekehrt in die Arme der «Witwe», vor der ich davongelaufen war, trafen wir uns noch einmal per Zufall. Unsere letzte Begegnung. Es war in einer Straßenbahn, und glücklicherweise war ich mit einem alten Kumpel zusammen, der sie gut kannte, sonst hätte ich mich verdrückt. Nach ein paar ersten Gesprächsworten meinte mein Freund im Spaß, sie solle uns doch in ihre Wohnung einladen. Sie war inzwischen verheiratet und wohnte, so unglaublich das klingen mag, rückwärts gegenüber von dem Haus, in dem die «Witwe» wohnte. Wir stapften die hohe Veranda hinauf und betraten ihre Wohnung. Sie führte uns von einem Zimmer zum anderen, zum Schluß ins Schlafzimmer. Da ließ sie sich in ihrer Verlegenheit einen idiotischen Satz entschlüpfen, der mich wie ein Messer traf. «Und hier», sagte sie, auf das große Doppelbett deutend, «schlafen wir.» Mit diesen Worten schien ein eiserner Vorhang zwischen uns heruntergefallen zu sein.

Für mich war es das Ende. Und doch auch kein Ende. In all den Jahren, die seitdem vergangen sind, ist sie die Frau geblieben, die ich geliebt und verloren habe, die Unerreichbare. In ihren porzellanblauen Augen, so kalt und einladend, so rund und spiegelgleich, erblicke ich mich selbst als den lächerlichen Mann, die einsame Seele, den Unsteten, den rastlosen, frustrierten Künstler, den Menschen, der in die Liebe verliebt ist, immer auf der Suche nach dem Absoluten, immer das Unerreichbare anstrebend. Hinter dem eisernen Vorhang ist ihr Bild so frisch und lebendig wie eh und je, und nichts, so scheint es, kann es trüben oder auslöschen.

Offener Brief an kleine Zeitschriften

Lieber George Leite: Was den Brief «Ostersonntag 1934» an Emil Schnellock bezüglich Carcos ‹*Utrillo*› betrifft, hatte ich gehofft, Bern Porter werde ihn in *Semblance of a Devoted Past* veröffentlichen. Wenn er damit einverstanden ist, daß Sie ihn vorher in *Circle* bringen, werde ich wohl meine Zustimmung geben, nur möchte ich ihn vorher noch einmal durchlesen. Die Frage der Bezahlung hätte ich aber gern vorher geklärt mit *Ihnen und allen anderen Herausgebern von kleinen Zeitschriften.*

Sie sagen: «Fünf Dollar ist alles, was wir zur Zeit anbieten können.» Mein Lieber Freund, haben Sie eine Ahnung, was für eine lächerliche Summe fünf Dollar in einem Land wie dem unseren sind – selbst für einen alten Brief? Dieser Brief hat Ihnen gefallen, weil er die tragische Notlage eines Menschen beschrieb, dessen Werk Millionen von Kunstliebenden Freude gebracht hat. Heute ist Utrillo nicht mehr in Not. Aber Francis Carlo ist es zweifellos, und ich, wenn es mir auch nicht mehr verzweifelt schlecht geht, suche noch immer nach einer gerechten Bezahlung für meine Arbeit.

Ich will Ihnen gern glauben, daß Sie nicht mehr als fünf Dollar anbieten können. Aber haben Sie schon einmal daran gedacht, daß man Schriftsteller mit noch etwas anderem als Geld entlohnen könnte? Verstehen Sie mich, bitte, richtig – ich stelle durchaus auch etwas umsonst zur Verfügung; ich habe zu vielen Zeitschriften etwas beigesteuert, ohne einen Penny zu verlangen. In Paris hatten mein Freund Alfred Perlès und ich eine Zeitschrift aufgemacht (*The Booster*, später wurde daraus *Delta*), und da waren es die Mitarbeiter, die bezahlten, um das Ding überhaupt am Leben zu erhalten. Der einzige amerikanische Schriftsteller, der wirklich etwas hätte zahlen können, der einzige von uns, der mit seiner Arbeit etwas verdiente, machte da nicht mit. Ich war auch Mitarbeiter einer französischen Zeitschrift mit dem Titel *Volontés*, und da waren es wiederum wir, die Schriftsteller, die die Zeitschrift in Gang hielten. Ich frage mich, gibt es eine solche Zeitschrift in Amerika? Wenn ja, wenn es eine Zeitschrift gäbe, die gleich den eben erwähnten den Mitarbeitern erlaubt, sich frei auszudrücken, würde ich als erster meine Arbeit anbieten, und zwar das Beste, das ich anzubieten hätte. Ich erwähne dies nur für den Fall, daß Sie das zum Nachdenken anregt.

Wenn Sie daran denken, einen Autor für seine Arbeit zu bezahlen, dann sollten Sie großzügig denken. Der Autor ist es, der Ihre Zeitschrift macht. Wenn Sie nicht bar bezahlen können, warum schreiben Sie dann nicht dem Autor und fragen ihn, was Sie für ihn tun können? Bieten Sie ihm etwas in der Art eines persönlichen Opfers an. Er möchte vielleicht etwas abgetippt oder gedruckt haben; er braucht vielleicht einen Tisch, an dem er arbeiten kann oder irgendwelche Handbücher; oder Hilfe bei irgendwelchen wissenschaftlichen Nachforschungen. Es gibt tausend Dinge, für die er vielleicht viel dankbarer ist als für Bargeld, vor allem, wenn dieses Bargeld, am amerikanischen Lebensstandard gemessen, absolut nichts ist. Ich brauche zum Beispiel pro Woche fünf Dollar für Porto. Und noch viel mehr brauche ich für Bücher und Aquarelle, die ich begeisterten Besuchern schenken muß, weil sie zu arm sind, um sich meine Werke kaufen zu können.

Andererseits, wenn ich etwas von einem Künstlerkollegen haben will, sagen wir, ein Gemälde, dann gehe ich nicht hin und schreibe: «Mein lieber Varda oder mein lieber Rattner, ich hätte gern dieses Bild da von Ihnen, das ich in der Soundso-Galerie gesehen habe. Ich habe im Augenblick nur fünf Dollar – wäre Ihnen das recht?» Nein, ich schreibe ihm: «Ich bin verrückt nach Ihrem Bild. Ich muß es haben. Was wollen Sie dafür? Was ist der Höchstpreis? Ich kann ihn nicht auf einmal bezahlen, aber ich kann ihn monatlich abstottern. Wäre das für Sie akzeptabel? Sollte Ihnen jemand, während ich noch abzahle, eine runde Summe dafür auf den Tisch legen, dann denken Sie nicht mehr an mich – verkaufen Sie das Bild.» Ich will das Bild erst haben, wenn ich es ganz bezahlt habe. Um es zu bekommen, würde ich notfalls drei Jahre darauf warten. Und dann kann ich es, wie das gewöhnlich so ist, gar nicht behalten, weil ich irgendwohin muß und nur leichtes Gepäck mitnehmen kann.

Aber dies ist, so scheint mir, die Art, wie ein guter Künstler mit einem anderen umgehen sollte. Und ihr, die ihr Herausgeber kleiner Zeitschriften seid, ihr seid doch meines Wissens selber auch Künstler. Ihr rechnet alle damit, eines Tages berühmte Schriftsteller zu werden; ihr identifiziert euch mit denen, deren Werk ihr bewundert und zu veröffentlichen hofft. Nun, dann treibt doch die Identifikation bis zum -xten Grad, sozusagen. Stellt euch vor, wie euch zumute wäre, wenn man nach Jahren des Ringens und Mühens von euch verlangte, eine triviale Summe zu akzeptieren. Es ist viel, viel besser, man sagt: «Wir haben überhaupt kein Geld. Wir glauben an Sie und Ihr Schaffen . . . wollen Sie uns helfen? Wir sind bereit, jedes Opfer zu bringen, um Ihren Namen bekannt zu machen.» Die meisten Autoren würden gerührt auf einen solchen Anruf reagieren; sie würden mit Freuden ihr Werk anbieten; sie würden sich vielleicht erbieten, noch in anderer Weise zu helfen. Ich denke natürlich an die Art Schriftsteller, die Sie für Ihr Projekt interessieren möchten. Es kann eine wunderbare Zusammenarbeit zwischen Autor und Herausgeber, Autor und Verleger geben. Aber Sie als Herausgeber müssen mit dem Geben anfangen, nicht mit dem Verlangen. Geben Sie Ihr letztes Hemd her oder bieten Sie es an, und dann werden Sie sehen, wie der Autor darauf antwortet. Ich habe bei Bettlern oft beobachtet, daß sie, wenn sie etwas von einem verlangen und man ihnen das Doppelte oder Zehnfache gibt, so überwältigt sind, daß sie entweder überhaupt nichts annehmen wollen oder sich einem als Sklaven anbieten. Schriftsteller sind in gewisser Beziehung Bettler. Sie betteln ständig um Gehör, um Anerkennung. In Wahrheit betteln sie einfach um die Chance, von ihren großen Gaben geben zu können – was das herzzerreißendste Betteln überhaupt ist und eine Schande für jede zivilisierte Gemeinschaft, in der es geschieht. Das heißt, fast für die gesamte zivilisierte Welt.

Um auf Carcos Buch zurückzukommen, mit dem alles angefangen hat . . . es ist zu dumm, daß man ihn nicht aufstöbern und ihm etwas geben kann. Ich erinnere mich so deutlich an den Abend, als ich ihn zum erstenmal sah und hörte. Ich ging im Quartier Latin durch die rue Champollion, als ich auf einem Anschlag las, daß er an diesem Abend in dem kleinen Theater einige seiner Gedichte vortragen werde. Im Vorraum erblickte ich einen großen Stapel Bücher – seine gesammelten Werke. Und er gab eine großartige Vorstellung an dem Abend für einen Hungerlohn, weil er in großer Not war.

Vielleicht steht das alles in meinem Brief an Emil – ich weiß nicht mehr, was ich damals geschrieben habe. Ich erinnere mich nur noch daran, wie bewegt ich war, als ich seine ergreifende Huldigung an Utrillo las. Aber da wir vom Geben sprachen, lassen Sie mich dies noch hinzufügen: als ich an jenem Abend heimkam, schrieb ich Francis Carco sogleich einen Brief. Ich schrieb ihm, daß ich zu Tränen gerührt gewesen war im Theater, als ich ihn rezitieren hörte und wußte, welche Qual und Erniedrigung er erduldet haben mußte, als er sich so zum Schauspiel darbot. Zu meiner großen Überraschung erhielt ich ein, zwei Tage später einen herzlichen Brief von Carco, zusammen mit einer Luxusausgabe der Gedichte, die er an dem Abend vorgetragen hatte. Er hätte mir ein ganz gewöhnliches Exemplar schicken können oder auch gar keins, da sein Brief allein schon mehr als ein Geschenk war, aber nein, er hat mir die beste Ausgabe geschickt, die er gerade zur Hand hatte. Nur in Armut lebende Menschen, die groß im Geist sind, tun so etwas.

Das ist alles. Ich wünsche Ihnen viel Glück! Ich bin sicher, wir verstehen uns.

Mein Leben als Echo*

Englische Kritiker werfen mir immer wieder vor, ich schriebe nur über mich selbst. Gewiß, ich muß inzwischen, über ein Dutzend oder mehr sogenannte autobiographische Romane verstreut, mehrere Millionen Wörter geschrieben haben. Ich bin es leid, etwas über mich zu hören, selbst von meinen eigenen Lippen. Doch da ich herausgefordert bin, noch ein paar tausend Worte mehr zu schreiben – über mich –, muß ich mich, gute Miene machend, fügen, selbst auf die Gefahr hin, den Leser zu langweilen. Also . . .

Gewöhnlich leitet man so etwas mit einigen persönlichen Daten ein – wann und wo geboren, welche Schulbildung, verheiratet oder geschieden und so weiter. Ich frage mich: ist das nötig? Ich werde nächstes Jahr siebzig. Anders ausgedrückt: selbst der Durchschnittsleser dürfte bei meinem Alter inzwischen einige bedeutsame, mein Leben betreffende Fakten aufgesammelt haben. Das heißt, wenn ich das bin, wozu mich das Gerücht macht: ein Ausbund auf dem Gebiet von Obszönität, Farce, Mystizismus und Obskurantismus.

Ich bin zwar in Yorkville, Manhattan, geboren, als Weihnachtsgeschenk ein paar Stunden zu spät, und beanspruche als meine Heimat den 14. Stadtbezirk von Brooklyn, aber ich hätte genausogut im Himalaja oder auf der Osterinsel zur Welt gekommen sein können. Amerikaner durch und durch, bin ich in meinem eigenen Land weniger zu Hause als irgendwo. Ich bin eine Anomalie, ein Paradoxon, ein Unangepaßter. Meistens lebe ich *en marge*. Mein Ideal ist es, völlig anonym zu werden – Mr. Soundso. Oder einfach George, wie der Eismann. Kurzum, mir ist am wohlsten, wenn mich niemand kennt, niemand erkennt. Wenn ich einfach irgendwer bin.

Mitte der dreißiger Jahre, als ich zum erstenmal etwas von Zen las, begann ich wahrzunehmen, wie köstlich viel es bewirkt, ein Niemand zu sein. Nicht daß ich je ein Jemand hätte sein wollen.

* Ich möchte mich bei dem jiddischen Schriftsteller Moishe Nadir entschuldigen, dessen Titel ich mir hier ausborge.

Nein, ich habe vom Schöpfer nie mehr verlangt, als Schriftsteller zu werden. Kein toller oder berühmter – einfach ein Schriftsteller. Ich hatte so ziemlich alles andere schon probiert, wissen Sie – ohne Erfolg. Sogar als Müllkutscher, sogar als Totengräber legte ich keine besonderen Fähigkeiten an den Tag. Die einzige Stellung, die ich zu einiger Zufriedenheit ausfüllte (ohne daß es meine Vorgesetzten bemerkten), war die eines Personalchefs bei der Western Union Telegraph Company, New York. Die vier Jahre, die ich dort mit Einstellen und Hinauswerfen der bejammernswerten Wesen verbrachte, welche die fluktuierende Botenstreitmacht dieser Organisation darstellten, waren die wichtigsten Jahre meines Lebens, von meiner späteren Rolle als Schriftsteller her gesehen. Hier war ich in ständiger Berührung mit Himmel und Hölle. Für mich war das, was Sibirien für Dostojewskij war. Und während dieser Zeit als Personalchef machte ich meine ersten Versuche als Schriftsteller. Es war hohe Zeit. Ich war schon dreiundreißig Jahre alt, und wie der Titel meiner Trilogie besagt, war es eine rosarote Kreuzigung, die ich durchzumachen hatte.

Die Zeit der Prüfungen begann, um ehrlich zu sein, schon bevor ich bei Western Union eintrat. Sie begann mit meiner ersten Ehe und reichte in meine zweite hinüber. (Der italienische Leser sollte natürlich berücksichtigen, daß ein Amerikaner mit dreiunddreißig noch etwas vom Jüngling an sich hat. Eigentlich gibt es nur wenige, die, selbst wenn sie hundert Jahre alt werden, je über das Stadium des Jugendlichen hinausgelangen.) An meinem Leiden waren natürlich nicht die Ehen schuld. Nicht nur, zumindest. Ich selbst war der Grund, meine eigene verdammte Natur. Nie mit etwas zufrieden, nie zum Kompromiß bereit, nie *angepaßt* sein wollend – dieses gräßliche Wort, dessen die Amerikaner sich bemächtigt haben und das sie in den Himmel heben.

Erst als ich nach Frankreich kam, wo ich mich mit mir selbst auseinandersetzte, wurde mir klar, daß ich allein für alle Mißgeschicke verantwortlich war, die mich befallen hatten. An dem Tag, als mir diese Wahrheit aufging – es war wie ein Blitz –, fiel die Last von Schuldgefühl und Leiden von mir ab. Welch ungeheure Erleichterung war es, aufhören zu können, der Gesellschaft, meinen Eltern oder meinem Land Vorwürfe zu machen. «Schuldig, Euer Ehren? Schuldig, Eure Majestät! Schuldig in allen Punkten!» konnte ich ausrufen. Und mich dabei wohl fühlen.

Natürlich habe ich auch später noch gelitten, oft sogar, und zweifellos werde ich das auch weiter tun . . . aber auf eine andere Weise. Mir geht es jetzt wie jenen Alkoholikern, die nach Jahren der Abstinenz endlich wieder lernen, ein Glas zu trinken, ohne befürchten zu müssen, betrunken zu werden. Ich will damit sagen, ich habe mich mit dem Leiden arrangiert. Leiden gehört einfach dazu, genauso wie Lachen, Freude, Verrat oder was sonst noch. Wenn man sich seiner Funktion bewußt wird, seines Werts, seiner Nützlichkeit, fürchtet man es nicht mehr, dieses endlose Leiden, vor dem sich alle Welt so gern drücken möchte. Betrachtet man es im Lichte des Verstehens, wird es zu etwas anderem. Ich habe diesen Umwandlungsprozeß meine «rosarote Kreuzigung» genannt. Lawrence Durrell, der mich damals besuchte (in der Villa Seurat), drückte es anders aus; er nannte mich «von jetzt an» den *Glücklichen Fels.*

Schriftsteller werden! Als ich den Schöpfer um diese Gnade bat, ahnte ich nicht, welchen Preis ich für das Privileg würde zahlen müssen. Auch ahnte ich nicht, daß ich mich mit so vielen Idioten und Tölpeln würde befassen müssen, wie mir in den letzten zwanzig, fünfundzwanzig Jahren über den Weg gelaufen sind. Ich hatte mir beim Schreiben meiner Bücher vorgestellt, ich wendete mich an verwandte Geister. Nie kam ich auf die Idee, ich würde, aus ganz anderen Gründen, als ich im Sinn hatte, von der gedankenlosen Masse akzeptiert werden, die mit der gleichen Wonne die Comic strips, die Sportmeldungen und die Finanzberichte im *Wall Street Journal* liest. Wer mein Buch über Big Sur (wo ich jetzt seit vierzehn Jahren lebe) gelesen hat, weiß, daß mein Leben an diesem abgeschiedenen Ort das eines Eichhörnchens im Käfig ist: ständig den Blicken ausgeliefert, ständig Neugierigen, Autogrammjägern und drittklassigen Zeitungsreportern ausgesetzt. Vielleicht war es die Vorahnung eben einer solchen Absurdität, die mich dazu bestimmte, in mein allererstes Buch, ‹*Wendekreis des Krebses*›, ein langes Zitat aus Papinis ‹*Uomo Finito*› aufzunehmen. Heute habe ich, ähnlich wie Einstein, das Gefühl, daß ich, würde mir ein zweites Leben gewährt, vielleicht Schreiner oder Fischer werden möchte – alles, nur kein Schriftsteller. Die wenigen, die ein Schriftsteller mit seinen Worten erreicht, denen seine Bücher etwas sagen, denen sie Freude und Trost bieten, werden weiter das sein, was sie sind, ob sie seine Bücher lesen oder nicht. Dieses ganze verdammte

Schreibgeschäft, Buch um Buch, Zeile um Zeile, läuft auf einen Spaziergang im Park hinaus, auf ein Hutlüften hin und wieder und ein «Guten Morgen, Tom, wie geht es Ihnen?» – «Danke, gut . . . *und Ihnen?*» Keiner wird dadurch klüger, trauriger oder glücklicher. *C'est un travail du chapeau, voilà tout!*

Warum also weitermachen, mag man sehr wohl fragen. Die Antwort ist ganz einfach. Ich schreibe jetzt, weil ich es genieße; es macht mir Spaß. Ich bin ein Süchtiger, ein glücklicher Süchtiger. Ich mache mir keine Illusionen mehr über die Bedeutung der Worte. Lao-Tse hat all seine Weisheit in einige wenige Seiten hineingesteckt. Jesus hat selbst keine einzige Zeile geschrieben. Was Buddha betrifft, so ist er für die wortlose Predigt bekannt, bei denen er seinen Zuhörern zum Ansehen (oder Hören) eine Blume hinhielt. Worte, wie jeder andere Abfall, landen früher oder später auf dem Müll. Taten leben weiter. Wahre Taten, *bien entendu*, nicht die bienenemsige Geschäftigkeit, die heute für Aktion gilt.

Aktion. Oft stelle ich mir das so vor: ich und mein Körper. Man wirft seinen Körper herum – hierhin, dorthin, überallhin –, aber *man* bleibt derselbe. Man hätte genausogut auf der Stelle verharren können. Wenn das, was geschehen muß, was gelernt werden muß, nicht in diesem Leben eintritt, dann im nächsten oder übernächsten oder in dem danach. Wir haben alle Zeit zur Verfügung. Was wir entdecken müssen, ist die Ewigkeit. Das einzige Leben ist das ewige Leben. Wie man es erlangt, dafür weiß ich kein allgemeingültiges Rezept.

Sicher werden einige der vorangegangenen Bemerkungen manchem nicht schmecken, vor allem jenen unwissenden Seelen nicht, die bestrebt sind, die Welt in Brand zu stecken. Sehen sie nicht, frage ich mich, daß die Welt seit je in Brand steht und immer in Brand stehen wird? Sind sie sich nicht bewußt, daß die Hölle, in der wir leben, wirklicher ist als die, die kommt – falls man diesen Unsinn mitmacht? Sie sollten zumindest ein wenig stolz darauf sein, daß auch sie zur Schaffung dieser Hölle beigetragen haben. Das Leben auf Erden wird immer eine Hölle sein; das Antidoton ist nicht ein Jenseits genannt Himmel, sondern ein neues Leben hier unten – «der neue Himmel und die neue Erde» –, geboren aus der vollkommenen Hinnahme des Lebens.

Ich stelle fest, daß ich vom Thema abkomme – von mir selbst. Daraus geht hervor, daß es andere Themen gibt, die mich mehr reizen. Bisweilen finde ich sogar die Theologie höchst interessant. Glauben Sie mir, sie *kann das sein,* wenn man sich nicht nachher versucht fühlt, Theologe zu werden. Selbst die Naturwissenschaft kann einen interessanten Aspekt gewinnen, vorausgesetzt, man nimmt sie nicht ernst. Jede Theorie, jeder Gedanke, jede Spekulation kann den Lebenseifer vermehren, wenn man sich nur nicht einbildet, damit irgendwo hinzukommen. Wir kommen nirgendwohin, weil es (metaphysisch gesehen) keinen zu erreichenden Ort gibt. Wir sind schon da, sind schon seit Ewigkeit da. Wir müssen uns nur dieser Tatsache bewußt werden.

Ich habe dazu etwas über fünfzig Jahre gebraucht. Und selbst jetzt bin ich mir der Tatsache noch nicht ganz bewußt, sonst würde ich nicht diese unpassenden Worte schreiben. Aber schließlich gehört zu dem, was man auf seinem Weg lernt, die Tatsache, daß auch der Unsinn seinen Platz im Ganzen hat. Der wirkliche Unsinn natürlich verbirgt sich unter so hochtrabenden Namen wie Naturwissenschaft, Religion, Philosophie, Geschichte, Kultur, Zivilisation und so weiter und so fort. Der verrückte Hutmacher ist nicht der elende *chlochard,* der, seine Flasche an die Brust gepreßt, in der Gosse liegt, sondern Seine Exzellenz Sir Popinjay von Seiner Majestät Hof, der uns glauben machen will, er könne, ausgerüstet mit dem richtigen Portefeuille, dem richtigen Zylinder und den richtigen Gamaschen, dieses oder jenes Monster besänftigen, zähmen oder unterdrücken, das sich anschickt, die Welt zu verschlingen im Auftrag des Volkes oder im Namen Christi oder wessen auch immer.

Ehrlich gesagt, wenn wir mit dieser Idee von der Rettung der Welt spielen müssen, dann behaupte ich, daß ich mit einem eigenhändigen Aquarell, das mir gefällt – nicht notwendigerweise auch *Ihnen* –, einen besseren Beitrag dazu leiste als irgendein Minister, mit oder ohne Portefeuille. Ich glaube, daß sogar Seine Heiligkeit der Papst, so wenig ich an ihn glaube, sein Teil dazu beiträgt. Aber dann muß ich, wenn ich ihn erwähne, auch Leute wie Al Capone und Elvis Presley anführen. Warum nicht? Können Sie das Gegenteil beweisen?

Wie gesagt, nach meinem Job als Personalchef bei Western Union und nachdem ich schon Totengräber und Straßenkehrer, Bibliothekar, Buchhändler, Versicherungsagent, Billetkontrolleur, Farmarbeiter gewesen war und noch hundert andere gleichermaßen wichtige Dinge (spirituell gesprochen) getan hatte, landete ich in Paris, war bald völlig fertig – wäre Zuhälter oder Strichjunge geworden, wenn ich die Veranlagung dazu gehabt hätte – und wurde schließlich Schriftsteller. *Was wollen Sie jetzt noch wissen?* Dazwischen liegt jeweils das, was ich hier auslassen muß, da ich alle Füller schon für meine «autobiographischen Romane» verwendet habe, die, falls ich den Leser nicht schon darauf hingewiesen habe, nicht allzu wörtlich genommen werden sollten. Es gibt Zeiten, da weiß ich selbst nicht mehr, ob ich das alles gesagt und getan habe, wovon ich erzähle, oder ob ich es nur geträumt habe. Jedenfalls träume ich immer wahr. Wenn ich ab und zu ein bißchen lüge, dann hauptsächlich im Interesse der Wahrheit. Damit will ich sagen, ich versuche die zerbrochenen Teile meiner selbst zusammenzusetzen. Der Träumer, der im Schlaf vergewaltigt oder tötet, ist dieselbe Person, die tagsüber in der Bank anderer Leute Geld zählt oder als Präsident einer Republik amtiert . . . Oder etwa nicht? Sind alle Gauner dieser Welt hinter Gittern oder verkleiden sich einige als Finanzminister?

Vielleicht ist an dieser Stelle die Bemerkung angebracht, daß ich mich endlich dem Ende meiner autobiographischen Schlittenfahrt nähere. Die erste Hälfte von ‹*Nexus*› wurde kürzlich von den Éditions du Chêne, Paris, herausgegeben. Die zweite Hälfte, die ich schon vor einem halben Jahr hätte beendet haben sollen, vielleicht aber erst in fünf Jahren in Angriff nehme, wird das zum Abschluß bringen, was ich mir im Jahr 1927 vorgenommen hatte. Damals glaubte ich, die Geschichte meines Lebens (genauer gesagt, die Geschichte von nur sieben Jahren meines Lebens, der entscheidenden Jahre, bevor ich nach Frankreich ging) werde in einem einzigen dicken Buch Platz finden. (*Die Geschichte meiner Mißgeschicke*, von Henry Abélard Miller.) Kurzum, ich dachte, ich sage, was ich zu sagen habe, und dann Schluß. Aber so einfach war es nicht. Nichts ist einfach, man wäre denn ein Weiser. Ich habe mich, sozusagen, in meinem eigenen Netz gefangen. Jetzt muß sich herausstellen, ob ich das Netz zerreißen kann oder nicht. «Geweb und Fels» – sind sie nicht ein und dasselbe?

Nie werde ich vergessen, welchen Eindruck Otto Ranks ‹*Art and Artist*› auf mich machte. Besonders der Teil, in dem er von jenem Schriftsteller spricht, der sich in seiner Arbeit verliert: der sein Werk zu seinem Grab macht, anders ausgedrückt. Und wer hat das, Rank zufolge, am besten geschafft? *Shakespeare.* Ich möchte hier auch noch Hieronymus Bosch nennen, von dessen Leben wir fast so wenig wissen wie von dem Shakespeares. Wo es um Künstler geht, wollen wir immer den Menschen dahinter erfassen. Als ob der *Mensch* namens Charles Dickens, beispielsweise, ein ganz anderes Wesen wäre. Es geht uns dabei weniger darum, die ganze Person in den Griff zu bekommen – nein, wir können einfach nicht recht glauben, daß der Künstler und der Mensch ein und derselbe sind. Was mich persönlich betrifft, so habe ich zum Beispiel Freunde, die mich sehr gut kennen oder mich zumindest entsprechend behandeln, und die doch versichern, sie verstünden keine Zeile von dem, was ich geschrieben habe. Oder, schlimmer noch: die die Frechheit haben, mir zu sagen, ich hätte das alles erfunden. Glücklicherweise habe ich ein paar Freunde, gerade so eine Handvoll, die mich als Schriftsteller und als Menschen kennen und akzeptieren. Wäre dem nicht so, würde ich vielleicht an meiner wahren Identität zweifeln. Um überhaupt Schriftsteller zu sein, dazu bedarf es gewiß einer gespaltenen Persönlichkeit. Aber wenn man dann nach dem Hut greift, um ein bißchen an die Luft zu gehen, dann muß man sicher sein, daß man *seinen* Hut ergreift, *seine* Beine bewegt und daß man Miller heißt und nicht Mahatma Gandhi.

Was ein Morgen betrifft, so gibt es keinen. Ich habe alle meine Gestern und alle meine Morgen schon gelebt. Inzwischen strample ich einfach im Wasser.

Sollte ich noch mehr Bücher schreiben, Bücher, die ich nie hatte schreiben wollen, dann entschuldige ich mich schon jetzt dafür und nenne sie einen Spaziergang im Park . . . «Guten Morgen, Tom, wie geht es Ihnen.» «Danke gut . . . *und Ihnen?*» Mit anderen Worten, ich bin die Schlange, die sich in den Schwanz beißt. Mit Ihrer Erlaubnis mache ich einfach weiter. Nicht nötig, mir die Trommel auf dem Haupt zu zerschlagen, wenn Sie begreifen, worauf ich hinaus will. Offen gestanden, ich begreife es selbst nicht ganz. Aber das ist so die allgemeine Vorstellung, wie es bei uns in Amerika heißt.

Von der Unmoral der Moral

Was ist moralisch und was unmoralisch? Niemand wird je auf diese Frage eine befriedigende Antwort geben. Nicht weil die Sitten sich ständig wandeln, sondern weil das Prinzip, von dem sie abhängen, erkünstelt ist. Die Moral ist für Sklaven geschaffen, für Wesen ohne Geist. Und wenn ich «Geist» sage, meine ich den Heiligen Geist. Was hatte Jesus, in dessen Namen so viele Verbrechen begangen wurden, mit der Moral zu schaffen? Das Wort scheint nie über seine Lippen gekommen zu sein. Elie Faure nennt ihn den «großen Immoralisten». Wie dem auch sei: Wir halten es für gewiß, daß sich Jesus bemühte, uns einen Weg zum Leben zu weisen, nicht einen Moralkodex zu geben.

Es versteht sich, daß die Leute, die bestrebt sind, den Status quo aufrechtzuerhalten, von allen die unmoralischsten sind. Für sie besteht die schwerste Sünde darin, die bestehende Ordnung anzuzweifeln. Indessen hat jeder große Denker, jeder große Künstler, jeder große religiöse Meister nie etwas anderes getan.

Die Frage wird komplizierter, wenn man davon ausgeht, daß diese Rebellen oder Bilderstürmer die Möglichkeit fanden, in der Welt zu leben, ohne ihr anzugehören. «Gebt dem Kaiser, was des Kaisers ist . . .» Zweideutigkeit? Widerspruch? Heuchelei? Keineswegs. Erst recht nicht Defätismus. Nein, der große Triumph dieser ursprünglichen Seelen beruht darauf, daß sie eine Lösung entdeckt haben, welche die Gegensätze überwindet. Durch den Nicht-Widerstand gegen das Übel, den Jesus in einem absoluten Sinne verstand, und den offenbar niemand aus freien Stücken anzuerkennen gewillt ist, entgingen diese wenigen leuchtenden Vorbilder des Lichts und der Wahrheit den Fallstricken, die den gewöhnlichen Gläubigen bedrohen.

Jedermann erstrebt eine bessere Welt, jedermann will anders sein, als er ist, jedermann will für die Übel, die uns bedrängen, nicht die Verantwortung tragen. Jedermann glaubt an ein Paradies oder an einen Himmel, entweder hier in der Gegenwart oder im Zukünftigen. Niemand scheint den Gedanken ertragen zu können, daß diese Welt vielleicht die alleinige und einzige für uns ist. Falls wir jedoch diese unangenehme Tatsache nicht anerkennen, kann es nie ein Paradies geben – weder im Jenseits noch hier in der Gegenwart.

Wenn es jemals eine Periode gab, in welcher der Mensch keine Seele besaß, so hat sich jedenfalls der ganze Aspekt der Schöpfung dadurch gewandelt, daß er eine solche erwarb oder auch nur die entsprechende Idee in Worte faßte. Insoweit der Mensch mit einer Seele begabt ist, ist er nicht mehr ein «Geschöpf», sondern ein Partner in der Schöpfung – in der göttlichen Schöpfung, denn es gibt nur eine einzige Art von Schöpfung. Dadurch, daß er die Bedeutung seiner eigenen Natur begriff, hat der Mensch die Natur des Gebetes verändert. Wenn der Geist in ihm wohnt, sucht er nicht den Schöpfer zu besänftigen oder seine Gunst zu erlangen. In vollem Bewußtsein, aufrecht, Auge in Auge mit seinem Schöpfer kann der Mensch Ihn nur lobpreisen. Die einzige Art des Gebets, die des Menschen würdig ist, stellt ein Gebet der Danksagung dar.

Doch sind wir dessen eingedenk in unseren Prüfungen und unseren Heimsuchungen? Nein. Wir alle fordern unsinnigerweise, das Leben möge uns gegeben werden, wie es unseren Begriffen entspricht. Wir vergessen, wie sehr wir durch unsere Trägheit, unser Schweigen, unsere niederträchtige Unterwürfigkeit zu unserem eigenen Versagen beitragen. Wir vergessen, daß wir nur selten mit dem Schöpfer zusammengewirkt haben, worin doch unsere alleinige und einzige Aufgabe besteht. Ständig gehen wir in die Irre, weitab von Quell, und geraten dann in naives Erstaunen darüber, daß wir uns heulend in der Wüste befinden.

Tagtäglich, auf tausend verschiedene Arten werden wir vor die Wahl gestellt, ob wir im Einklang mit dem Geiste leben wollen, der in uns ist, oder nicht. Wenn wir von Gut und Böse sprechen, wenden wir den Scheinwerfer unserer Kritik gegen unsere Nächsten statt gegen uns selber. Wir richten, damit wir nicht gerichtet werden. Wir schwingen das Gesetz als Waffe, weil das einfacher ist, als ihm zu trotzen.

Wir sind alle Verfemte, sind alle Verbrecher, alle Mörder auf dem Grund unseres Herzens. Es ist nicht unsere Sache, die Mörder zu verfolgen, wohl aber, den Mörder zu verfolgen, der in jedem von uns lebt. Und ich verstehe unter Mord jene ärgste Abart, die im Morden des Geistes besteht.

Aus der Geschichte des Martyriums, dessen Akteur Jesus gewesen ist, scheint mir eines hervorzugehen. Daß wir nämlich das Opfer, das er vollbracht hat, nicht zu wiederholen brauchen. Indem er die Last der Schuld und der Sünde um der Menschheit willen auf sich nahm, wollte Jesus, meiner Meinung nach, unsere Aufmerksamkeit auf den wirklichen Sinn des Lebens lenken. Was ist das Ziel und der Sinn des Lebens? Daß wir uns so sehr wie möglich seiner freuen sollen. Wir können das nur erreichen, wenn wir mit dem Leben völlig eins werden. «Das reichste Leben» bedeutet ganz einfach und unzweideutig «das ewige Leben», nichts als das Leben.

Ich habe einen alten Freund, den viele als abgefeimten Gauner bezeichnen. Ein Gauner ist er, aber ein köstlicher. Ein Gauner, der eher auf dem richtigen Wege ist als alle Gerechten, denen ich jemals begegnet bin. Er tut nichts für die Welt und recht wenig für sich selber. Er freut sich ganz einfach des Lebens, nimmt es, wie er es findet. Natürlich arbeitet er so wenig wie möglich; natürlich sorgt er sich nicht um den morgigen Tag. Ohne irgendeine ängstliche Gewissenhaftigkeit verwendet er die äußerste Sorgfalt auf seine Person, ist maßvoll in allen Dingen und zeigt sich umsichtig in allem, was seine Zeit oder seine Aufmerksamkeit in Anspruch nimmt. Er weiß über Ernährung Bescheid, ist ein Weinkenner, doch besteht nie die Gefahr, daß er zum Vielfraß oder zum Trinker werden könnte. Er liebt die Frauen und versteht es, sie glücklich zu machen. Obwohl er verheiratet ist, verzichtet er nicht auf außereheliche Beziehungen. Er fügt niemandem ein Leid zu, und würde man ihn geradeheraus nach diesem Thema befragen, gäbe er zweifellos zur Antwort, er habe noch nie in seinem Leben gelitten. Er denkt nie an das Leid, weder an das eigene noch an das der anderen. Er lebt, als sei die Welt vollkommen und eigens zu seinem persönlichen Vergnügen geschaffen. Gibt es Krieg und ist er genötigt zu kämpfen, so wird er kämpfen, wobei es ihm wenig ausmacht, auf welcher Seite. Er quält sich nicht ab, darüber nachzugrübeln, ob er fallen wird oder nicht, es geht ihm nur darum, möglichst wenig Blut zu vergießen. Wenn er strahlend glücklich ist – und er ist fast immer glücklich –, liebt er sich mitunter so sehr, ist er gewissermaßen so zufrieden über sein eigenes Glück, daß er sich zuweilen selber küßt – auf die Hand oder den Arm, wie das am bequemsten ist. Ich glaube, er würde sich sogar den Hintern küssen, wenn er das in gewissen Augenblicken der Begeisterung fertigbrächte.

Doch weshalb wollte jemand einen so schätzenswerten Kameraden als Gauner bezeichnen? Offenbar, weil er nicht das Spiel mitspielt, wie wir erwarten, daß es gespielt werden sollte. Offenbar, weil er sein Leben in so vollen Zügen genießt. Offenbar, weil er sich nicht über unsere Miseren abhärmt. Offenbar, weil er sich nicht über den Lenker der Welt Sorgen macht. Und vor allem, weil er weiß, wo die Butterseite seines Brotes ist.

Die Leute, die ihn nicht für einen Gauner halten, finden ihn kindisch. Das ist noch strenger gemeint. Daß sich einer aus freien Stücken an Zöllner, Huren, Trinker und Verbrecher anschließen kann, wird für manche Geister nur verständlich, wenn man den Betreffenden als beschränkt ansieht. Mein Freund nennt sich selber häufig einen «Schwachkopf». Er tut das lächelnd, ein bißchen nach Art der Helden Dostojewskijs, wenn etwas von einem Heiligen in ihnen steckte. In Wahrheit macht mein Freund sich über sich selber lustig, indem er sich so gering erscheinen läßt und es ablehnt, sich größer zu geben, als er ist, oder sich zu verteidigen; dadurch hat er ein Mittel, seinen Gesprächspartner zu verwirren, das nicht bloß lächerlich, sondern wahrhaft heilsam ist. Würde man beispielsweise in ihn dringen, sich zu erklären, ob er an Christus glaube oder nicht, wäre er durchaus imstande zu antworten: «Christus ist mir ganz schnuppe. Was hat er denn jemals für mich getan?» Er würde aus Verlegenheit diese Antwort geben, denn er findet es töricht, daß die Leute einander derartige Fragen stellen. Doch er steht zweifellos Christus näher als Satan. Er gleicht Christus mehr, muß ich hinzufügen, wenn er solche Dinge tut, die dem von Christus gewiesenen Weg zu widersprechen scheinen. Was viel heißen will. Doch wie soll ich mich besser verständlich machen? Wie wir alle wissen, zeigte sich Jesus nie streng gegen die Sünder. Er war streng gegen die Moralprediger und die Heuchler, gegen alle, die den Buchstaben des Gesetzes eher beachteten als den Geist des Gesetzes. Jesus kannte keine irgendwie geartete Sozialordnung; er war flüssig und biegsam, bis zu dem Tage, an dem er es mit den Unduldsamen zu tun bekam.

Mein Freund weiß ganz genau, wann er «den Kräften der Natur sein Opfer bringt», wie er sich gern ausdrückt. Er gebraucht nicht das Wort «Sünde». Wenn er dem Verlangen des Fleisches nachgibt, so geschieht das mit dem Behagen eines Mannes, der sich nach einem harten Arbeitstag entspannt. Er will sich keine zu beträchtliche Anstrengung auferlegen, mehr hat er nicht im Sinn. Ich bin kein Held, scheint er zu sagen, und auch kein Heiliger oder Märtyrer. Ich bin lediglich ich selber. Es versteht sich, daß er mit solch einer Einstellung nur selten an Katzenjammer und niemals an Schuldkomplexen leidet. Er ist stets für das Bevorstehende gerüstet, mag es sich nun um einen Genuß oder um ein ekelhaftes Stück Arbeit handeln.

Zuweilen frage ich mich, ob er eines Tages sterben wird, so strahlend, gut aufgelegt und frisch ist er zu jeder Stunde. Er scheint nie beschmutzt zu sein, er nutzt sich nie ab. Welche Gesundheit und Vitalität, welch leuchtende Freude auf seinem Gesicht! Es ist nahezu unsittlich, wenn man in einer Welt wie der unseren solch ein Aussehen hat. Und wenn er sich mit Küssen bedeckt, weil das Essen gut war und er viel Gefallen daran fand, so scheint er dem Schöpfer nach Art eines Hundes zu danken. Doch wenn sein Verhalten an einen Hund erinnert, ist das doch zweifellos verdienstlich. Möchten wir alle mehr den Hunden gleichen!

Sollte er noch zwanzig oder dreißig Jahre leben – und warum nicht vierzig oder fünfzig Jahre? –, wird er alle Eigenschaften besitzen, wie sie die Orientalen bei ihren braven alten Gevattern gewohnt sind. Was bedeutet, daß er so klug sein wird wie die Schlange und so sanft wie die Taube. Er wird nicht nach der Unsterblichkeit Verlangen tragen, weil er schon alles genossen hat, was das Leben im Fleische bieten kann. Er wird nichts durch seinen Tod zu beweisen haben, ebenso wie er durch sein Leben nichts zu beweisen hatte. Wenn man ihn ohne Umschweife fragt, was denn für den Menschen besser sei: diese Lebensweise oder jene, wird er antworten können: «Es kommt nicht drauf an, wie lange sie schon befolgt worden ist», oder auch: «Eure eigene Lebensweise.» Das ist es, was ich unter Moral im Gegensatze zu Unmoral verstehe. Seid moralisch, und so laßt ihr euch kreuzigen; seid unmoralisch, und so führt ihr euer Verderben herbei. «Es hat nur einen einzigen Christen gegeben, und der ist am Kreuz gestorben.» Es steckt mehr Wahrheit in diesem Worte Nietzsches, als man gemeinhin annimmt. Jesus ist nicht am Kreuz gestorben, damit wir das ewige Leben gewinnen. Er brauchte nicht am Kreuz zu sterben; er hätte auch gegen die Welt in den Kampf ziehen und über sie triumphieren können. Er hätte Kaiser der Welt werden können, statt ihr Sündenbock zu sein. Er sagte: «Ich habe die Welt überwunden!»

Das war ein weit größerer Triumph. Er hat die Welt so völlig überwunden, daß die Welt nie ohne ihn auskommen konnte. Die Welt ist von seinem Geiste durchtränkt. Außerhalb des Weges, den er gewiesen hat, suchen die Menschen vergebens nach einer Lösung für ihre Übel. Wenn sie ihn verleugnen, sind sie ihm nicht weniger untertan. «Ich bin das Licht der Welt», verkündete er, und er, und dieses Licht leuchtet noch immer. «Das Reich Gottes ist in euch», sprach er, und gab damit jedem Menschen seine Göttlichkeit und sein Vorrecht zurück. Wenn er einen Mann oder eine Frau heilte, wenn er Dämonen austrieb, pflegte er zu sagen: «Gehe hin und sündige fortan nicht mehr!» Nie hat er die Sünde definiert, nie hat er sie bekämpft. Er hat sie dadurch vernichtet, daß er sie nicht anerkannte. Eben das ist die Moral und die Unmoral.

Als ich sehr jung war, las ich Leckys *‹Die Sittengeschichte Europas›* von vorn bis hinten, weil ich hoffte, ich könnte zum Kern des Themas vordringen. Ich entdeckte nur, was jedermann entdecken kann, wenn er ein Ding durch ein Kaleidoskop betrachtet. Nach Lecky las ich die Theologen, und nach den Theologen die Mystiker, und nach den Mystikern die Kabalisten. Und so fort. Das einzig Wichtige, was ich entdeckte, besteht meiner Meinung nach darin, daß jeder Entwicklung des Bewußtseins eine grundlegende Wandlung der Moral entspricht. Oder vielmehr, genauer gesagt: jeder Neuerer, jede Individualität, die eine neue Anschauung vom Leben oder einen umfassenderen Überblick besitzt, zerstört automatisch den bestehenden Sittenkodex – zugunsten des Geistes. Doch die Jünger solcher Meister begründen bald einen neuen Moralkodex, der genauso streng ist wie der vorhergehende, wobei sie übersehen, daß der Geist abermals das Behältnis sprengen wird, das ihn umschließt.

Wir wissen zu wenig von den großen Vorläufern des Menschen, von Manu, Prometheus, Zoroaster, Hammurabi usw. . . . Doch das Wenige, was wir von ihnen wissen, berechtigt uns zu der Annahme, daß die großen Wahrheiten, die sie übermittelten, in ihrem Wesenskern einfach waren. Anscheinend waren die Menschen seit unvordenklichen Zeiten mit einem Gewissen begabt. Doch wenn wir in die Weisheit der Wahrheitskünder eindringen, entdecken wir, daß das Gewissen nicht als Last ausersehen war; daß sein Gebrauch durch Instinkt und Intuition bestimmt werden sollte. Erst in den dekadenten Epochen wird die Wahrheit kompliziert und wird das Gewissen zu einem schweren Sack voller Verbrechen.

Der neurotische Charakter unserer Zeit ist nicht nur ein Zeichen unserer Schuld, sondern zugleich ein Symptom der Hoffnung. Statt daß die Menschen ihrer Empörung gegen den törichten und abscheulichen Stand der Dinge Ausdruck verleihen, äußern sie ihren Abscheu durch Krankheit und mangelnde Anpassung. Die Kranken unter uns – und ihre Zahl wächst in beschleunigtem Rhythmus – sind Verbrecher, die noch unentdeckt geblieben sind. Sie unterminieren das soziale Gefüge mehr als die Industriellen und die Militaristen mehr noch als die Priester und die Gelehrten. Da sie unfähig sein, den existierenden Kodex zu verwerfen, machen sie sich dadurch untauglich, daß sie zu Geisteskranken und moralisch Bresthaften werden. Sie sind sich im allgemeinen nicht darüber klar, daß sie sich gerade infolge ihrer geistigen Natur, ohne es zu wollen, außerhalb des Gesetzes gestellt haben. Sie sind symptomatisch, auf eine negative Art und Weise.

Es mutet defätistisch an, wenn man den jungen Leuten unserer Zeit zuruft: «Empört euch nicht! Geht nicht dem Martyrium entgegen!» Wenn ich so rede, will ich jedoch damit sagen, daß man keine Schlacht schlagen soll, die im voraus verloren ist. Das System ist drauf und dran, sich zu zerstören; die Toten begraben die Toten. Weshalb soll man seine Energie verschwenden und etwas bekämpfen, das bereits ins Wanken geraten ist?

Genausowenig möchte ich jemanden dazu bestimmen, die Gefahrenzone zu fliehen. Die Gefahr ist überall: es gibt keine behüteten und sicheren Orte, in denen man ein neues Leben versuchen könnte. Bleibt, wo ihr seid, und lebt, so gut ihr könnt, inmitten der dräuenden Ruinen. Haltet eine Sache nicht für wichtiger als die andere. Tut nur, was getan werden muß – sofort! Die Woge mag steigen oder fallen: der Ozean ist immer gegenwärtig. Ihr seid ein Fisch im Ozeane der Zeit, ihr seid eine Konstante im Ozean des Wandels, ihr seid gleichzeitig nichts und seid alles. War das Mahl gut? War das Gras grün? Hat das Wasser euren Durst gelöscht? Stehen die Sterne am Himmel? Scheint die Sonne noch immer? Könnt ihr plaudern, wandern, singen, spielen? Atmet ihr noch? Für eine jede eurer Bestrebungen verwendet ihr Kräfte, die ebenso geheimnisvoll sind wie allmächtig. Ihr schwimmt in einem Meer von Kräften, die nur darauf warten, daß ihr sie verwendet, um euch daran zu erfreuen. Die Probleme, die euch bedrängen wie jeden von uns, sind menschliche Probleme, die in weitem Maße von uns selber hervorgebracht wurden. Die großen Probleme bleiben unberührt: Uns eignet noch nicht einmal die Anschauung, die wir brauchten, um sie zu erkennen. Doch dadurch, daß wir unsere alltäglichen Probleme bejahen, daß wir sie freudig und vorbehaltlos bejahen, werden wir befähigt, die großen Probleme anzupakken, welche die Zukunft für uns auf Lager hat. Der Mathematiker erschrickt nicht über die Probleme, auf die er bei seiner Arbeit stößt, genausowenig wie der Chirurg, wie jedermann, der sich ernstlich einer beliebigen Tätigkeit widmet. Weshalb sollte da der Mensch, als Gattungswesen, durch die Probleme, die ihn heimsuchen, in Schrecken geraten? Weshalb sollte er das Ungeheuer zurückstoßen, das er mit eigenen Händen erschaffen hat? Hat er ein Ungeheuer erzeugt, so möge er doch sein eigenes Ungeheuer verschlingen! Das große Opfer, das wir, ein jeder getrennt und alle ohne Ausnahme, vollbringen müssen, besteht darin, daß wir alles Unreine völlig verbrennen. Mit anderen Worten: wir sollen alles, was tot ist, der lebendigen Flamme überliefern. Wenn wir das hinausschieben, wenn wir Ausflüchte suchen, wird der Tag kommen, an dem «die Lebendigen und die Toten gerichtet werden». Es gibt einen Gerichtstag, gebt euch keiner Täuschung darüber hin! Das Leben wägt uns ständig auf seiner Waage. Das Jüngste Gericht ist keine Erfindung religiöser Seelen, sondern ein psychisches oder geistiges Phänomen, das sich aus dem Kalender unseres Gewissens ergibt. Wenn der Tag der Abrechnung herankommt, ist er immer Hades oder Ostern. So ist es seit Anbeginn. Und es steht zu erwarten, daß es in aller Ewigkeit so bleiben wird.

Das ist das Kreuz, das der Mensch trägt; er kann an ihm brennen mit der Flamme des ewigen Lebens oder daran an den Pranger gestellt werden wie ein Dieb. Es gibt kein Entrinnen. Im Awesta heißt es: «Das Böse existiert nicht, nur die Vergangenheit. Die Vergangenheit ist vergangen; die Gegenwart ist ein Nu; die Zukunft ist alles.»

1

Ab und zu scheint das Theater lebendig zu werden. Man beginnt zu hoffen, sich wieder einmal bewußt zu werden, welch kraftvolles und anregendes Medium das Bühnenstück ist. Man stellt verblüfft fest, was eine mit kärglichen Mitteln ausgestattete Gruppe von Amateuren, die als einzige Belohnung den Beifall der Zuschauer einheimsen, zu leisten vermag. Mit solchen Überlegungen verließ ich neulich abends das Studio Theatre in Carmel nach der Vorführung der zwei Ionesco-Stücke.

Als nach ‹*Die Stühle*› der Vorhang fiel, war ich außer mir vor Erregung. Ich blickte mich um und bemerkte verwirrt, daß das Theater nur halb besetzt war. Auf den Gesichtern der Leute in der Reihe hinter mir sah ich zu meiner Verärgerung jenen stumpfen, gleichgültigen Ausdruck, der einen begrüßt, wenn man das Wartezimmer eines Arztes betritt.

Was folgt, ist reine Schleichwerbung. Sie richtet sich an alle die einsamen, vom Ennui gezeichneten Seelen, denen ich nach Einbruch der Dunkelheit auf den Straßen von Monterey, Pacific Grove und Carmel begegne, auf der Terrasse von Nepenthe oder in den düsteren, von Gespenstern heimgesuchten Bars und Restaurants der Halbinsel. Wenn es zu schlimm wird mit der Einsamkeit, der Verzweiflung, dem Ekel, dann probiert es mit dem Studio in der Dolores Street. Probiert mal eine Dosis Ionesco. Er ist nur noch drei Wochen lang da. Danach ist's wieder Arthur Miller und seine Marimba-Band, das alte eins-zwei-drei und ‹*Waltz Me Around Again Willy*›.

Bei Ionesco braucht man nicht auf den dritten Akt zu warten, um den Helden sterben zu sehen. Seine Personen sind von Anfang an tot, manche sind unsichtbar oder leben in einem Zwischenreich. Und sind deshalb aufregend. Nicht lebendig tot, sondern lebendig und tot zur gleichen Zeit. Ich denke hier in erster Linie an ‹*Die Stühle*›, obschon auch ‹*Die kahle Sängerin*›, die nie auftritt, voller Tomatensaft und anderer Diuretica ist. Der Stoff, den Ionesco verwendet, ist so vertraut und erkennbar, daß man sich fragen könnte, ob er sich selbst denken hört oder während der Karwoche einen Spaziergang durch die Alvarado Street macht. Die Atmosphäre hat jenen «trockenen Glanz», den Heraklit die «beste und klügste Kondition des Geistes» nennt. Alles ist lustig und unauflösbar tragisch. Keine Auswege. Wenn der Vorhang fällt, fängt alles wieder von vorn an. Nichts geht je verloren, weil die Ewigkeit undefinierbar und unbeschreibbar ist.

So findet man sich dann in der Lage, daß man noch mehr Stühle herbeirückt oder erwartet, daß jemand hingeht, weil es an der Haustür klingelt. Inzwischen hat man seine alten Eltern aufgegeben, seine Kriegskameraden verraten, ein Faß dialektischen Materialismus geschluckt, ist auf den Barrikaden gestorben, hat kein Rezept gegen Hämorrhoiden gefunden, hat den Nobelpreis gewonnen und wieder verloren, ist der Kirche Gottes oder den Anonymen Alkoholikern beigetreten, ist seiner Frau und allen seinen Geliebten treu geblieben und hat mit einem einundzwanzigkarätigen Goldfüllfederhalter sein eigenes Todesurteil unterschrieben.

Oder man stellt fest, während man zusammen mit Freunden speist, daß die Frau, mit der man geschlafen hat, die eigene Ehefrau ist. *Comme la vie est drôle!* An diesem Punkt des Nachdenkens könnte die kahle Sängerin sich verlebendigen. (Wir erfahren im übrigen nicht, ob es sich um einen Säng*er* oder eine Sänger*in* handelt, wir wissen nur, daß er bzw. sie kahl ist.)

Ob man das nun versteht oder nicht, es ist Theater. So etwas passiert nicht in der Alvarado Street oder im Umkreis von Pebble Beach, so etwas passiert in der Vorstellung eines Mannes in einer anderen Hemisphäre, der den einen Schuh noch am Fuß, den anderen schon abgestreift hat. Das ist ein Mann, der nicht Radio hört, der nicht fernsieht, der keine Babywindeln wäscht; nicht das Haus aufräumt, nicht seine Frau fragt, wo sie die ganze Nacht gewesen ist, nicht seinem Chef für eine Gehaltserhöhung dankt, nicht seine Dividende zählt, sich nicht um Satelliten kümmert, nicht um noch eine weitere Chance bittet und so weiter. Es handelt sich um einen Menschen, der so weit draußen ist, daß die Welt und alles, was sie ausmacht, sich wie ein Puzzle zusammenfügt. Er will weiter nichts von einem, er bittet nur um die Erlaubnis, einen ganz auseinanderzunehmen und wieder zusammensetzen zu dürfen, einen *Massenmenschen* aus einem zu machen oder eine Wildente, denn den Massenmenschen hat es nie gegeben und aus der Wildente wird nie wieder eine zahme Ente.

Das Theater ist der Ort, wo sich das Mögliche und das Unmögliche begegnen, wo der Zufall die Regel ist und die Planeten zusammenstoßen. Und genau das ist an dem erwähnten Abend passiert, und mir passiert so etwas nicht oft. Ich kann kaum glauben, daß es in Carmel passiert ist, obwohl – warum nicht? – Dort sind schon seltsamere Dinge passiert – Bach hat da zum Beispiel seinen rostfreien Stahlkopf verloren.

Aber das Unglaublichste überhaupt ist der Umstand, daß in einem Ort, der bekannt ist für sein gesundes Klima, seine Kunstbeflissenheit, seine reichen Witwen und schrulligen alten Jungfern, seine Kuriositätenläden und seine abwesenden Hausbesitzer, nichts auch nur von fern vom Mammon Gezeichnete die Mitglieder dieser Theatergruppe ankränkelte, für die wir so dankbar und voller Bewunderung sein müssen. Wenn wir in der Lage sind, die natürliche Schönheit unserer herrlichen Highways um den Preis von Millionen von Dollar zu verschandeln, sollten wir auch in der Lage sein, eine Gruppe aufrichtiger, ernsthafter, phantasiebegabter Thespisjünger zu unterhalten.

Lasten wir nicht alle unsere Übel den Kommunisten und Beatniks in unserer Mitte an. Im bequemen Sessel auf Godot warten und im Büßerhemd auf den Messias warten – das ist zweierlei. Wartet weiter, und dann gibt es bald kein Theater mehr. Nur noch das permanente Freilichttheater, das sich von der Alvarado Street bis zum Newski-Prospekt erstreckt und uns Woche für Woche die gleichen hilflosen, leeren Gesichter bringt, die gleichen schicken Uniformen der Universellen Selbstmord-Brigade, die gleiche Kernspaltungsdiät, die gleichen Drei-Sterne-Hennessys, die gleiche Gleichheit jedes Tages, ob Kalter Krieg herrscht oder heißer, ob Ostern, Weihnachten oder Jom Kippur ist, ob es um die Todesstrafe, Euthanasie oder eine Überdosis Schlaftabletten geht.

Wir möchten, abschließend, Richard Bailey dafür danken, daß er zu jener speziellen Art von Narren gehört, welche Stücke herausbringen und inszenieren, die in fünfzig Jahren Furore machen, vielleicht auf einem anderen Stern, wenn Seine Majestät, der Kaiser, zu seinem Recht kommt.

2

Den Leser interessiert es vielleicht, wie ich mit Ionescos ‹*Musikalischen Stühlen*›* Bekanntschaft machte – so erinnere ich mich seitdem an den Titel. Ich hielt mich in einer französischen Kleinstadt namens Die auf, um bei der Veröffentlichung eines skandalösen kleinen Buches mit dem Titel ‹*The True Christ and His Kingdom*› mitzuhelfen.

Im Papierwarengeschäft lernte ich eines Tages einen jungen Literaturprofessor kennen, der seine kritischen Bemerkungen stets mit Corneille, Racine und Molière einleitete und abschloß. Zufällig kam ich gerade von einem Besuch in Uzès zurück, dem Sitz des ersten Herzogtums von Frankreich, wo Racine mehrere Jahre gewohnt hatte. Konnte ich mich noch nie für Racine begeistern, so um so mehr für Uzès, das voll von Gespenstern war, eleganten Gespenstern, voll von Balustraden, Esplanaden, Türmen mit Fenstern und dem Geklirr in Stücke fallender Rüstungen. Daß ich für Racine nicht das geringste Interesse zeigte, brachte den Professor zur Verzweiflung.

Um ihn zu besänftigen, gab ich meiner Begeisterung für das zeitgenössische Drama Ausdruck, wobei ich mit einigen inzwischen verstorbenen Autoren begann, wie Ibsen, Strindberg, Wedekind, Andrejew und jenem eigenartigen Menschen, der ‹*A God of Spit*› schrieb, Sologub, glaube ich.

Zutiefst empört meinte er: «Dann mögen Sie sicher auch Ionesco.»

«Natürlich», erwiderte ich, der ich diesen Namen noch nie gehört hatte. «Natürlich! Vor allem seinen ‹*Monsieur Qui Pue*›». (Ganz grob übersetzt – «Ein Herr, der stinkt».)

Der Professor, der nicht eingestehen wollte, ein Stück nicht zu kennen, das es gar nicht gab, wich geschickt auf die Schmähkritik eines Stücks aus, das offenbar «Die musikalischen Stühle» hieß. Was ihn empörte, war offenbar nicht die Menge von Stühlen, die die Bühne einnahmen, sondern das absolute Chaos, das durch die nicht leibhaftigen Be-Sitzer der Stühle verursacht wurde. Ich war natürlich völlig verblüfft, aber ich griff nach dem Strohhalm, wie

* ‹*Musical Chairs*›: Kinderspiel, auf deutsch: Die Reise nach Jerusalem (Anm. des Verlags).

allen Heilsuchenden empfohlen wird.

Des weiteren verblüfft durch seine tiefgründigen Anspielungen auf pythagoreische, kartesianische und peloponesische Interpretationsmethoden, gewann ich irgendwie den Eindruck, daß die Stühle nicht nur jeder auf seine Weise sprachen, sondern auch Musik machten. Eine erstaunliche Idee, dachte ich mir, und nahm mir vor, gleich beim nächstenmal in Paris dem kuriosen kleinen Loch in der Wand einen Besuch abzustatten, wo Woche für Woche, Monat für Monat Ionesco gespielt wurde.

Und dann war ich einige Wochen später wieder in Paris und kam Tag für Tag an dem kleinen Theater vorbei, wo ich die Musik der Stühle hätte hören können, aber ich schaffte es nicht, weil ich es kaum schaffte, meinen erschöpften Korpus heimzuschleppen nach den kolossalen Mittagessen, die ich mit meinem Verleger zusammen einnehmen mußte, der dank ‹*Lolita*› über Nacht reich geworden war. Immerhin, jedesmal wenn ich zur rue St. Sevérin ging, wo mein Verleger sein Büro hatte (und auch ein Restaurant, eine Bar und ein *Dancing*), blieb ich einen Augenblick stehen und betrachtete das Plakat, das die musikalischen Stühle ankündigte.

Das Viertel, zuerst berühmt geworden durch Dante und später durch Elliot Paul, besaß noch den Charme, den nur das echt Verfallene und Arme vermitteln kann. Zahnlose Vetteln, die Arme in die Seite gestemmt, warfen sich Schimpfworte an den Kopf oder tanzten gleich Harpyien mitten auf der Straße herum, andere, so betrunken, daß sie den Unterschied nicht merkten, gossen sich Wein in den Ausschnitt oder kauerten sich hin, um Wasser zu lassen.

Köstlicher Hintergrund. Genau passend zu der durchgehenden Philosophie der Wiederholung, wie sie von Ionescos Stücken ausgeht. Nachts spielten die Nordafrikaner gegenseitiges Halsabschneiden. Ab und zu wurde ein einfältiger Tourist, Meistens ein Angelsachse, in einen Hausgang hineingezerrt und seines überflüssigen Reichtums beraubt. Die Straßen waren so eng, daß eine Rechenmaschine einem Staubsauger – oder umgekehrt – hätte ausweichen müssen, wenn sie einander begegnet wären. Ging man unter einem im ersten Stock gelegenen Restaurant vorüber, war es ratsam, sich direkt an der Hauswand zu halten, da die Kellner oft die Überreste auf den Tellern zum Fenster hinauskratzten. Die Ratten, die ungestört umherhuschten, hatten die Größe von Siamkatzen und sahen absolut gesund aus.

Welch ein Dekor! Abfall, Irrsinn, Raub und Körperverletzung zusammen mit glänzenden schwarzen Oliven, Datteln, gleich Wagenrädern aufgespannt, pornographischen Büchern, immer in Zellophan eingehüllt, köstlichem Käse, Gedichten an de Gaulle, nicht immer des Lobes voll, Wänden mit Schmierereien, Nonnen, die steif in ihrem gestärkten Kattun dahineilten, Polizisten mit Maschinenpistolen, den Finger stets am Abzug, Dichtern, die als Zuhälter verkleidet gingen, und umgekehrt, und hier, in der offenen Kloake sozusagen, lehrte Dante Philosophie und die Kunst der Rhetorik. Hier hatte auch Max von den *Weißen Phagocyten* ein Zimmer im obersten Stock, das er mit Dante, Leonardo oder Joachim von Fiore tauschen wollte gegen ein vom Flur zugängliches Schlafzimmer in der Bronx.

Mein Sohn Tony, den ich gelegentlich zu den umwerfenden Mahlzeiten mitnahm, für die mein Verleger stets sorgte, blieb immer wieder verwundert stehen, wenn die Vetteln zu tanzen, zu kreischen und zu gestikulieren begannen.

«Sind sie verrückt oder sind sie betrunken?» fragte er einmal.

«Beides, mein Junge», erwiderte ich. «Das hält sie in Form.»

«Ich mag das nicht», sagte er.

«Okay», sagte ich dann, «nach dem Mittagessen gehe ich mit dir auf die Champs-Élysées.»

«Und was gibt's da zu sehen?» wollte er wissen.

«Sehr viel», erwiderte ich. «Und wir trinken ein Glas Champagner – wenn du nicht lieber Coca-Cola möchtest.»

Mir ging es natürlich darum, mich mit ihm, vorzugsweise im Marignan, in aller Ruhe über die Theorie der sofortigen Wiederholung zu unterhalten. In Amsterdam hatte ihm die Gouvernante, die ich für die Kinder engagiert hatte, ausführlich die Philosophie von Descartes erklärt. Danach hatten wir uns alle zusammen ‹*King Solomon's Mines*› angesehen, was viel aufregender war. An jenem Abend, als wir im Alkoven unserer Luxus-Suite saßen, beschlossen die Gouvernante (die übrigens ein junger Mann war) und ich, für die Kinder einen Einakter zu spielen. Wir taten das aus dem Stegreif und mit solchem Erfolg, daß die Kleinen einen für uns spielen wollten. Und das taten sie auch. Mann, fühlten wir uns an diesem Abend kolossal! Wir waren Schauspieler! Und das ohne Make-up und ohne Proben.

Das schlimmste war, daß keiner von uns in der Nacht ein Auge zumachte. Wir schrieben Stücke, die wir in Oslo, Stockholm, Brüssel, Paris und Berlin geben würden, in Wien, Hongkong, Nagasaki, Singapur, Penang. Es war ein wenig wie Pfingsten, nur weniger metaphysisch.

Was mich wieder zu Ionesco und dem herrlichen Nougatkonfekt zurückbringt, das wir in Montélimar auf dem Weg in die Berge des Vercors aßen. Val, meine Tochter, sprach von den Pferden, die sie so sehr vermißte; Tony war in ein Buch von Caryl Chessman vertieft, das er schon zweimal gelesen hatte. Und ich selbst führte ein imaginäres Gespräch mit dem Autor von ‹*The True Christ and His Hingdom*›, den wir in ein paar Stunden treffen würden. Einem Drang zum Blumengießen gehorchend, schlenderte ich eine gewundene Straße hinunter auf der Suche nach einem pittoresken Pissoir – und da stand ich auch schon vor einem, dem originellsten, bizarrsten, das ich je betreten habe. (Nach der einen Seite ging der Blick auf einen Hunde- und Katzenfriedhof.) Da nur Raum für einen Benutzer war, hatte ich Muße, die Hieroglyphen in Augenschein zu nehmen, die sich vom kuppelartigen Dach bis in Kopfhöhe hinunterzogen. Kilroy war natürlich auch hiergewesen, stellte ich fest. Aber nicht nur Kilroy, auch Pontius Pilatus, Nebukadnezar und Eliphas Levi.

«Sieh das Werk des Menschen», stand da in Sanskrit, das ich zufällig leicht lesen kann. Der Rest war in der Bildersprache Ramses' II. abgefaßt. Das erstaunlichste aber war, daß sich, gerade als ich wieder hinausgehen wollte, eine Taube und eine Pfauentaube dazu – auf meiner Schulter niederließ. Gleich darauf fühlte ich mich von ihr am rechten Ohrläppchen gezupft. War das eine Warnung – oder eine simple Zärtlichkeit?

Ins Café zurückgekehrt, wo die Familie das herrliche Nougatkonfekt verschlang, erfuhr ich, daß gerade de Gaulle in offener Kutsche vorübergefahren war. «Und wo warst *du* die ganze Zeit?» wollten sie wissen. Ich sagte, ich hätte nach einem Buch Ausschau gehalten.

«Nach einem *Buch*? Nach welchem Buch?» klang es im Chor zurück.

«Nach den ‹*Musikalischen Stühlen*›», sagte ich.

«Ist es lustig?» fragte der Junge.

«Das hast du erfunden», sagte das Mädchen.

«Das hab ich nicht», entgegnete ich. «Ja, es ist lustig, und es ist auch traurig. Alle diese Stühle. Und sie machen Musik. Könnt ihr euch das vorstellen?»

«Nein», sagte Tony trocken.

«Nun, ich kann's», sagte ich, «weil ich es in Paris gesehen habe, während ihr in Le Puy wart.»

«Wieso hast du es gesehen?» fragte das Mädchen. «Dann ist es also kein Buch?»

«Ja und nein», sagte ich. «Es ist ein Bühnenstück. Oder, genauer ausgedrückt, die Apotheose eines Bühnenstücks.»

«Hört sich verrückt an», sagte der Junge.

«Genau», sagte ich. «Es *ist* verrückt, und deshalb habe ich es mir angesehen. Es hat neun Akte, aber der Vorhang geht nie herunter. Es beginnt damit, daß ein Mann auf einem Stuhl steht und zum Fenster hinaussieht; und es endet damit, daß er zum Fenster hinausspringt, zusammen mit seiner Frau. Der Held, der unsichtbar bleibt, ist der Kaiser.»

Beide zusammen: «Welcher Kaiser?»

«Irgendein alter Kaiser», erwiderte ich. «Er hat keinen Namen. Er heißt nur – Majestät.»

«Und was tut er, dieser Kaiser?»

«Nichts. Gar nichts. Er nimmt nur Platz. Ich will es anders ausdrücken: *Er schenkt seine Gegenwart*. Wie hört sich das an?»

Ich wollte noch etwas von dem Vogel sagen, der mich ins Ohr gepiekt hatte, unterließ es aber dann, um sie nicht noch mehr zu verwirren. So griff ich nur nach dem Chessman und fragte mich, ob sie ihn wohl inzwischen hingerichtet hatten.

Wie gesagt, ich hatte einmal in Ruhe mit dem Jungen reden wollen, um ihm zu erklären, warum, wie Patachou mit ihrer rauchigen Stimme singt, *«y a tant d'amour sur la terre»* oder, wie Ionesco es ausdrückt: «Komm her, mein Schatz, setz dich auf meinen Schoß; du hättest dies und jenes sein können, wenn du nur mehr Ehrgeiz gehabt hättest.»

Die ganze Stadt roch nach Nougatkonfekt, ein klebriger, sentimentaler Geruch, wie er einen begrüßt, wenn man ins *lavabo* des Marignan hinuntersteigt, wo einem die alte Frau alias Frau Emil Jannings für ein paar Francs und ein Rückentätscheln eine aufregende Telefonnummer gibt.

Doch der Nougatgeruch war zu stark, und erst ein halbes Jahr später, im Studio in der Dolores Street, dachte ich wieder an das alles, was ich ihm hatte erzählen wollen – vom Leben, von der Liebe, vom Geruch der Heiligkeit . . . und noch von vielen, vielen anderen Dingen, manchen traurigen, manchen tiefgründigen, manchen absolut dummen Dingen, auch herzzerreißend schmerzlichen, wie jenen Halbwahrheiten, die Frauen austeilen, wenn sie die Nabelschnur zerschneiden und gleichzeitig sagen: «Aber ich liebe dich, liebe dich sehr, habe dich immer geliebt» und so weiter und so weiter. Ja, daran mußte ich wieder denken, zwischen den Zeilen oder zwischen den Stühlen, als die beiden Schätzchen, erst in den Neunzigern, wohlgemerkt, den Schnee vom vergangenen Jahr aufs Tapet brachten. *«Y a tant d'amour sur la terre.»* Aber wo, Schatz? Es ist so lang her, ich erinnere mich nicht mehr. Aber er erinnert sich doch, sie erinnert sich auch, wir alle erinnern uns. *Erinnern*? Daran denken, sich zu erinnern! Du hast ihr die Veilchen gereicht, und sie sind ihr aus der Hand gefallen; du bist daraufgetreten – du warst immer so täppisch –, und sie waren zerdrückt. Und sie sagte: «Es macht nichts . . .» Sie setzte nicht «Schatz» hinzu, aber du hast es trotzdem gehört, und du hast so sehr gezittert, daß du, als sie sich vorbeugte, vergaßest, sie zu küssen, aber sie glaubte, du hättest es getan. Und dann wurdest du ein allgemeines Ärgernis, und obwohl du wirklich jemand warst, hat dich niemand für jemand gehalten, am wenigsten du selbst. So um die siebzig Jahre gingen vorüber, so schnell wie der Blitz – wie die Zeit vergeht! –, und manchmal hast du im Regen auf einer harten Bank geschlafen, die Taschen voller Zigarettenkippen, und manchmal hast du zwischen Bettüchern mit dem leisen Duft von Patschuli geschlafen. Wenn es nicht deine Frau war, war es die eines anderen. Was tat's? Die Liebe war überall, und du warst eine so große Seele, obwohl das keiner wußte, daß du weintest, wenn du lachtest, und lachtest, wenn du weintest. Und aus den Kulissen kam immer die gleiche Musik – *Weh mir, weh mir, weh mir!*

Ja, Schätzchen, du warst es, du hast mir gesagt, ich hätte eine Botschaft für die Welt. Und eines Tages lege ich sie der Welt auch vor! Nur war es nicht sie, es war die andere. Er war verwirrt. Sie kümmerten sich alle um ihn, als wäre er ein kleines Kind. «Komm, Schatz, setz dich auf meinen Schoß!» Und manche hatten gebettelt für ihn, manche hatten gestohlen für ihn, manche hatten ihren Körper für ihn gegeben. Er gab vor, nichts zu wissen, nichts zu sehen. Aber er wußte, sah, fühlte. Und die Botschaft sank immer tiefer in ihn hinein, so daß er, selbst wenn er Noahs Alter erreichte, nie in der Lage sein würde, sie wieder heraufzuschaffen, persönlich zu überbringen, auch mit dem Imprimatur des Papstes nicht.

Erst fünfundneunzig und schon schwach, so zerstreut und kindisch. Rechte Hand, Haupthengst, Chefkoch, Oberflaschenspüler. So ein erfülltes, reiches Leben – und alles dahin. «Wo bist du, mein Schatz? Ich kann dich nicht sehen.» Nicht daß das Licht trüb geworden oder daß die Liebe gestorben wäre: er war nur verwirrt, weiter nichts. Zu viele Erinnerungen, zu viel oder zu wenig Ehrgeiz. Wiederholung. Endlose Wiederholung.

Ich würde warten, bis er ein wenig älter war, und es ihm dann erklären. Vielleicht zu Hause in Kalifornien, auf dem Pico Blanco. Vielleicht in der Wüste Gobi. Ich würde ihn mitnehmen – nach Lhasa, Mekka, Timbuktu. Da wurde ich mir plötzlich bewußt, daß ich noch keinen jener Orte auf meiner imaginären Reiseroute besucht hatte: Kyoto, Kamakura, Rangun, Samarkand, Sutschou, Lesbos, Krakau, das Engadin, das Kaschmirtal . . . Vielleicht würde er mich auf dem Rücken tragen, für meine Hinfälligkeit um Verzeihung bitten müssen. Der Alte von den Bergen. Der Glückliche Fels. Vielleicht würde ich es ihm nie zu erklären brauchen, vielleicht fand er es selbst heraus. Wenn er nur nicht die gleichen dummen Fehler machte wie sein Vater. «Lieber Vater, wie geht es so in Big Sur? Wir vermissen dich. Jetzt ist es Zeit für die Schule. Vielen Dank für die drei Dollar.»

Immer so ein feiner Junge. Eine richtige Range, wie sein Vater. Mit einem kleinen Unterschied: er hat nie den Katechismus gelernt. War nie in einer Kirche, was das betrifft. Wozu die Mühe, wo wir Fernsehen, Disneyland, gute Western und all das haben. «Gibt es wirklich einen Gott, Dad?» – «Aber natürlich!» – «Woher weißt du das?»

Ich hätte sagen sollen: «Warte eine Weile, dann wirst du's herausfinden. Liebe ist, wo der Fluß fließt, und Gott ist, wenn du mit dem Rücken zur Wand stehst. Du wirst's schon herausfinden, mein Junge. Wart's nur ab!»

Nun, wir schleppten noch mehr Stühle herbei. Sie wurden jetzt immer schwerer. Noch eine Thrombose. Vielleicht war es wieder Liebe. (Gar nicht beabsichtigt.) Ja, warum hat er mich *das* nicht gefragt – «Was ist Liebe?» Immer Gott und arithmetische Aufgaben, fliegende Untertassen, die Rückseite des Mondes. Oder –

«Glaubst du, es gibt noch einen Krieg?» Liebe wäre leichter zu beantworten. Oder Wahrheit. (Rufen Sie nur Krishnamurti an – OJ 694352.) Die Wahrheit ist – *«Y a tant d'amour sur la terre.»* Mehr als genug für jedermann, sie scheint es aber nie bis zu einem zu schaffen. Undichte Stellen und Löcher. Sumpf und Morast. Aber es stimmt schon, es gibt sie, läßt sich sogar demonstrieren. Werden nicht jeden Tag Kinder geboren? Sprießen nicht nach einem Regen die Blumen? Frieden, er ist wundervoll! Besonders nach einer siegreichen Niederlage.

Oh, ich könnte ihm viel erzählen, so viel. Aber ich werde warten. Ich werde warten, bis er alt genug ist, um die Musik der Stühle zu hören. Vielleicht hat uns Ionesco bis dahin eine Fortsetzung geschenkt. Vielleicht hat sie ein gutes Ende, wie in Hollywood, und der Kaiser reicht Nougatkonfekt herum oder Eiswaffeln oder, wer weiß, vielleicht hält er eine zweite Bergpredigt und alle verlassen das Theater voller Liebe, voller Wahrheit, voller Leben.

Y a tant d'amour sur la terre.

3

Wenn der Leser nicht schon von Ionesco genug hat, möchte ich noch ein paar Zeilen hinzufügen, und zwar jetzt hinsichtlich der ‹*Kahlen Sängerin*›, die ich in meinen früheren Briefen nur beiläufig erwähnte. Der Grund ist der, daß ich vor einigen Tagen von einem *Herald*-Leser die zweite Nummer einer französischen Theaterzeitschrift – *Spectacles* – erhielt, deren Leitartikel von Ionesco stammt. Er ist betitelt ‹*Die Tragödie der Sprache oder wie aus einem Englisch-Lehrbuch mein erstes Stück wurde*›.

«Im Jahre 1948», so beginnt er, «bevor ich mein erstes Stück, ‹*Die kahle Sängerin*›, schrieb, dachte ich nicht daran, Dramatiker zu werden. Ich wollte nur Englisch lernen. Englischlernen führt nicht notwendigerweise zur Kunst des Bühnenschriftstellers. Ich wurde eher deshalb Dramatiker, weil ich *nicht* Englisch lernte.»

Er berichtet dann weiter, daß er zum Englischlernen ein französisch-englisches Konversationsbuch für Anfänger benutzte, das er sich acht, neun Jahre vorher gekauft hatte. Gewissenhaft übertrug er die Gesprächsphrasen in sein Notizbuch, um sie auswendig zu lernen.

Während er sie aufmerksam wieder und wieder las, lernte er zwar nicht Englisch, aber dafür die überraschendsten Wahrheiten – zum Beispiel, daß die Woche sieben Tage hat, was er schon wußte; daß der Boden unten und die Decke oben ist, was er ebenfalls schon wußte; aber er hatte über diese Dinge nie richtig nachgedacht oder sie vergessen, und nun erschienen sie ihm plötzlich als erstaunlich und unbestreitbar wahr. Von universellen Wahrheiten ausgehend, gelangte er, mit Hilfe seines Lehrbuchs, zu spezifischeren Wahrheiten, alle in Dialogform ausgedrückt. Ab der dritten Lektion traten zwei Personen auf, Mr. und Mrs. Smith, ein englisches Ehepaar. (Ionesco: «Noch heute bin ich mir nicht sicher, ob sie echt oder erfunden waren.»)

Er zitiert dann einige Stellen aus dem Dialog zwischen Mr. und Mrs. Smith, zwischen den Smiths und den Martins, ihren Bekannten, zwischen Mr. und Mrs. Martin, alles reiner Unsinn direkt aus dem Lehrbuch kopiert, und erwähnt schließlich den unbezweifelbaren, vollkommen axiomatischen Charakter der Feststellungen von Mr. Smith.

An diesem Punkt seines Englischstudiums angelangt, hatte er eine Erleuchtung. Es ging ihm nicht mehr darum, seine Englischkenntnisse zu vervollkommnen. Nein, sein Ehrgeiz reichte jetzt weiter: er wollte seinen Zeitgenossen jene entscheidenden Wahrheiten mitteilen, die ihm durch seine Konversationsübungs-Lektionen bewußt geworden waren. Er hatte erkannt, daß diese törichten Gespräche zwischen den Smiths und den Martins auf die Bühne gehörten, da das Theater Dialog ist, wie er sagt.

So begann er ‹*Die kahle Sängerin*› zu schreiben, ein spezifisch «didaktisches» Theaterstück. (Er war versucht gewesen, es ‹*Englisch ohne Mühe*› oder ‹*Die Englischstunde*› zu nennen, entschied sich aber dann für den jetzigen Titel, gerade weil keine Sängerin, ob kahl oder zottelhaarig, darin vorkommt. Hübsche Logik, was!)

Er schildert weiter, wie ihm ‹*Die kahle Sängerin*›, die als Englischübung und ein wenig Plagiieren begann, aus dem Griff geriet. Die simplen, elementaren Wahrheiten, die er gewissenhaft abgeschrieben und als Dialog verwendet hatte, bekamen etwas Verrücktes, die Sprache wurde desartikuliert, die Personen selbst zerfielen unter seiner Hand, die Sprache, zuerst absurd, entleerte sich jeden Inhalts. Und so weiter.

Was da vor sich ging, so erkannte er, war eine Desintegration alles dessen, was wirklich war. Die Worte wurden zu einem klangvollen Bellen, jeden Sinnes bar; auch wurden natürlich die Figuren ihrer Psychologie beraubt, und die Welt selbst erschien in höchst ungewohntem Licht, mit Personen, die sich in einer Zeit ohne Zeit und einem Raum ohne Raum bewegten.

Das Abfassen dieses Stücks, das er als ein «Anti-Stück» bezeichnete, das heißt, die Parodie eines Stücks oder die Komödie einer Komödie, bereitete ihm solches Unbehagen, solchen Ekel, solchen Schwindel, daß er bisweilen glaubte, das Stück werde sich, zusammen mit ihm selber, in nichts auflösen. Trotzdem, als er es fertig hatte, war er recht zufrieden mit sich.

«Ich hatte das Gefühl», meint er, «so etwas wie ‹die Tragödie der Sprache› geschrieben zu haben.» Als er das Stück auf der Bühne sah, überraschte es ihn, daß das Publikum lachte, als ob es etwas Lustiges wäre! Es gab jedoch ein paar Freunde, die sich nicht täuschen ließen, die, mit anderen Worten, eingestanden, daß ihnen unbehaglich geworden war.

In England wie anderswo faßten die ernsthafteren Kritiker das Stück als eine Satire auf die bürgerliche Gesellschaft und gleichzeitig als eine Parodie des richtigen Theaters auf. Ionesco gibt zwar zu, daß man es so betrachten kann, weist aber darauf hin, daß dies nicht in erster Linie seine Absicht war. Er habe eigentlich eine Art «universellen Kleinbürgertums» darstellen wollen, da der Kleinbürger zweifellos der Mensch der Fertiggedanken, Slogans und Schlagwörter sei – kurzum, der Konformist par excellence in jedem Bereich. Und gerade die Sprache ist es – die Sprache des Automaten –, die uns diesen allgegenwärtigen Konformisten offenbart.

Die Smiths und die Martins, sagt Ionesco, können nicht mehr denken, weil sie nicht mehr fühlen können. Sie sind ohne Leidenschaften. Auch wissen sie nicht, wie man einfach *ist*; sie können alles mögliche werden, ganz gleich was. Sie gehören einer unpersönlichen Welt an – mit anderen Worten, sie sind austauschbar.

Abschließend sagt Ionesco: «Der tragische Mensch verändert sich nicht, er geht in Stücke; er ist er selbst, er ist wirklich. Die komischen Charaktere, die Dummen und Idioten, sie besitzen keine Existenz.»

Dies war eine verkürzte Wiedergabe der Worte Ionescos. Wenn ich nicht alle Subtilitäten und Nuancen getroffen habe und den köstlich-ironischen Humor, der seinen freimütigen und stets scharfsichtigen Text kennzeichnet, dann entschuldige ich mich hiermit. Der Text besitzt jene undefinierbare Eigenschaft, die die Franzosen *spirituel* nennen.

Ich kann es einfach nicht fassen, daß dieser Mann, dessen Werk lächerlich gemacht und verspottet wurde – sogar in Paris hatte er am Anfang nur zehn, zwölf Zuschauer –, in weniger als zehn Jahren den Weg nach oben geschafft hat. Die Kritiker haben sich ihre Gehirne zermartert, um diese «Anti-Stücke», diese «Pseudo-Dramen», diese tragischen Farcen zu kategorisieren.

Ionesco selber, das wurde gesagt, vermag nicht zwischen dem Tragischen und dem Komischen zu unterscheiden. Jeder Regisseur muß seine eigene Wahl treffen, denn was geschieht, spielt sich auf vielen Ebenen ab, und manchmal gleichzeitig. Aber wie lebensgleich, trotz aller Rätselei!

Jenes Unbehagen, das so rasch auf das Lachen – oder auf die Tränen – der Zuschauer folgt, ist es nicht die emotionale Konstante unserer schlafwandlerischen Tage wie unserer alpdruckhaften Nächte? Die Martins und die Smiths, ob «wirklich oder erfunden», sind sie nicht unsere Freunde und Nachbarn? Und diese primitive Sprache, hören wir sie nicht immer wieder? Suburbia, ist das nicht überall?

Der Roboter, stempelt er nicht dieselbe Zeituhr wie wir? Der Präsident, wenn er spricht . . . könnte das nicht jedermann sein? Eine Einsteinsche Formel – ist sie schwieriger zu schlucken als eine Vitamin-Tablette? Wer von uns ist nicht kastriert, eingespannt, entpersönlicht und gefesselt und geknebelt den Teufeln von Müh und Schaumschlägerei ausgeliefert worden? Es steht uns frei, unsere Meinungen auszudrücken, aber haben wir welche? Wir reden, um nicht reden zu müssen. Das Beunruhigende ist nicht, daß es Nonsens ist – Nonsens kann köstlich sein! –, sondern daß unsere Worte aus nichts als dem Strom unserer üblichen Leere von Herz, Geist und Seele bestehen.

Walt Whitman

Ich verstehe heute noch nicht, warum man ihn den «guten grauen Dichter» nennt. Die Farbe seiner Sprache, sein Temperament, sein ganzes Wesen sind stahlblau. Ich sehe ihn auch kaum als einen Dichter. Als einen Sänger, ja. Den Sänger der Zukunft.

Amerika hat Whitman nie richtig begriffen oder akzeptiert. Amerika hat Lincoln in den Himmel gehoben, eine Gestalt von geringerem Format.

Whitman hat nicht die Massen angesprochen. Er war so weit dem Volk entrückt wie ein Heiliger den Mitgliedern einer Kirche. Er hat den ganzen Trend des amerikanischen Lebens geschmäht, hat es als gemein und vulgär charakterisiert. Doch nur ein Amerikaner hätte das schreiben können, was er schrieb. Er war nicht an Kultur, Tradition, Religion oder Demokratie interessiert. Er war das, was Lawrence einen «Aristokraten des Geistes» nannte.

Ich kenne keinen Schriftsteller, dessen Vision so allumfassend ist wie die Whitmans. Gerade diese kosmische Sicht der Dinge ist es, die verhindert, daß Whitmans Botschaft akzeptiert wird. Er sagt absolut ja, er geht ganz aus sich heraus, er kennt keine Schranken irgendwelcher Art, nicht einmal das Böse.

Jedermann kann Whitman nach seinem Gutdünken zitieren. Niemand ist seit Whitman erschienen, der seinen Gedanken ausdrücken und gleichzeitig darüber hinausgehen kann. Der ‹*Song of the Open Road*› bleibt ein Absolutum. Er transzendiert den menschlichen Gesichtskreis, zwingt den Menschen, das Universum in sein eigenes Wesen einzubeziehen.

Der Dichter Whitman interessiert mich viel weniger als der Seher. Vielleicht der einzige Dichter, mit dem er verglichen werden kann, ist Dante. Mehr als jede andere Einzelgestalt symbolisiert Dante das Mittelalter. Whitman ist die Inkarnation des Menschen der Neuzeit, von dem wir bis jetzt nur Imitationen hatten. Das Leben der Neuzeit hat noch nicht begonnen. Hier und da sind Menschen erschienen, die uns eine Vorstellung von dieser kommenden Welt gegeben haben. Whitman hat nicht nur den Grundton dieses im Schöpfungsprozeß begriffenen Lebens angestimmt, er hat sich auch so verhalten, als ob es bereits existierte. Ein Wunder, daß er nicht gekreuzigt wurde. Aber hier berühren wir das Geheimnis, das sein scheinbar so offenes Leben verhüllt.

Wer sich je mit Whitmans Biographie beschäftigt hat, muß erstaunt sein über das Geschick, mit dem er sein Boot durch die stürmischen Wogen gesteuert hat. Er läßt nie das Ruder los, wankt, schwankt nie, macht nie Kompromisse. Vom Augenblick seines Erwachens an – denn es war wirklich ein Erwachen und nicht nur die bloße Entwicklung eines schöpferischen Talents – schreitet er voran, ruhig, stetig, seiner selbst sicher, des Sieges gewiß. Mühelos sammelt er willige Jünger um sich, die ihm als Puffer gegen die Schläge des Schicksals dienen. Er konzentriert sich einzig auf die Verkündung seiner Botschaft. Er spricht wenig, liest wenig, denkt aber viel nach. Doch er führt nicht das Leben eines stillen Betrachters. Er ist eindeutig in und von dieser Welt. Er ist weltlich durch und durch, aber dabei gelassen, unabhängig, niemandem Feind, allen Freund. Er besitzt eine magische Rüstung wider mutwilliges Eindringen, Verletzung seines Ichs. In mancher Hinsicht erinnert er einen an den «wiederauferstandenen» Christus.

Ich betone diesen Aspekt bewußt, weil Whitman selbst ihm höchst beredt Ausdruck verliehen hat – es ist eine seiner enthüllendsten Äußerungen –, in einem Prosatext. Er sagt dort: «Ein recht geborenes und erzogenes Geschlecht, aufgewachsen in der rechten Harmonie inner Haus wie außer Haus, unter den entsprechenden Bedingungen der Aktivität und Entwicklung, würde wahrscheinlich, schon aus diesen Bedingungen heraus sein Genüge darin finden, nur *zu leben* – und würde in seinem Verhältnis zu Himmel, Luft, Wasser, Bäumen usw. und den zahllosen gewöhnlichen Erscheinungen und in der Tatsache des *Lebens* selbst, Glück finden und verwirklichen – wobei das Sein erfüllt ist Tag und Nacht von einer heilsamen Ekstase, alle Freuden übertreffend, die Reichtum, Amüsement und selbst befriedigter Intellekt, Gelehrsamkeit oder Kunstsinn geben können.» Diese Sicht, der sogenannten modernen Welt so gänzlich fremd, ist durch und durch polynesisch. Und dort gehört Whitman hin, er gehört weder zum Westen noch zum Osten, sondern in ein Zwischenreich, einen schwimmenden Archipel, dessen Bestimmung das Erlangen von Frieden, Glück und Wohlergehen hier und jetzt ist.

Ich behaupte ganz entschieden, daß Whitmans Sicht nicht amerikanisch ist, genausowenig wie chinesisch, hinduistisch oder europäisch. Es ist die einzigartige Sicht eines emanzipierten Menschen, ausgedrückt im Umgangsamerikanisch, Menschen aller Sprachen verständlich. Whitmans Klangfarbe ist ganz und gar amerikanisch und doch unverwechselbar. Sie wurde nie wieder erreicht und wird es wahrscheinlich auch nie werden. Ihre Universalität rührt von seiner Einzigartigkeit her. In diesem Sinn hat sie die ganze Tradition hinter sich. Aber ich wiederhole, Whitman respektiert die Tradition nicht; daß er eine neue Sprache schmiedete, ist allein auf die Singularität seiner Vision zurückzuführen, auf den Umstand, daß er sich als neues Wesen empfand. Zwischen dem frühen Whitman und dem «erweckten» Whitman besteht keinerlei Ähnlichkeit. Niemand, der seine frühen Schriften liest, vermöchte darin den Keim des zukünftigen Genies zu entdecken. Whitman hat sich von Kopf bis Fuß neu geschaffen.

Ich habe im Zusammenhang mit seinen Schriften mehrmals das Wort *Botschaft* gebraucht. Ja, die Botschaft liegt ausgesprochen und unausgesprochen in seinem Werk. Die Botschaft ist es, die von seinem Werk berichtet. Man nehme die Botschaft fort, und seine Poesie zerfällt in Stücke. Wie von Tolstoij mag man auch von ihm sagen, er habe aus Kunst Propaganda gemacht. Aber heißt das nicht lediglich, daß Kunst, wenn sie nicht für das Leben benutzt, in den Dienst des Lebens gestellt wird, sinnlos ist? Whitman zeigt sich nie als Moralist oder religiöser Schwärmer. Ihm geht es darum, den Menschen eine Vision zu eröffnen, sie in die Mitte von nirgendwo zu führen, damit sie ihre wahre Orientierung finden. Er predigt nicht, er ermahnt. Was er sieht, spricht er nicht nur aus, er singt es, ruft es triumphierend in die Welt. Wenn er zurückblickt, dann um zu zeigen, daß Vergangenheit und Zukunft eins sind. Er sieht nirgendwo Böses. Er sieht immer durch alles hindurch und darüber hinaus.

Man hat ihn einen Pantheisten genannt. Viele haben ihn als den großen Demokraten bezeichnet. Einige haben versichert, er besitze ein kosmisches Bewußtsein. Alle Versuche, ihn einzuordnen, sind letztlich zum Scheitern verurteilt. Warum ihn nicht als reines Phänomen akzeptieren? Warum nicht zugeben, daß er ohnegleichen ist? Ich mache hier nicht den Versuch, ihn zu vergöttlichen. Wie könnte ich das, wo er so eindrucksvoll menschlich war? Wenn ich die Einmaligkeit seines Wesens hervorhebe, will ich damit nicht darauf hinweisen, wie man den Knoten der mysteriösen Ansprüche der Demokratie lösen könnte?

‹*Macht Platz für den Menschen*› ist der Titel eines Gedichts von seinem treuen Freund und Biographen Horace Traubel. Was hat nun dem Menschen im Wege gestanden? *Nur der Mensch.* Whitman reißt jede schüttere Barriere ein, hinter der der Mensch Zuflucht gesucht hat. Er drückt sein absolutes Vertrauen in den Menschen aus. Er ist kein Demokrat, er ist ein Anarchist. Er besitzt den aus Liebe geborenen Glauben. Er weiß nichts von Haß, Furcht, Neid, Eifersucht, Rivalität. Auf Long Island geboren, am Beginn seiner Laufbahn nach Brooklyn übergesiedelt, arbeitet er zunächst als Zimmermann und Baumeister, später als Reporter, Schriftsetzer, Redakteur; während des blutigen Bürgerkriegs pflegt er Verwundete und läßt sich schließlich in Camden nieder, einem ganz unscheinbaren Ort. Er hat einen großen Teil Amerikas bereist und in seinen Gedichten seine Eindrücke, Hoffnungen und Träume aufgezeichnet.

Er ist in der Tat ein großartiger Traum. In seinen Prosawerken spricht er – natürlich unbeachtete – Warnungen an seine Landsleute aus. Was würde er sagen, wenn er Amerika heute sehen könnte? Ich glaube, seine Äußerungen würden noch leidenschaftlicher sein. Ich glaube, er würde einen noch herrlicheren Band ‹*Grashalme*› schreiben. Er würde Möglichkeiten sehen «weit ungeheurer noch» als die, die er ursprünglich schaute. Er würde «die Wiege endlos schaukeln» sehen.

Seit seinem Fortgang haben wir die «großen Gedichte des Todes» gehabt, von denen er sprach, und es sind *lebende* Gedichte des Todes gewesen. Das Gedicht des Lebens muß noch gelebt werden.

Inzwischen schaukelt die Wiege endlos . . .

Henry David Thoreau*

Es gibt kaum ein halbes Dutzend Namen in der Geschichte Amerikas, die für mich etwas bedeuten. Thoreau ist einer von ihnen. Ich sehe ihn als den wahren Amerikaner, als einen Typ von Mensch, wie wir ihn leider nicht mehr prägen. Er ist gar kein Demokrat in dem Sinne, dem wir dem Wort heute beilegen. Er ist das, was Lawrence einen «Aristokraten des Geistes» nennen würde, das heißt, das Seltenste, was es auf Erden gibt: ein Individuum. Er ist dem Anarchisten näher als dem Demokraten, Sozialisten oder Kommunisten. Er war jedoch nicht an Politik interessiert; er war jene Art von Mensch, die, gäbe es mehr von ihrer Sorte, bald alle Regierungen überflüssig machen würde. Dies ist meines Erachtens die höchste Entwicklungsform des Menschen, die eine Gesellschaft hervorbringen kann. Und deshalb zolle ich Thoreau grenzenlose Achtung und Bewunderung.

Das Geheimnis seines Einflusses, der noch immer lebendig, aktiv ist, ist ein sehr simples. Er war ein Mensch mit Grundsätzen, dessen Denken und Verhalten in völligem Einklang standen. Er übernahm die Verantwortung für seine Handlungen wie für seine Äußerungen. Das Wort Kompromiß gehörte nicht zu seinem Wortschatz. Amerika hat, bei allen Vorteilen, über die es verfügt, nur eine Handvoll Menschen seines Formats hervorgebracht. Der Grund liegt auf der Hand: Menschen wie Thoreau stimmten nie mit dem Trend der Zeit überein. Sie symbolisierten jenes Amerika, das von seiner Geburt heute so weit entfernt ist wie es dies 1776 oder vorher war. Sie beschritten den steinigen Weg anstatt des bequemen. Sie glaubten zu allererst an sich selbst, sie kümmerten sich nicht darum, was ihre Nachbarn von ihnen dachten, und sie zögerten auch nicht, der Regierung zu trotzen, wenn es um die Gerechtigkeit ging. Ihre Zustimmung hatte nie etwas Passives: man mochte sie umwerben, verführen – einschüchtern ließen sie sich nicht.

* Ursprünglich ein Vorwort zu ‹*Life without Principle*›, drei Essays von Thoreau, handgedruckt 1946 für James Ladd Delkin.

Die in diesem schmalen Band zusammengefaßten Essays waren einmal Ansprachen – erstaunlich, wenn man bedenkt, wie unmöglich es heute wäre, solche Empfindungen öffentlich auszusprechen. Schon der Begriff des «bürgerlichen Ungehorsams» ist jetzt undenkbar. (Außer in Indien vielleicht, wo Gandhi in seiner Kampagne des passiven Widerstands gerade diese Rede als Lehrbuch benutzt hat.) Wer in unserem Land es wagte, Thoreaus Verhalten zu irgendeiner wichtigen Entscheidung des Tages nachzuvollziehen, würde zweifellos auf Lebenszeit ins Gefängnis geschickt werden. Und ihn würde niemand verteidigen – so wie Thoreau einst den Namen und Ruf von John Brown verteidigte. Wie dies immer mit kühnen, eigenständigen Äußerungen geschieht, sind diese Essays inzwischen zu Klassikern geworden. Was bedeutet, daß sie zwar noch immer charakterbildend sind, aber nicht mehr die Leute beeinflussen, die unser Schicksal bestimmen. Sie werden dem Studenten als Lesestoff vorgeschrieben und dienen dem Denker und Rebellen als ewige Inspirationsquelle, aber öffentlich vorgetragen sagen sie nichts mehr, vermitteln sie keine Botschaft mehr. Das Bild von Thoreau ist für die breite Masse durch Erzieher und «Menschen von Geschmack» vorgezeichnet: es ist das eines Einsiedlers, eines Spinners, eines Naturverfälschers. Was sich über die Zeiten gehalten hat, ist die Karikatur, wie das bei unseren bedeutenden Persönlichkeiten so üblich ist.

Das Wichtige an Thoreau ist meines Erachtens, daß er zu einer Zeit auftrat, als wir, das amerikanische Volk, die Wahl hatten, welchen Weg wir einschlagen sollten. Gleich Emerson und Whitman wies er auf den steinigen Weg, wie ich schon sagte. Als Volk entschieden wir uns für den anderen Weg. Und jetzt ernten wir die Früchte dieser Entscheidung. Thoreau, Whitman, Emerson – sie sind jetzt gerechtfertigt. In der Düsternis der gegenwärtigen Ereignisse scheinen diese Namen wie Leuchtfeuer auf. Wir feiern sie mit Lippenbekenntnissen, aber wir verschmähen noch immer ihre Weisheit. Wir sind Opfer der Zeiten geworden, wir blicken voller Sehnsucht und Bedauern zurück. Es ist zu spät jetzt, sich noch zu ändern, glauben wir. Aber das ist es nicht. Der einzelne Mensch kann sich immer ändern, dazu ist es nie zu spät. Gerade das haben uns diese unsere unnachgiebigen Vorläufer mit ihren Leben gezeigt.

Mit der Schaffung der Atombombe wird die ganze Welt sich

plötzlich bewußt, daß der Mensch einem Dilemma gegenübersteht, dessen Schwere unmeßbar ist. In dem Essay mit dem Titel ‹*Life without Principle*› nahm Thoreau genau die Möglichkeit vorweg, die die Welt erschütterte, als sie von der ersten Atombombe erfuhr. «Was tut's schon, sollte unser Planet explodieren», sagt Thoreau, «wenn die Explosion nicht von Menschenhand ausgelöst wird. . . . Ich würde nicht um die nächste Ecke rennen, um die Welt zerplatzen zu sehen.»

Ich bin sicher, Thoreau hätte Wort gehalten, wäre der Planet plötzlich von sich aus explodiert. Aber genauso sicher bin ich, daß er, hätte er von der Atombombe gehört, von dem Guten und dem Schlimmen, das sie bewirken kann, etwas Denkwürdiges über ihren Gebrauch zu sagen gehabt hätte. Und er hätte es der vorherrschenden Einstellung zum Trotz gesagt. Er hätte sich nicht darüber gefreut, daß das Geheimnis ihrer Herstellung in den Händen der Rechtschaffenen lag. Er hätte sogleich gefragt: «Wer ist rechtschaffen genug, ein solch teuflisches Instrument zerstörerisch anzuwenden?» Er hätte in die Weisheit und Heiligkeit unserer derzeitigen US-Regierung nicht mehr Vertrauen gehabt als in die unserer Regierung zur Zeit der Sklaverei. Er starb, vergessen wir das nicht, mitten im Bürgerkrieg, als die Streitfrage, die sofort durch das Gewissen jedes einzelnen guten Bürgers hätte gelöst werden sollen, endlich durch Blut entschieden wurde. Nein, Thoreau wäre der erste gewesen, der gesagt hätte, daß keine Regierung der Erde gut oder weise genug ist, um mit solchen Kräften des Guten und Bösen umzugehen. Er hätte vorausgesagt, daß wir diese neue Kraft genauso gebrauchen würden, wie wir andere natürliche Kräfte gebraucht haben, daß Frieden und Sicherheit nicht in Erfindungen liegen, sondern in den Herzen, den Seelen der Menschen. Sein ganzes Leben legte Zeugnis für die offenkundige, von den Menschen ständig übersehene Tatsache ab, daß wir, um das Leben zu erhalten, eher weniger als mehr brauchen, daß wir zum Schutz des Lebens Mut und Integrität brauchen und keine Waffen, keine Koalitionen. In allem, was er sagte und tat, stand er dem Menschen von heute so fern wie nur möglich. Ich sagte schon, daß sein Einfluß noch immer lebendig ist. Er ist es, aber nur, weil Wahrheit und Weisheit unwiderlegbar sind und letztlich obsiegen müssen. Bewußt und unbewußt tun wir das gerade Gegenteil von allem, was er riet. Aber wir sind nicht glücklich dabei, noch sind wir überzeugt, das Richtige zu tun. Wir sind sogar verwirrter, ratloser, als wir es je im Verlauf unserer kurzen Geschichte waren. Und das ist höchst seltsam, höchst beunruhigend, da wir jetzt als die mächtigste, reichste, sicherste Nation der Erde anerkannt sind. Wir sind ganz oben, aber haben wir die Vision, die Weitsicht, uns diese günstige Position zu erhalten? Wir haben den vagen Verdacht, daß uns eine Verantwortung aufgeladen wurde, die zu schwer für uns ist. Wir wissen, daß wir in keinem echten Sinn den anderen Völkern dieser Erde überlegen sind. Wir machen uns gerade mit der Tatsache vertraut, daß wir moralisch weit hinter uns selbst zurückgeblieben sind. Einige bilden sich glückselig ein, die Drohung der Ausrottung – des kosmischen Selbstmords – werde uns aus der Lethargie herausreißen. Ich fürchte, solche Träume sind dazu verurteilt, noch wirkungsvoller zerschmettert zu werden als das Atom selbst. Aus Furcht vor einer Ausrottung werden keine großen Dinge vollbracht. Die Taten, die die Welt bewegen, die das Leben erhalten und Leben spenden, sind ganz anders motiviert.

Das Problem der Macht, ein Problem, das die Amerikaner verfolgt, steht jetzt im Mittelpunkt. Anstatt für den Frieden zu *arbeiten*, sollte man die Menschen dazu bringen, einmal auszuspannen, einmal die Arbeit sein zu lassen und nur zu träumen. Zieht euch in den Wald zurück, wenn ihr einen in der Nähe habt! Denkt mal eine Zeitlang eure eigenen Gedanken! Prüft euer Gewissen, aber erst nachdem ihr euch gut amüsiert habt. Was ist euer Job schließlich schon wert, wenn ihr morgen alle durch irgendeinen unbedachten Narren in die Luft gejagt werdet? Glaubt ihr, man kann sich auf eine Regierung mehr verlassen als auf jedes einzelne ihrer Mitglieder? Wer sind diese Menschen, denen das Schicksal des ganzen Planeten jetzt anvertraut zu sein scheint? Glaubt ihr bedingungslos an sie, an jeden einzelnen? Was würdet *ihr* tun, wenn ihr die Kontrolle über diese unerhörte Kraft hättet? Würdet ihr sie zum Wohle der ganzen Menschheit gebrauchen oder nur für das eures eigenen Volkes oder eurer eigenen kleinen Gruppe? Glaubt ihr, daß Menschen ein so gewichtiges Geheimnis für sich behalten können? Glaubt ihr, daß es überhaupt ein Geheimnis bleiben sollte?

Das wären wohl so die Fragen, die ein Thoreau sofort stellen würde. Es sind Fragen, die sich, wenn man ein bißchen gesunden Menschenverstand hat, von selbst beantworten. Aber Regierungen scheinen nie über dieses bißchen gesunden Menschenverstand zu verfügen, noch trauen sie denen, die es besitzen.

Diese amerikanische Regierung – was ist sie anderes als eine Tradition, wenn auch eine noch junge, die bemüht ist, sich unbeeinträchtigt der Nachwelt zu überliefern, aber Augenblick für Augenblick ein wenig von ihrer Integrität verliert? Sie besitzt nicht die Vitalität und Kraft eines einzelnen lebenden Menschen; denn ein einzelner Mensch kann sie seinem Willen gefügig machen. Sie ist eine Art Holzgewehr für das Volk. Aber sie ist deshalb nicht weniger notwendig, denn das Volk muß irgendeine komplizierte Maschinerie haben und ihren Lärm hören, damit es seine Vorstellung von Regierung befriedigen kann. Regierungen zeigen somit, wie leicht Menschen sich etwas vormachen lassen oder sich selbst etwas vormachen, zu ihrem eigenen Vorteil. Das ist ausgezeichnet, das müssen wir zugeben. Doch diese Regierung hat nie von sich aus eine Unternehmung befördert, außer durch die Bereitwilligkeit, mit der es ihm aus dem Wege ging. *Sie* hält das Land nicht frei. *Sie* besiedelt den Westen nicht. *Sie* sorgt nicht für Erziehung. Der dem amerikanischen Volk innewohnende Charakter hat alles vollbracht, was geleistet wurde; und es hätte noch etwas mehr sein können, wenn ihm die Regierung nicht manchmal in den Weg geraten wäre . . .

So sprach Thoreau vor hundert Jahren. Würde er heute leben, fände er noch herbere Worte. In diesen letzten hundert Jahren ist aus dem Staat ein Frankenstein geworden. Wir haben einen Staat nie weniger gebraucht als jetzt, wo wir am meisten von ihm tyrannisiert werden. Jeder gewöhnliche Bürger hat einen ethischen Kodex, der weit über dem des Staates liegt, dem er Treue schuldet. Die Fiktion, daß der Staat zu unserem Schutz existiere, ist tausendmal widerlegt worden. Aber solange es dem Menschen an Selbstvertrauen und Selbstbewußtsein mangelt, wird der Staat gedeihen; seine Existenz gründet sich auf die Angst und Unsicherheit seiner einzelnen Bürger.

Indem er sein eigenes Leben auf seine eigene «exzentrische» Weise lebte, zeigte Thoreau die Nichtigkeit und Absurdität des Lebens der (sogenannten) Massen auf. Es war ein volles, reiches Leben, das ihm ein Höchstmaß an Befriedigung spendete. In den blanken Notwendigkeiten fand er adäquate Mittel zum Genuß des Lebens. «Die Möglichkeiten des Lebens vermindern sich», sagte er, «in dem Maße, wie das, was man die ‹Mittel› nennt, sich vermehren.» Er war zu Hause in der Natur, wo der Mensch hingehört. Er hielt Gemeinschaft mit Vogel und Tier, Pflanze und Blume, Stern und Strom. Er war kein ungeselliges Wesen, keineswegs. Er hatte Freunde, Frauen sowohl wie Männer. Kein Amerikaner hat beredter und wahrhaftiger über Freundschaft geschrieben als er. Wenn sein Leben begrenzt erscheint, so war es doch tausendfach weiter und tiefer als das Leben des normalen Amerikaners von heute. Ihm ging nichts dadurch verloren, daß er sich nicht unter die Menge mischte, daß er keine Zeitungen verschlang, kein Radio oder Kino, kein Auto, keinen Kühlschrank, keinen Staubsauger hatte. Er hat durch den Mangel an diesen Dingen nicht nur nichts eingebüßt, sondern ist reicher geworden in einem Maße, wie das dem mit diesen zweifelhaften Errungenschaften übersättigten Menschen von heute nicht mehr möglich ist. Thoreau lebte, während wir allenfalls existieren. An Kraft und Tiefe ist sein Denken dem unserer Zeitgenossen nicht nur ebenbürtig, es übertrifft es gewöhnlich. An Mut und Tugend kommt ihm keiner unserer führenden Geister von heute gleich. Als Schriftsteller gehört er zu den ersten dreien oder vieren, deren wir uns rühmen können. Jetzt, von den Höhen unserer Dekadenz aus betrachtet, erscheint er fast wie ein früher Römer. Das Wort *Tugend* hat in Verbindung mit ihm wieder einen Sinn.

Die jungen Amerikaner sind es, die vielleicht aus seiner schlichten Weisheit, noch mehr aus seinem Beispiel, Nutzen ziehen. Sie bedürfen der Versicherung, daß das, was damals möglich war, auch heute noch möglich ist. Amerika ist noch immer ein riesiges, unbevölkertes Land, ein Land von Wäldern, Flüssen, Seen, Wüsten, Bergen, Prärien, in dem ein Mensch guten Willens mit nur ein wenig Anstrengung und Glauben an seine eigenen Fähigkeiten ein volles, ruhiges, reiches Leben genießen kann – vorausgesetzt, er geht seinen eigenen Weg. Er braucht nicht an einen guten Lebensunterhalt zu denken und sollte es nicht, sondern daran, sich ein gutes Leben zu schaffen. Die klugen Geister kehren immer zum Boden zurück; man braucht nur an die großen Männer Indiens, Chinas und Frankreichs zu denken, ihre Dichter, Weisen, Künstler, um zu erkennen, wie tief dieses Bedürfnis in jedem Menschen verwurzelt ist. Ich denke natürlich an schöpferische Menschen, denn die anderen werden auf ihre eigenen phantasielosen Ebenen hinabsinken, ohne zu ahnen, daß das Leben mehr bereithält. Ich denke an die aufkommenden amerikanischen Dichter, Weisen und Künstler, weil sie in dieser gegenwärtigen amerikanischen Welt so erstaunlich hilflos erscheinen. Sie fragen sich alle so naiv, wie sie leben sollen, wenn sie sich nicht irgendwo verdingen; sie fragen sich noch mehr, wie sie, wenn sie das getan haben, je Zeit finden werden, das zu tun, wozu sie eigentlich berufen sind. Ihnen kommt nicht mehr der Gedanke, in die Wüste oder die Wildnis zu gehen, dem Erdboden einen Lebensunterhalt abzuringen, mal diesen, mal jenen Job auszuüben, von so wenig wie möglich zu leben. Sie verharren in den Städten, tun dies, tun das, rastlos, elend, frustriert, suchen vergeblich nach einem Ausweg. Man sollte ihnen gleich zu Anfang sagen, daß die Gesellschaft, wie sie jetzt konstituiert ist, keinen Ausweg anbietet, daß die Lösung des Problems in ihrer eigenen Hand liegt und daß sie nur erreicht werden kann, wenn sie dazu beide Hände gebrauchen. Man muß sich seinen Weg mit der Axt bahnen. Die wahre Wildnis ist nicht irgendwo da draußen, sondern in den Städten, in jenem komplizierten Gespinst, das wir aus dem Leben gemacht haben und das keinem anderen Zweck dient als dem, freien Geistern einen Knüppel zwischen die Beine zu werfen. Man muß nur an sich selbst glauben, dann entdeckt man schon, wie man leben kann trotz aller Schranken und Traditionen, die einen einengen. Das Amerika von damals stand Thoreaus Experiment genauso geringschätzig und feindselig gegenüber wie das von heute demjenigen, der es nachvollzieht. Damals, als das Land unentwickelt war, lockte das Gold, das man in Kalifornien gefunden hatte, Menschen aller Religionen, aller Lebensweisen an. Thoreau blieb zu Hause, wo er seine eigene Mine kultivierte. Er brauchte nur ein paar Meilen zu gehen und war mitten im Herzen der Natur. Den meisten von uns heute, ganz gleich, wo wir wohnen, ist es noch immer möglich, nach ein paar Meilen Weges die Natur zu finden. Ich habe unser Land der Länge und der Breite nach bereist, und wenn mich etwas beeindruckt hat, dann war es dies: daß Amerika leer ist. Gewiß, gewiß, fast dieser gesamte leere Raum gehört irgendwem – Banken, Eisenbahngesellschaften, Versicherungen und so weiter. Man kann kaum irgendwo abseits der üblichen Wege wandern, ohne als «Unbefugter» zu gelten. Aber dieser Unsinn würde bald aufhören, wenn sich die Leute auf die Hinterbeine stellten und die Städte verließen. John Brown und eine knappe Handvoll Leute überwanden so gut wie die gesamte Bevölkerung von Amerika. Der Abolitionismus war es, der die Sklaven befreite, nicht die Armeen Grants oder Shermans, nicht Abraham Lincoln. Es gibt keine ideale Lebensbedingung, in die man irgendwann einfach eintreten kann. Alles ist schwierig, und alles wird noch schwieriger, wenn man sein eigenes Leben leben will. Aber sein eigenes Leben zu leben, war und ist noch immer die beste Art zu leben und wird es stets bleiben. Der größte Irrtum wäre es, das Leben des eigenen Lebens aufzuschieben, bis eine ideale Regierungsform geschaffen ist, die jedermann das gute Leben ermöglicht. Lebt das gute Leben jetzt, sofort, so gut ihr es könnt, und ihr werdet indirekt und unbewußt eine Regierungsform herbeiführen, die dem Ideal näher kommt.

Weil Thoreau das Gewissen und den aktiven Widerstand so sehr betonte, stellt sich vielleicht mancher sein Leben nüchtern und düster vor. Dabei vergißt man aber, daß er ein Mensch war, der der Arbeit so weit wie nur möglich aus dem Weg ging, der wußte, wie man seine Zeit mit Muße zubringen konnte. Er war viel zu religiös, um etwas mit der Kirche zu tun zu haben, geradeso wie er ein viel zu aktiver Mensch war, um sich um die Politik zu kümmern. Entsprechend war er zu reich im Geist, um daran zu denken, Reichtümer anzusammeln, zu mutig, zu sehr von Selbstvertrauen erfüllt, um sich um seine Sicherheit, seinen Schutz zu sorgen. Er stellte, wenn er die Augen aufschlug, fest, daß das Leben alles bietet, was zu des Menschen Frieden und Freude nötig ist – man muß nur das nützen, was da ist, zur Hand ist, gewissermaßen. «Das Leben ist freigebig», scheint er ständig zu sagen. «*Keine Angst!* Das Leben ist hier, gleich um euch herum, nicht irgendwo dort, nicht hinter den Bergen.»

Er fand Walden. Aber Walden ist überall, wenn der Mensch selbst dort ist. Walden ist zu einem Symbol geworden. Es sollte Wirklichkeit werden. Thoreau selbst ist zu einem Symbol geworden. Aber er war nur ein Mensch, vergessen wir das nicht. Indem wir ihn zu einem Symbol machen, ihm Denkmäler errichten, machen wir den Sinn seines Lebens zunichte. Nur indem wir unser Leben ganz ausleben, ehren wir sein Andenken. Wir sollten nicht versuchen, ihn nachzuahmen, sondern ihn zu übertreffen. Jeder von uns hat ein völlig anderes Leben zu leben. Wir sollten uns nicht bemühen, wie Thoreau oder gar wie Jesus Christus zu werden, sondern nur das zu werden, was wir in Wahrheit und dem Wesen nach sind. Das ist die Botschaft jedes großen Menschen und der ganze Sinn, ein Mensch zu sein. Irgend etwas weniger zu sein heißt, sich weiter der Nichtigkeit zu nähern.

Geld und wie es dazu wird

Vorwort

Vor etwa einem Jahr schrieb mir Ezra Pound, nachdem er den ‹*Wendekreis des Krebses*› gelesen hatte, eine Postkarte in seinem üblichen kabbalistischen Stil und fragte mich, ob ich schon einmal über Geld nachgedacht hätte – was es dazu macht und wie es dazu wird. Ich gestehe, daß ich bis dahin nie ernstlich über dieses Problem nachgedacht hatte – seitdem aber verfolgt es mich Tag und Nacht. Das Ergebnis meiner Meditationen und wissenschaftlichen Nachforschungen übergebe ich der Öffentlichkeit in der Form dieses kleinen Traktats, der, wenn er das Problem nicht löst, es doch zumindest unter die Leute bringt.
Paris, 1. November 1936

In den Tagen des perikleischen Griechenland bestand zwischen Geld und Wirtschaft etwa die gleiche Beziehung wie heute zwischen der Ballistik und der Astrophysik. Die Vorstellung von Geld, gerade erst entwickelt in der spätminoischen Kultur, wurde scharf verdeutlicht während des dialektischen Streits, der zusammen mit dem ersten sokratischen Angriff auf den Primat des Staates aufkam. Es ist nicht unsere Absicht, in einer so knappen Abhandlung wie der vorliegenden den biologisch-ökonomischen Aspekten der Sklaven-und-Herren-Theorie nachzuspüren, die der damals im Schwange befindlichen Ideologie der freien Finanzierung zugrunde lagen, wie man sie inzwischen nennt. Professor Ernest MacVeagh hat in einer Monographie mit dem Titel ‹*The Rise of Currency*› sehr klar die Natur jener oppositionellen Kräfte beschrieben, die zur Zeit des Perikles den elastischen Begriff *Geld* zu synthesieren und zu formen begannen. Wie Professor MacVeagh in seiner scharfsinnigen kleinen Monographie darlegt, hat gerade die Flexibilität der Vorstellung das Überleben eines *modus operandi* erlaubt, der bis zur Zeit der Renaissance, wenn nicht schon früher, aus logischer Unwirksamkeit heraus erloschen gewesen wäre. In der Tat stellte sich – wie allen bewußt ist, die das Thema studieren – eine ernsthafte Bedrohung während der Zeit der Schwarzen Todes ein, weniger infolge der katastrophalen Auswirkungen der Pest selbst als infolge der schädlichen Doktrinen, die ironischerweise aus den Schriften des Thomas von Aquin hervorgingen. Dieser Cromwellianische Geist, der den Versuch unternahm, die aussterbende Hab-und-Gut-Theorie mit der aufkommenden Ideologie vom Superstaat zu versöhnen, hätte es beinahe fertiggebracht, die höchst sensible Struktur jener Geld-Welt zuschanden zu machen, die auf wunderbare Weise die Desintegration viel älterer politischer Vehikel überlebt hatte. Erst gegen Ende des Mittelalters entschieden die Päpste – von denen es damals sechs gab – auf einer Geheimsitzung in Avignon, daß Thomas von Aquin sich geirrt hatte, und bereiteten damit einer Konsolidierung von Bank und Sakristei den Weg, die den krönenden Ruhm der Renaissance darstellte.

Mit der Entdeckung der Neuen Welt ergab sich ein neues und beunruhigendes Problem – das der wesensgleichen Beziehung zwischen Gold als Mythos und Gold als idealisiertem Metall. Es war die alte ehtische Rätselfrage, die Sokrates in seiner ‹*Dialektik der Logik*› zu lösen versucht hatte, ein Problem, das im Laufe der Geschichte immer wieder auftauchte, wenn eine dahinschwindende Kultur von der Gefahr einer barbarischen Invasion bedroht war. Denn – und da sind manche Historiker vielleicht anderer Meinung – die durch den Zufluß fremden Blutes geschaffene neue Energie wird mehr als wettgemacht durch die auf die Verschiebung des monetären Schließbolzens folgende Labilität. Dies ist die unweigerliche Folge, weil, wie gerade angedeutet wurde, Geld oder sein Begriffsbild die letztliche Synthese aller subtileren Lebenskräfte ist, die sich dann hinter physisch-ökonomischen, wann hinter religiös-ästhetischen Sprüchen verbergen.

Bei seiner Erforschung eines neuen Handelswegs nach Indien hat Kolumbus, unwissentlich natürlich, einen Störfaktor geschaffen, der sich erst jetzt in seinen Ausmaßen annähernd ermessen läßt. Schon wenige Jahre nach Kolumbus' Rückkehr an den Hof von Ferdinand und Isabella machte sich Ponde de León, der «Mystiker des Goldes», auf, den Jungbrunnen zu entdecken. Eine vergleichende Studie ähnlicher klassischer Abenteuer, insbesondere der Argonautenfahrt, hat selbst die vorsichtigsten und konservativsten Goldchronisten davon überzeugt, daß Ponde de Leóns Heldentat keineswegs eine Hirngespinstaktion war, sondern ein höchst handfestes, irdisches Abenteuer, unternommen, um die

Hegenomie des rasch verschwindenden gelben Metalls wiederherzustellen. Wer den Verästelungen der damals gängigen Goldtheorie nachspüren will, findet hinreichend Beweise dafür in dem Bericht, den der Schatzkanzler Ihren Majestäten dem König und der Königin von Spanien am Vorabend der Abreise von Ponce de León in die Neue Welt vorlegte. Ein höchst wichtiger Bestandteil dieses Berichts ist die Landkarte, die der große Forscher eigenhändig gezeichnet hatte. Mit erstaunlicher Genauigkeit hat uns dieser kühne Abenteurer die goldträchtigen Regionen südlich einer Linie umrissen, die sich von der Spitze des Texas-Vorsprungs bis zu den Bergen von Martinique erstreckt. Bis vor kurzem hielt man es für unmöglich, diese Adern auszubeuten wegen der damit verbundenen technischen Probleme, da die reichhaltigste Region in dem Pliozängürtel lag, der die Sumpfgebiete unserer Südstaaten ausmacht, zusammen mit dem unter Wasser liegenden Ostschelf des Kontinents bis hin nach Westindien. Fast gleichzeitig jedoch mit der Erfindung des Drehbohrers, der jetzt zum Bohren von Erdölquellen benutzt wird, hat ein Goldwäscher aus Alaska namens Burdock dem US-Patentamt das Modell eines tragbaren hydraulischen Baggers vorgelegt, der mittels einer Radiumzündung arbeitet. Dieser Bagger, den ein Kind bedienen kann, wird im Laufe der nächsten zehn Jahre zweifellos unsere Methoden der Goldförderung revolutionieren sowie auch unsere Vorstellungen vom Verhältnis zwischen Gold und Geld. Sowjetrußland führt bereits Expreimente mit einer ähnlichen Apparatur durch am Fuße des Ural, wo maßgeblichen Quellen zufolge unabsehbare Vorräte des kostbaren Materials lagern sollen.

In Erwartung des Dilemmas, das eine noch nicht dagewesene Goldfülle in Finanzkreisen verursachen wird – ganz zu schweigen von den politischen Erschütterungen, die diese Entdeckung nach sich ziehen würde –, wird dem Laien deshalb dieser kleine Traktat über das Wesen des Geldes dargeboten. Denn es ist schließlich der Mann von der Straße und nicht der Bankier oder Finanzier, bei dem wir uns nach einer Lösung des Problems umsehen müssen. Das gilt noch genauso wie zur Zeit der ersten Pyramide, als die ägyptischen Fellachen, niedergeschmettert durch die grandiosen Ideen des verrückten Cheops, die Staatswährung selbst in die Hand nahmen und das einführten, was unter der Bezeichnung «Weizen-Dukaten» bekannt ist.

Stellen wir also die Frage so simpel und deutlich wie möglich: *Was ist Geld und wie wird es dazu?* Vielleicht werden wir mit dem Rätsel eher fertig, wenn wir es am Schwanz packen. Was es auch immer in der Vergangenheit war, Geld ist das, was es jetzt ist, nur dadurch geworden, daß man darüber nachgedacht hat. Geld hat kein eigenes Leben außer eben als Geld. Es ist so sehr ein Teil des Lebens wie das Leben selbst; das heißt, es ist sowohl das Ding selbst wie der Prozeß seines Werdens. Oder, wie Dunreavy in einem frühen Handbuch über das Münzwesen schreibt, «das, was entweder symbolisch oder konkret einen Tauschvorgang darstellt, kann niemals das ausgetauschte Ding sein». Dunreavy dachte natürlich an die frühen schwedischen Wirtschaftler, die, weil ihre Sprache zu abstrakt geworden war, für eine Begriffsverwirrung bis auf den heutigen Tag verantwortlich sind. Ein primitiver Bantu zum Beispiel hätte nie den Fehler gemacht, das Tauschobjekt mit dem Tauschvorgang zu verwechseln. Andererseits haben sich die hochzivilisierten Griechen zu Perikles' Zeiten oft solch absurder Substitutionen schuldig gemacht, was vielleicht, das muß fairerweise angemerkt werden, auf die übertriebene Rolle zurückzuführen ist, welche die Logik bei allen ihren Spekulationen spielte.

Kehren wir daher zum Axiomatischen zurück: *Geld hat kein eigenes Leben außer als Geld.* Dem Mann von der Straße, der sich Geld nicht in abstrakten Begriffen vorzustellen gewöhnt ist, mag diese offensichtliche Binsenweisheit nach Kasuistik klingen. Doch nichts könnte simpler und folgerichtiger sein als diese tautologische Kürzung, da Geld, in welcher Periode der Geschichte des Menschen auch immer, gleich dem Leben selbst, nie das Fehlen von Geld dargestellt hat. *Geld ist* – und welche Form oder Gestalt es auch annehmen mag, es ist nie mehr oder weniger als *Geld.* Nachzuforschen, wie Geld das wurde, was es jetzt ist, ist so müßig wie die Frage nach dem Warum und Wieso der Evolution. Die Saurier mögen mit ihrem Aussterben die Darwinisten mit einem unschätzbaren Glied in der Evolutionstheorie versorgt haben, aber kein Mensch wäre wohl so kühn zu behaupten, sie seien nur deshalb ausgestorben, um den Jüngern Darwins einen unwiderleglichen Beweis zu liefern. Aus eben diesem Grund kann man auch nicht sagen, das Geld habe sich aus dem ursprünglichen Bedürfnis des Tauschhandels heraus entwickelt, um die höchst unhaltbare Position von Finanztheoretikern in diesem oder jenem Teil der

Welt zu untermauern. Und doch würde uns ein kurzer Blick auf die derzeit in den oberen Finanzbereichen gültigen Anschauungen davon überzeugen, daß das einzige Bemühen des Menschen von der prähistorischen Zeit bis jetzt darin besteht zu beweisen, daß Geld gar kein Geld ist, sondern etwas, das für etwas anderes gilt, zum Beispiel ein Wechsel. Nun kann man selbst dem Begriffsstutzigsten plausibel machen, daß ein Wechsel kein Geld ist, sondern eine *Form* des Geldes. Geld also, was auch immer sein wahres Wesen sei, enthüllt sich uns durch die Form. Geradeso wie uns Wasserstoff und Sauerstoff ihr Vorhandensein in wechselnden Formen offenbaren, wie etwa Wasser oder Wasserstoffsuperoxid, und doch nicht sie selbst sind, weder getrennt noch kombiniert, so ist Geld immer etwas Inklusives, Koexistentes, Konsubstantielles, das über das manifeste Ding hinausgeht. In einem ganz tiefgründigen Sinn kann man sogar sagen, das Geld ähnele dem Allmächtigen. Das ist weder ein origineller noch ein lästerlicher Gedanke, denn in dem Jahrhundert, das dem des Thomas von Aquin voranging, erschien im schottischen Unterland ein Mönch vom Orden der Dominikaner, der die göttliche Umwertung des Geldes predigte oder, in der Alltagssprache ausgedrückt, daß Gott und Geld eins seien. Auch fanden die guten Kirchenväter zu jener Zeit nichts Blasphemisches an solchen Predigten. Gewiß, gegen Ende seines Lebens starb besagter Mönch auf dem Scheiterhaufen, aber nicht wegen Gotteslästerung. Aber kommen wir wegen Fragen der Ketzerei im 13. Jahrhundert nicht vom Thema ab. Mit der Abschweifung sei nur die Aufmerksamkeit auf die Tatsache gelenkt, daß das Bemühen des Menschen, das phänomenale Wesen des Geldes begrifflich zu erfassen, oft seltsame Blüten getrieben hat.

Zweifellos rührt vieles von der Widersprüchlichkeit und Verwirrung, die sich in das Thema Geld eingeschlichen haben, von dem Glauben her, daß Geld und Gold stets in einer Symbiose existiert hätten. Heute, da selbst dem dümmsten Bankangestellten offenkundig ist, wie chimärisch die Rolle des Goldes ist, können wir, ohne Widerspruch befürchten zu müssen, sagen, daß Gold zum Geld zwar weiterhin in einer pseudo-symbiotischen Beziehung steht, im Grunde aber nicht wichtiger oder allenfalls genauso wichtig ist wie ein Pilz für einen toten Baum. Leihen wir uns bei der Forstwissenschaft einen Terminus aus und fügen wir hinzu, daß Gold bisweilen die Tendenz hat, zur Kernfäule zu führen. Das heißt, von außen sieht alles ganz gut aus, aber das Auge des Försters entdeckt unter der Rinde die Krankheit, die im Herzen des Baums lauert und ihn erbarmungslos zerstört. Die Kernfäule wird oft mit der Tuberkulose im menschlichen Organismus verglichen; man begegnet ihr hauptsächlich bei Bäumen in großstädtischen Regionen. Im Finanzwesen ist sie als «Inflation» bekannt. Wenn die Krankheit den Baum noch nicht völlig zerfressen hat, kann Zement angewandt werden, um am Leben zu erhalten, was davon noch übrig ist. Bei sterbenden Währungen besteht die Behandlung darin, daß man Gold anhäuft oder es verzweifelt vom einen Land ins andere schafft. Wann immer Gold in ungewöhnlichen Mengen angehäuft wird oder seine Hin- und Herbewegungen hektisch werden, deutet alles darauf hin, daß das Geld der fraglichen Länder krank ist. Das Vorhandensein von Gold, seine Bewegungen und Fluktuationen werden dem geübten Blick stets die Symptome ungesunder Finanzen offenbaren. Denn darin sind sich die Gesundheit einer Währung und die Gesundheit eines Körpers gleich: wir werden uns ihrer erst bewußt, wenn sich die Krankheit manifestiert.

Die Evolution der Vorstellung vom Geld ist aus Gründen, die selbst dem uninteressiertesten Beobachter offensichtlich sein müssen, eng mit der Entwicklung der Vorstellungen von Sünde und Schuld verknüpft. Schon in den frühesten Perioden der Geschichte des Handels finden wir rudimentäre Prinzipien am Werk, die uns die Ansicht nahelegen, daß der primitive Mensch bereits Methoden des Austauschs entwickelt hatte, die *sui generis* den Begriff Schuld voraussetzten. Erst mit Ricardo gelangte man zu einer Formel, die das Verhältnis zwischen Schuldner und Gläubiger über alle Spitzfindigkeiten erhob. Mit fast euklidischer Kürze faßte Ricardo dies so zusammen: «Eine Schuld ist beglichen durch die Übergabe von Geld.» Die Annahme, von der Ricardo bei dieser wohlbekannten Hypothese ausgeht, ist die, daß Geld nicht Besitz ist. Geld, darauf hat Ricardo sehr deutlich hingewiesen, muß in erster Linie das sein, was «tragbar» ist. Es mag natürlich noch andere Faktoren geben, wie Schmiedbarkeit, Verformbarkeit, Rostresistenz, hoher Schmelzpunkt etc., aber der wichtigste Faktor, in dem sich alle modernen Wirtschaftler jetzt einig sind, ist, daß *Geld tragbar sein muß*. Falls es eines Beweises für die Wohlbegründetheit dieser Hypothese bedarf, sei der Leser an das jetzt außer Mode gekommene schwedische Schlüsselgeld erinnert, das während der

Regierungszeit von Gustav Adolf im Schwange war. Dieser Monarch, auf dem Schlachtfeld bekannter als auf dem Gebiet der Nationalökonomie, war auf den Gedanken des Schlüsselgeldes gekommen durch längeren Kontakt mit den Türken, die stets hartnäckig die Übernahme europäischer Münzwesensmethoden abgelehnt hatten. Ästhetisch attraktiv und solide, was den Metallinhalt betraf, war diese Neuerung Gustav Adolfs dennoch zum Untergang verurteilt wegen der Schwierigkeiten, die sich in der Frage der Standardisierung und des Transports erhoben. Für den Numismatiker sind sie höchst beliebte Objekte, aber dem Finanzier und Fachmann beweisen sie nur die Unfehlbarkeit von Ricardos erstem Prinzip, nämlich daß *Geld tragbar sein muß*.

Vielleicht hätten wir auf eine klare Darlegung des Problems nicht bis zu Ricardos Zeit zu warten brauchen, hätten nicht die Engländer, die stets eine große Handelsnation waren, den Begriff von Schuld und Verschuldung durch moralische Aspekte verdunkelt. Ricardo, der italienischer Abstammung war – einige halten ihn für einen Nachkommen der Medici –, zeigte bei der Behandlung des Themas erstaunlichen und entschlossenen Mut. Mit der üblichen Klarheit und Präzision des lateinischen Geistes erfaßte er sogleich das hervorstechendste Merkmal dieses vieldiskutierten Problems, nämlich das Verhältnis von Mittel und Zweck. Eine Schuld, so stellte er fest, ist nicht zwangsläufig eine Ehrenfrage zwischen Gentlemen, sondern eher ein treuhänderisches, der Liquidation bedürfendes Problem, dessen Lösung wir uns mit der gleichen kühlen Objektivität widmen sollten, die Clerk-Maxwell bei seinen physikalischen Experimenten demonstriert. Es bedarf kaum der Erwähnung, daß diese simple Tatsachenfeststellung nur mit einiger Mühe die Nebel zu lichten vermochte, die sich seit dem Zusammenbruch der römischen Korngesetze über dieses Thema gelegt hatten. In der Tat ist es wohl kaum zuviel behauptet, wenn man sagt, ohne Ricardo würden die Herren der Lombard Street noch heute unter einer modifizierten Form der Abhängigkeit vom Vatikan stehen.

Als Ableitung von Ricardos Maxime folgte ein paar Jahrhunderte später das von Gresham aufgestellte Prinzip. Solche Bedeutung hat diese Entdeckung inzwischen erlangt, daß Studenten allerorts heute vom Greshamschen Gesetz sprechen, nachdem «das schlechte Geld das gute verdrängt». Beim Nachdenken über den derben, gesunden Menschenverstand, der diesem Gesetz zugrunde liegt, behält der Leser hoffentlich im Auge, was gerade über Schuld und Verschuldung gesagt wurde. Eine Schuld, einlösbar durch die Übergabe von Geld, konnte natürlich durch die Zahlung von schlechtem Geld umgangen werden. Um solche Machenschaften – *escroquerie* heißt so etwas auf französisch – auszuschließen, wiesen Nationalökonomen wie Gresham sogleich darauf hin, daß nur gesundes Geld zur Bezahlung von Schulden gebraucht werden könnte. Nur auf diese Weise könne man sich seiner Verpflichtungen entledigen und somit den freien Fluß des Goldes ermöglichen.

Andererseits wurden um der Arbeitsbeschaffung willen von den Nationalökonomen des frühen 19. Jahrhunderts keine so strengen Regeln gefordert. Arbeit und Handel wurden scharf auseinandergehalten, obwohl schon damals denen, die sich mit dem Thema ernsthaft befaßt hätten, klarwar, daß, wie man das Ding auch dreht, die unvermeidliche Verbindung immer vorhanden ist, nämlich die *Schuld*. Dies ist einer der Gründe, weshalb unter dem Einfluß des Marxschen Diureticums Schuld nicht mehr als permanentes Element im ökonomischen Durcheinander betrachtet wird, sondern eher als ein Lösungsmittel sozusagen, bei der Umwandlung von Kapital in Arbeitskraft. Länder wie Deutschland und Italien neigen, insofern als sie sich weigern, das Marxsche Diureticum zu übernehmen, dazu, die Geldumlaufgeschwindigkeit zu erhöhen, damit, wie ein bedeutender holländischer Nationalökonom hervorhebt, «ihre Währungen sich an den Haaren aus dem Treibsand der Wertlosigkeit herausziehen können». Wie heilsam diese Taktik bezüglich der Verdunstung der Staatsschuld in den genannten Ländern auch sein mag, unbestritten bleibt die Tatsache, daß die Goldmentalität der Welt davon nicht berührt wird. Wo Geld immer billiger wird, steigt natürlich der Barrenpreis, damit der wachsenden Nachfrage nach mehr Geld im Umlauf nachgekommen werden kann. Dies ist die wahre Erklärung für die Tatsache, daß kurz nach Hitlers Machtübernahme die Kohlrübe und die Schwedische Rübe in Pommern so stark abfielen. Denn läßt sich auch nicht abstreiten, daß trockene Jahre stets einen ungünstigen Einfluß auf das Preisniveau gehabt haben, so fiel doch in dem fraglichen Jahr mehr Regen als in den fünf Jahren vor Hitler. Wäre dies nicht so gewesen, wüßten wir nicht, wie sich die Tatsache erklären läßt, daß während dieser fünf vorangegangenen Jahre Brauereiaktien sich so gut behaupten konnten.

Dies veranlaßt mich zu einer kurzen Abschweifung, eine Theorie betreffend, die in jüngerer Zeit infolge des wiederbelebten Interesses an der Meteorologie an Boden gewonnen hat. Professor Huerta vom Technologischen Institut Madrid traf vor etwa einem Jahr in der Albert Hall vor einem Kreis von Physikern die Feststellung, daß ein definitiver Zusammenhang zwischen der zyklischen Wiederkehr von Sonnenflecken und Finanzkrisen bestehe. Leider wurden die Bemerkungen des gelehrten Professors durch die Presse etwas entstellt. Wer den Text überflogen hat, den Professor Huerta verlas, dem ist klar, daß er das nicht im absoluten, sondern nur im bedingten Sinne meinte. Der Professor hat nicht behauptet, daß Sonnenflecken und Finanzkrisen zwei verschiedenartige, immer gleichzeitig auftretende und sich gegenseitig beeinflussende Phänomene seien, sondern daß diese beiden Phänomene bekanntermaßen ähnliche und oft parallele Zyklen aufweisen. Im Jahre 1907, als Hypotheken, Pfandbriefe und Schuldverschreibungen in den Vereinigten Staaten stark eingeschränkt waren, beobachtete man auf dem Mount Wilson-Observatorium eine ungewöhnliche Anzahl von Sonnenflecken, aber im nächsten Jahr gab es noch mehr Sonnenflecken, und doch war es mit der Depression vorbei. Was sollen wir daraus schließen?

Vor irgendwelchen Schlußfolgerungen sollten wir vielleicht kurz innehalten und einen Blick auf die größere Bewegung werfen, die das Auftreten von Krisen, Sonnenflecken, Rübenmißernte, das Erscheinen Hitlers, Mussolinis etc. umfaßt. Ich spreche von den astrologischen Kalkulationen eines jungen Kubaners, der es aus Bescheidenheit und mangelndem Selbstvertrauen vorzieht, an seiner Anonymität festzuhalten. Unter Verwendung des Jahresberichts der Finspongs Metalverks Aktiebolag ist diesem jungen Kubaner durch seine Interpretation der Pluto-Neptun-Konjunktion eine brillante Synthese aller terrestrischen Bewegungen gelungen. Als Index die Zeit von 1317 bis 1392 benutzend, eine Periode, die durch die verwirrendste Anhäufung verschiedener Phänomena (darunter Pestepidemien, Kriege, Wunder, das Wirken von Genies etc.) gekennzeichnet war, gelangte er zu einer Vorschau, die nicht nur den Zeitpunkt des nächsten Krieges, der Ermordung Hitlers, Stalins, Roosevelts und anderer prominenter Gestalten enthält, sondern auch bis auf ein achtel Zoll genau die während der nächsten zwanzig Jahre in jedem Land der Erde zu erwartende Regenmenge angibt, sowie die Fluktuation chinesischer Schuldverschreibungen, die Baisse des Kautschuks, die Qualität des Mangolds, das Auf und Ab des Kartoffelmarkts, die Entwicklung bei Schafen und anderem Vieh, die Erntemengen landwirtschaftlicher Rohprodukte, die Kohleförderung, die Vorratsmaßnahmen auf dem Ölsektor, die Engpässe bei Zinn etc. etc. Unter anderem bemerkt er, daß Greshams Gesetz, von dem wir vorhin sprachen, zweifellos Oresme und Kopernikus bekannt war. Was Gold betrifft, stellt er fest, daß weitere Forschungen auf dem Gebiet der «Halogen-Verbindungen» zu einer Umwälzung führen werden, die sich nicht nur auf die Goldmärkte der Welt, sondern auch auf das politische und religiöse Leben der Staaten des Westens auswirkt.

Es würde zu weit führen, den möglichen Wahrheitsgehalt einer Voraussage zu untersuchen, die auf der zweifellos geschickten Handhabung von vergleichenden Statistiktabellen beruht, wie sie dieser junge Kubaner vorgenommen hat. Hier sei lediglich festgehalten, daß der Wirtschaftswissenschaftler, insbesondere der Geldfachmann, gut daran tut, die Methoden führender Astrologen in Betracht zu ziehen, die gerade wegen ihrer Unvoreingenommenheit oft dem Ziel näher kommen als jene, die Vorhersagegenauigkeit zu ihrem Geschäft machen.

Und nun kommen wir zum Kern unseres Themas, der, wie der Leser schon gemerkt haben wird, *Gold* heißt. Denn es muß inzwischen klargeworden sein, daß Geld kein Besitz ist, sondern eine Idee, die sich zu Zwecken des zwischenmenschlichen Verkehrs in Symbolen konkretisiert und die Bezahlung per Stück, per Zahl oder *by tale* ermöglicht, wie es im Englischen heißt, und daß besagte Symbole keinen Wert an sich haben, sondern nur, um einen biblischen Ausdruck zu gebrauchen, die Augenscheinlichkeit dessen, das man nicht sieht. Gold weist als gediegenes Metall materielle und praktische Vorteile gegenüber allen anderen potentiellen Formen von *tale* auf, auch gegenüber Wismut, das, obschon auch gediegen, höchst volatil ist. Seit jenem Tag im Sommer des Jahres 1203 v. Chr., als die Expeditionsstreitmacht der Argonauten rücksichtslos das alluviale Gold stahl, das die geduldigen und glücklosen Armenier mit Hilfe von Schafsfellen aus dem Flußschwemmsand wuschen, beschäftigt Gold das Denken des Menschen wie kein anderes tellurisches Phänomen. Wenn wir nach einer Parallele zur Rolle des Goldes im menschlichen Leben suchen, stoßen wir, was die geradezu zwanghafte Hartnäckigkeit betrifft, allenfalls auf die ständige und ununterbrochene Beschäftigung des Menschen mit dem Nabel.

Obschon den Alten seit langem bekannt, ordnete erst gegen Ende des 19. Jahrhunderts Mendelejew das Gold mit der Zahl 79 in das periodische System der Elemente ein, Atomgewicht 197,2, Kennzeichen Au. Wir sprechen jetzt von reinem Gold, das in der Natur selten anzutreffen ist, wenn auch, wie Fachleute sagen, winzige Partikel reinen Goldes in gewöhnlichem Meerwasser zu finden sind. Diese Partikel sind jedoch so winzig, daß selbst die stärkste Linse deutschen Fabrikats sie im 50000sten Teil eines Gramm Wasser nicht ausfindig machen kann. Gold findet sich, wie andere Edelmetalle, gewöhnlich in Legierungen wie Tellur, Silber, Palladium, Wismut, Quecksilber und Rhodium. «Zahngold» ist eine der Ausnahmen von dieser Regel. Zahngold ist absolut reines Gold in gehämmertem Zustand, gemeinhin auch Blattgold genannt. Dieser äußerste Grad der Formbarkeit wird nur erreicht nach geschickter Bearbeitung mit Hammer und Daumen, wobei gewöhnlich etwa zwanzig Minuten lang ein fünfzehn Pfund schwerer Hammer zuschlagen muß. Für kommerzielle Zwecke ist Blattgold so dünn und vollkommen, wie es nur sein könnte. Aus rein wissenschaftlichen Gründen hat man jedoch Dehnbarkeitsexperimente durchgeführt, aus denen zu schließen ist, daß, falls notwendig, ein einziges Gramm Gold zu einem Faden gedehnt werden kann, der vom Ostzipfel von Labrador bis nach Lhasa in Tibet reichen würde. An der Universität Leipzig wurde außerdem demonstriert, daß Gold bis zu einer Dicke oder vielmehr Dünne von 0,0000254 geschlagen werden kann. Halten wir, von all diesen Überlegungen abgesehen, die Tatsache fest, daß Gold in Luft oder Wasser unter allen Temperaturbedingungen beständig ist. Das heißt, *reines Gold* und nicht die Legierungen, die sich unter der Bezeichnung Elektrum verbergen.

Ehe wir das Thema Legierungen verlassen, das Wiegern und Münzern von Gold seit jeher Kopfzerbrechen bereitet, wollen wir betonen, daß Gold, ohne Rücksicht auf die Verbindung, ob zusammen mit Wismut, Rhodium oder Palladium gefunden, ganz grob gesehen in zwei Kategorien eingeteilt werden kann: «Berggold» und «Waschgold». Kein Mineral deutet unfehlbar durch seine Existenz auf die Existenz von Gold hin, außer vielleicht an bestimmten Orten. Gold ist fast so allgegenwärtig wie die Luft, die wir atmen, und läßt sich nicht nur im menschlichen Körper (gewöhnlich in der Nachbarschaft der Leber), sondern auch in der Vegetation entdecken. Man hat es in den kambrischen Kohlenflözen von Wyoming genauso angetroffen wie in den Braunkohlelagern Japans. In Yucatan, wo Kalomel in reichlichen Mengen gefunden wird, ist man hier und da auf Adern des gelben Erzes gestoßen. Das Erz ist allgemein nur unter dem Vergrößerungsglas auszumachen, aber es kommt auch in gelben Spritzern in Kalgoorlie und wiederum in Kroboberg vor. Das beste Anzeichen für Gold ist nach der Ansicht aller Prospektoren ein gelbes Eisenoxid, auch als Limonit bekannt, das gewöhnlich an der Oberfläche gefunden wird, wo die Flöze verwittert sind. Allgemein können wir sagen, daß Gold gewöhnlich aus Quarzflözen gewonnen wird, die nichts anderes sind als durch die Abtragung von Flußbetten an die Oberfläche gebrachte natürliche vulkanische Adern, deshalb auch «Flußkiesel» oder «Bankette» genannt oder, so in den Distrikten von Transvaal, «Konglomerate». Um die kleineren von den größeren unterscheiden zu können, haben die Goldförderer die populären Begriffe «Goldstaub» und «Goldklumpen» geprägt. Die ergiebigsten Goldfelder waren die im alten Ägypten, wo die Sklaven in den Minen grausam mißhandelt wurden. Der Legende zufolge stammte der märchenhafte Reichtum des Krösus aus einer aufgegebenen Mine im Herzen Kleinasiens, wo jetzt der Pactolus fließt. Wir wissen durch die Untersuchung von Münzen jener Zeit, daß das Gold, das Krösus' Namen legendär machte, die gleiche physikalische Form besaß wie das Gold aus Alaska, das heißt, die oktahedrische oder rhombische dodekahedrische. Es war «alluviales» Gold, das zu jener Zeit immer mit Magnetit oder «schwarzem Eisensand» in Verbindung gebracht wurde.

Nun zeigt sich beim Gold etwas Seltsames, das zweifellos der Aufmerksamkeit der meisten entgangen ist: Wenn man ein Gramm Gold in Scheidewasser auflöst und der so entstandenen Lösung die Salpetersäure entzieht durch Verdampfung mit weiteren Mengen von Salzsäure bis nahe an den Kristallisationspunkt, entspricht die gelöste Goldverbindung der Formel H_2AuC_{15}, aber wenn man diese Lösung sich kristallisieren läßt, bilden sich bräunlichgelbe Kristalle von Goldchlorsäure, die eine starke Säurereaktion zeigen. Dies ist nur eines von vielen Beispielen, wie Gold sich verhält, wenn man es zusammenbringt mit den Halogen-Verbindungen, einer Familie von Goldchlorsäuren, deren optimale Temperatur gewöhnlich bei 175 Grad Celsius liegt. Chemisch gesehen hat Gold auch seine Bromide. Da ist das bekannte Monobromid, das entsteht, wenn man das Tribromid bis auf annähernd 200 Grad Celsius erhitzt. Die Goldbromide haben eine große Ähnlichkeit mit ihren atomischen Vettern, den Goldchloriden. Im Salzzustand sind alle diese Goldchlorbromide in freier Verbindung von beträchtlichem Nutzen bei der Bestimmung des Atomgewichts des Golds.

Es gibt zwei Arten von Gold, von denen solche Leser wissen müssen, die sich vielleicht mit dem Gedanken tragen, das kostbare Metall zu horten. Die eine, dem Laboranten unter der Bezeichnung $AuN_2H_3 : 3\ H_2O$ geläufig, war den Alchimisten des Mittelalters als «Knallgold» bekannt. Es ist ein scharzes Pulver, das entsteht, wenn man starkes Ammoniak auf eine Goldlösung einwirken läßt. Ist das Ammoniak schwach, bildet sich ein Niederschlag, der als Cassiuspurpur bekannt ist; diese Substanz ist so stark mit Zinnhydroxid gesättigt, daß sie keinen praktischen Wert hat, außer bei der Fabrikation von Rubinglas. Doch das als Knallgold bekannte schwarze Pulver ist von unschätzbarem Wert. Sollten alle anderen Materialien der Erde, die derzeit zur Fabrikation von Explosivstoffen dienen, erschöpft sein, würde das Knallgold seine Nützlichkeit in der chemischen Kriegführung erweisen. In trockenem Zustand ist es ein sehr starkes Explosivum, es detoniert entweder durch Reibung oder durch Erhitzen auf 145 Grad Celsius. Es sollte deshalb mit äußerster Vorsicht behandelt werden. In unterirdischen Gewölben über längere Zeit aufbewahrt, läuft gewöhnliches Gold, *Barrengold,* wie wir sagen, Gefahr, sich in dieses schwarze Pulver zu verwandeln wegen der Existenz von Eisen in den Schlössern und Riegeln kommerzieller Tresore. Wer seinen Goldschatz eine Zeitlang nicht mehr von Hand überprüft hat, dem sei dringend angeraten, die Barren zu befeuchten, ehe er sie herausholt. Zu diesem Zweck genügt normales Leitungswasser, wenn sich auch, wo möglich, die Wasser der diversen europäischen Badeorte empfehlen. Weihwasser ist besonders dienlich, da sich durch das häufige Darinherumfingern menschliche Elemente in ihm niederschlagen, zu denen an erster Stelle Phosphor und Kalzium gehören – und, wie jeder Chemiker weiß, bewahren Phosphor und Kalzium die Feuchtigkeit länger als irgendein anderes Element.

Die andere Art von Gold, von der zu wissen genauso wichtig ist, heißt Glanzgold, so genannt nach einem deutschen Forscher namens Glanz. Glanz wurde, seltsamerweise, etwa um die gleiche Zeit geboren wie Schliemann, der deutsche Kaufmannslehrling, der in seinem späteren Leben die Ruinen von Troja entdecken sollte. Sie wuchsen in demselben Dorf auf, das am Rande von Schleswig-Holstein gelegen war. Sein Leben lang war Glanz bestrebt, Gold in einen flüssigen Zustand zu verwandeln. Gegen Ende des Jahres 1879, nachdem er an der Belagerung von Paris teilgenommen hatte, kehrte er in sein Heimatdorf zurück mit einer Formel, die er in den Archiven der Pariser Münze gefunden hatte. Mit Hilfe dieser Formel begab er sich an seine Experimente bis zu dem Tag, an dem es ihm gelang, durch Einwirkung geringer Mengen von Wismut, Rhodium und einer der obskuren Halogen-Verbindungen auf verschiedene ätherische Öle einen Zustand herbeizuführen, der im Laborjargon als «flüssiges Gold» bezeichnet wird. Aus dem Gebrauch eines chemischen Terminus darf man nicht allzu schnell folgern, daß Glanzens Gold oder Glanzgold, wie es jetzt genannt wird, zwangsläufig ein Gold ist, das fließt. Gewiß, auf etwa 785 Grad erhitzt, kann Glanzgold mühelos von einem Gefäß in ein anderes gegossen werden. Aber die wesentliche Bedeutung des Begriffs, der Gedanke, der Glanzens Phantasie beflügelte, ist der, daß Gold geschmeidig gemacht werden kann. Denn trotz allem, was bisher über die Anpassungsfähigkeit des Goldes gesagt wurde, hat sich dieses kostbare Metall als eines der hartnäckigsten und widerspenstigsten Metalle erwiesen. Die alten Griechen bereits wurden sich dessen bewußt, als sie versuchten, ihre Graburnen mit Einlegearbeiten zu verzieren. Um einen Flüssigkeitsgrad zu erreichen, der es ihnen erlaubte, die Einlegearbeiten auf die glasierte Oberfläche der Urne aufzutragen, mußten sie das gediegene Gold mit verschiedenen Elektrumlegierungen mischen. Zum Teil aus den rein technischen Schwierigkeiten heraus, denen man bei der Kunst der Ornamentierung begegnete, wob Euripides das Goldmotiv in das Thema ‹*Elektra*›. Im Mittelalter und später in der Renaissance kehrt dieses Thema in den Moralitäten und den Mysterienspielen wieder. ‹*Pilgrim's Progress*› ist voll von Anspielungen darauf. Jedenfalls, wie sein Landsmann Schliemann verwirklichte

Glanz schon sehr früh den Traum seiner Jugend, und wahrscheinlich ist es seinem hartnäckigen und unermüdlichen Mühen zu verdanken, daß deutsches Steingut heute auf den Weltmärkten am meisten gefragt ist.

Widmen wir jetzt ein wenig Aufmerskamkeit der Goldküste selbst, jener fruchtbaren Region Britisch-Guineas, wo die Flußsände alle Gold sind, als hätte sie König Midas' Hand berührt. Die Schiffahrt, außer längs der Küste, ist fast unmöglich wegen der felsigen Vorgebirge und der großen Sandbänke in den Flußmündungen. Mächtige Atlantikwogen schlagen unablässig gegen die Küste dieses ungeheuer fruchtbaren Landstrichs. Praktisch das ganze Gebiet dieses goldträchtigen Landes wird vom Ankobra und vom Schlangenfluß durchquert. Flache Dampfbarkassen, wie man sie vom Nil kennt, schaffen es in der Regenzeit bis zum Oberlauf des Flusses, aber ein regelmäßiger Verkehr ist nicht möglich, da der Fluß mit dem Terrain immer wieder seinen Lauf ändert. Geologisch gesehen ist das Gebiet äußerst vielgestaltig. In Küstennähe findet man die großen Eruptivgesteine wie Granit, Diorit und Dolerit; ein Stück weiter die Küste hinunter trifft man kreidehaltiges Gestein an, das jetzt unter Oberflächenablagerungen fast verborgen ist. Im Westen liegen die «Bankette» oder «Konglomerate», wie man sie in Transvaal findet, in dem stark umgebildeten Gneißgestein gewöhnlich mit Schiefer und Phyllit vermischt. Dann sind da noch die alluvialen Schlemmsand- und Kiesbezirke, in denen man, zusammen mit dem allgegenwärtigen Gold und den Diamanten der Flußbette, Bauxit findet, das wunderbare grüne Erz der Tonschieferadern.

Obwohl nicht ausgesprochen ungesund für den Weißen, ist das Klima der Goldküste doch heiß und feucht. Es gibt zwei nicht genau festzulegende Regenzeiten, doch gegen Ende Dezember beginnt der trockene *Harmattan*-Wind aus der Sahara zu wehen, und das Leben an der Goldküste wird angenehm. In Accra, das seewärts liegt, fallen durchschnittlich 27 Zoll Regen pro Jahr, was nicht übermäßig viel ist, wenn man bedenkt, daß es die obere Hälfte von Portugal auf 28,5 Zoll bringt. Infolge solch ausgeglichenen, feuchten Klimas ist der größte Teil dieser höchst fruchtbaren Region mit Urwald bedeckt. Die Vegetation ist so üppig, daß auf der Suche nach dem Sonnenlicht im Wald alles fast senkrecht wächst, was im tropischen Afrika selten ist. Zu den wichtigsten Bäumen zählen die Wollbäume, vor allem der Bombax, ein schöner Hartholzbaum, der zu der gleichen Familie gehört wie Ebenholz, Mahagoni, Iroko und Camwood. Bei den halbhohen Gewächsen sind hauptsächlich die Kautschukliane und andere Schlingpflanzen zu nennen, von denen manche so dick wie Schiffstaue sind, andere dagegen, wie die Mimose und der Bambus, so zerbrechlich wie Orchideen. Westlich des Prah reicht der Wald bis an die Atlantikküste. Weiter östlich, nach Accra zu, ist die baumartig wachsende Euphorbia zu finden, während man unmittelbar westlich des Volta Wälder von Ölpalmen und Grasebenen mit Fächerpalmen antrifft. Hier und da sind kleinere Flächen gartenartigen Landes, angelegt zweifellos von den frühen englischen Siedlern, wo wilde Pflaume, Schibaum und Kolabaum sowie Baobab und Zwergdattel gedeihen. Bei den Obstbäumen sind einige wenige Papaws und Avocados sowie Ananas und Mango zu erwähnen.

Bedeutet die Flora dieses Landes dem Blumenfreund ein ständiges Entzücken, wieviel mehr noch die Fauna dem Tierfreund. Denn hier findet man wie im Garten Eden alle dem Schöpfer bekannten Tierarten. Zur Gruppe der Raubtiere gehören Leopard, Panther, Hyäne, Lemur, Schakal, Büffel, Wildschwein und der Schimpanse mit dem langen, schwarzen, seidigen Haar, den der Europäer so sehr schätzt. An Schlangen gibt es die Python, die Kobra, die Hornviper und die Puffotter, abgesehen von den zahlreichen Wasserschlangen. In den Flüssen und Lagunen sind die wilden Krokodile, die Manatis oder Seekühe, die Otter und die Flußpferde. In den gleichen Flüssen und Lagunen sieht man oft Eidechsen von brillanter Färbung, Schildkröten mit hartem wie mit weichem Panzer und Schnecken vor gargantuanischen Ausmaßen. Auch Austern findet man in Fülle – sie kleben meistens an den ins Meer hinausragenden Felsen oder an den freiliegenden Wurzeln der Mangroven. Natürlich ist auch die Insektenwelt reichlich vertreten, einschließlich Käfern, Ameisen, Glühwürmchen und Sandflöhen. Aber der Regenwurm ist eigenartigerweise sehr selten. Manche haben zur Erklärung dieses Umstands auf die Seebarbe hingewiesen, die die Flußmündungen heimsucht, wo sich der Sand in unglaublichen Mengen aufgehäuft hat. Die Vögel, obwohl so verbreitet wie der Wind, sind auch nicht sehr zahlreich und haben dem Ornithologen, der ständig auf der Suche nach dem *rara avis* ist, nichts Ungewöhnliches zu bieten. Natürlich gibt es Störche und Pelikane und Fischadler und Regenpfeifer, ab und zu auch einmal einen Kreuzschnabel oder einen Brachvogel, aber diese Exemplare aus dem gefiederten Reich trifft man auch in fast allen Regionen der gemäßigten Zone an. Sie sind sozusagen im Steinbockgürtel heimisch.

Aus dieser recht summarischen Darstellung der Topographie und der klimatischen Verhältnisse an der Goldküste läßt sich leicht ersehen, welch delikater und riskanter Aufgabe die ersten englischen Goldgräber gegenüberstanden. Und das ist noch nicht alles: da war noch das Problem der sprachlichen Verständigung mit den Einheimischen, die alle der Negerrasse angehören. Ohne die Accra, ein tüchtiges Volk, das die meisten Handwerker und Seeleute der Westküste hervorbringt, wäre das Problem vielleicht gar nicht zu überwinden gewesen. Glücklicherweise waren die Accra-Stämme, deren eigentliche Sprache das Ga ist, auch mit den Krobo- und Adangme-Dialekten vertraut, von denen die Engländer bei ihrer Invasion des Hottentottenlandes auf Cecil B. Rhodes' Spuren einen Mischmasch aufgeschnappt hatten. Die Hottentottendialekte sind wegen ihrer Schnalzlaute, die ihnen einen stark zischenden Charakter verleihen, in ganz Afrika nachweisbar. Sie liegen den meisten höherentwickelten hamitischen Sprachen zugrunde, die ihren kritischen Punkt in der marokkanischen Steppe erreichten. Wie dem auch sei, es war für die englischen Kolonisten von unschätzbarem Wert, daß sie sich mit den Accra-Völkern verständigen konnten, die im Gegensatz zu den Krobos um Kroboberg herum ein stolzer und nomadischer Menschenschlag waren, zweifellos blutsverwandt mit den Apollonia von der Elfenbeinküste. Als sie erst die Ga-Sprache beherrschten, fiel es den Engländern relativ leicht, sich in der Volkssprache verständlich zu machen, die Twi, Tshi oder auch Chi genannt wird. Diese weist eine gewisse Verwandtschaft mit verschiedenen polynesischen Ablegern auf, da sie gleich diesen zu der großen Präfix-Pränominal-Gruppe zählt, der einst die Sprache der Bewohner des verlorenen Kontinents Mu angehörte. Heute können dank den heroischen und unermüdlichen Bemühungen der Basler Missionare sowohl die Krobo- wie die Adangme-Stänne bei entsprechender Vorbildung in Ga gedruckte Bücher lesen. Im allgemeinen muß festgestellt werden, daß die Eingeborenen der Goldküste einen überraschenden Bildungseifer zeigen. Man legt besonderen Wert auf die Entwicklung des Charakters, wenn möglich, und auf die Bewahrung dessen, was an afrikanischer Kultur wertvoll ist. Zu diesem Zweck wird der Lehrkörper angewiesen, mindestens eine Volkssprache zu erlernen, vorzugsweise Guan oder Obutu. Außer Englisch lernen die Eingeborenen ihre eigenen Sprachen, nämlich Twi, Ga, Fanti, Ewe und Krobobo. Von «Busch»-Schulen hält man nicht viel, sie werden meistens geschlossen. Dagegen fördert man Schulen wie das Prince of Wales College bei Accra. Das Prince of Wales College – Baukosten 2000000 Dollar – stellt einen großen Fortschritt in der Entwicklung von Charakter und Intelligenz der Eingeborenen dar. Das für diese Einrichtung erforderliche Geld wurde großenteils von den Eingeborenen selbst beigesteuert, die bis zum Einfall der Engländer den Wert weder von Gold noch von Bildung kannten. Dank dem religiösen Unterricht, der immer das Rückgrat des Lehrplans darstellte, trifft man heute praktisch überall einen Glauben an Gott und auch an ein zukünftiges Leben an. Der Fetischismus ist fast ausgerottet – und mit ihm natürlich auch der Kannibalismus.

Mit dem üblichen gesunden Instinkt für den Weltreichbau haben sich die Engländer so wenig wie möglich in einheimische Regierungsformen eingemischt. Jedes Dorf hat seinen Vorsteher, der nach Gutdünken den Häuptling oder Omanhene, wie er in der Ewe-Sprache heißt, wählt und absetzt. In der Praxis wird der Omanhene, welcher der zeitliche Inhaber des Stammesstuhls ist, aus bestimmten vornehmen Familien ausgewählt, wie dies in Nordeuropa vor der Verkündigung des guten König Ludwig üblich war. Die Erbfolge, was den Stammesstuhl betrifft, läuft fast immer über die weibliche Linie, wie das bei den Königinnen der hanseatischen Linie zur Zeit der Wikinger der Fall war. So ist die erste Frau des Stammes, eine Persönlichkeit von bedeutendem Einfluß, als Königin-Mutter bekannt, und sie ist gewöhnlich eine Tante oder Schwägerin, oft auch nur Stiefschwester des Omanhene. Angesichts des verzweigten Tabusystems, das früher den Platz des geschriebenen Rechts einnahm, haben dic Engländer einen Straf- und Zivilkodex aufgestellt, der in den Gerichtshöfen als «Eingeborenenrecht» gesprochen wird, soweit dieses Recht mit den Grundbegriffen der Justiz vereinbar ist, von der die Eingeborenen gewöhnlich keine Kenntnis haben. Justizirrtümer sind äußerst selten, da der Omanhene eifersüchtig über die Rechte seines Volkes wacht und sich oft auf eine zweitausend Meilen weite Reise begibt, um dem englischen Gouverneur einen ganz trivialen Fall vorzutragen. Ein solcher Reisezug ist interessant zu beobachten. Der Omanhene wird immer von den weiblichen Angehörigen des Hofs begleitet, seinen Stiefschwestern und Schwägerinnen, die noch eifriger über die Sache der Gerechtigkeit wachen als der Omanhene selbst. Gewöhnlich werden sie in Sänften getragen, auf denen kreischende Papageien der verschiedensten Federfärbung hocken. Dem Papageiengekreisch gesellt sich der kakophone Lärm von Becken und Holzblasinstrumenten, wie sie die Kalabashi-Musikanten bei allen Hofzeremonien benutzen. Der Omanhene ist bis zu den Augen verschleiert, da es als Sakrileg gilt, wenn der hohe Emissär des Volkes auf solchen Reisen von den Frauen seiner Entourage erblickt werden kann. Jeden Morgen findet vor dem Zelt des Omanhene ein «Palaver» statt (ein Wort portugiesischen Ursprungs, das von den Eingeborenen noch immer gebraucht wird). Soweit zu erfahren ist, wohnt diesem Palaver kein anderer Zweck als der einer Vorbereitung auf die große Ansprache inne, die vor dem englischen Gouverneur gehalten werden muß. Es ist eine Art Redeübung, die sie, weil sie über die Jahrhunderte hinweg so oft praktiziert wurde, zu einem Ritual entwickelt hat. Und dann beginnt, wenn die lange Reise zu Ende ist und der Gouverneur sein Ohr leiht, der Omanhene mit seiner Rede.

Wer die Gelegenheit hatte, dieser Vorstellung beizuwohnen, wird sie nie vergessen. Der Omanhene ist immer ein Meister der Sprachen und Dialekte und wird in der Tat von anderen Vorstehern wegen seiner Sprachgewandtheit gewählt. Meistens beginnt er seine Rede in der Ewe-Sprache, da diese von über einer Million seiner Untertanen gesprochen wird – ein Akt der Höflichkeit also. Doch indes er fortfährt, wechselt der Omanhene rasch von einer Sprache zur anderen, gebraucht einmal Guan, dann Obutu, dann Ga, dann Krobo, fast so, als erweise er damit den einzelnen Mithäuptlingen im großen Reich der goldenen Sände seine Ehrerbietung. Manchmal erstirbt seine Stimme zu einem fast unhörbaren Flüstern, worauf er zwecks stärkerer Betonung eines Punkts auf die zischenden Schnalzlaute der Hottentotten zurückgreift; manchmal erhebt er die Stimme zu einem lauten Ruf, als ahme er die vulgären Ashanti-Stammeslaute nach, die über Tausende von Jahren hinweg sein Volk unterdrückt und in Knechtschaft gehalten hatten. Oder er legt los wie ein felsiger Katarakt und gebraucht alle

Dialekte auf einmal, so daß selbst seine Rivalen ihm nicht mehr folgen können. Seine Rede kann vierundzwanzig Stunden oder auch vierundzwanzig Tage dauern, das kommt auf die Gewichtigkeit des Falls oder vielmehr auf seine gute Stimmung an. Die Engländer, an solche Darbietungen gewöhnt, ziehen sich in regelmäßigen Vertagungsabständen zum Essen zurück. Nicht so der Omanhene. Wenn er sich überhaupt irgendwelche Nahrung zugesteht, dann die trockenen Wurzeln des Mangobaums oder gelegentlich des Baobab. Gegen Ende der Vorstellung verfällt er ins Englische, das oft ein sehr distinguiertes Oxford-Englisch ist. Das tut er weniger, um seinen Standpunkt ganz deutlich zu machen, als um seine Verachtung für eine ausländische Sprache zu zeigen. Wie der Omanhene zu solcher Beherrschung der englischen Sprache gelangt, vermag niemand zu sagen. Es ist wie die Telepathie eines jener Mysterien, die unser Interesse und unseren Respekt für die Völker vermehren, die den Dunklen Kontinent ausmachen. Stanley spielt in seinem persönliche Tagebuch auf ähnliche Anomalien an, so etwa, wenn er erwähnt, daß sie, Livingstone und er, nachdem sie sich im Herzen Afrikas getroffen hatten, beide in derselben unbekannten Sprache zu sprechen begannen. Es gibt keine Erklärung für diese Vorfälle. Wir müssen sie als Tatsachen akzeptieren, die uns vielleicht eines Tages klarwerden, wenn die Männer der Wissenschaft Zeit gefunden haben, sich mit ihnen zu beschäftigen.

Diese Abschweifung, war sie vielleicht auch nicht unnütz, mag dem Leser ein wenig trivial erschienen sein. Und doch ist heutzutage nichts wichtiger als die Kenntnis von den ernsten und greifbaren Aspekten des Goldproblems. Erst in jüngster Zeit – grob gerechnet seit der Erfindung der doppelten Buchführung – betrachtet man Gold nicht mehr als Geld*stücke*, sondern als ein abstraktes Reichtumssymbol. In der alten Zeit war ein Goldstück von soundsoviel Gramm soviel wert wie eine Kuh oder eine Ziege, je nach dem Gewicht des Goldes natürlich. Aber eine Kuh oder Ziege war niemals soundsoviel Gold wert, eine Unterscheidung, die man deutlich herausstellen muß. Der Grund für diese Unterscheidung war, daß in der alten Zeit die Menschen simpler dachten oder konkreter, wenn man so will. Selbst die Griechen, die mit Logik verseucht waren, glaubten an die *Quid-pro-quo*-Wirtschaft, die sich an den Mittelmeerküsten entwickelt hatte. Es war ihnen deshalb unmöglich, sich vorzustellen, daß eine Kuh oder Ziege soundsoviel

Geld wert sei. Die Kuh oder Ziege war soundsoviel Gramm Gold wert oder, zur Zeit des Perikles, soundso viele Silberstücke. Sogar im Mittelalter war eine Ware eine Ware, und Geld war Silber oder Gold, allen Transubstantiationstheorien zum Trotz. Gewiß, es kam häufig zu Abwertungen, vor allem während der großen Epidemien, aber man bezahlte stets in *tale*, und *tale*, das hieß immer soundsoviel Piaster oder Escudos oder Gulden, Dinare, Ticals oder Bolivars. *Tale* und *tael* wurden nie durcheinandergeworfen. Aber mit der Erfindung der doppelten Buchführung, wie schon gesagt, begann die Realität des Geldes zu schwinden, und heute ist sie fast vollkommen geschwunden.

Nun ist es denen, die mir so weit gefolgt sind, wohl hinlänglich klargeworden, daß in dieser neuen Form der ökonomischen Berechnung ein gewisser Trick steckte, mit dem selbst der abgebrühte Finanzier schwer fertig wurde. Shakespeare hat unfreundlich auf diesen neuen und beunruhigenden Faktor im ökonomischen Denken seiner Zeit reagiert. Als der Shylock als jemanden darstellte, der sein «Pfund Fleisch» haben wollte, stellte er nicht nur den venezianischen Wucherer bloß, sondern hob auch die Schwierigkeiten hervor, mit denen die Jurisprudenten jener Zeit zu kämpfen hatten, die noch den alten Denkmethoden verhaftet waren. Denn wäre Shylock einfach ein gewissenloser Wucherer gewesen, ein Beutelschneider, hätte Shakespeare nie sein Talent an ihn verschwendet. Die Aufzeichnungen aus jener Zeit berichten immer wieder von Rechtsstreitigkeiten zwischen dem bäuerlichen Mittelstand und der Klasse der Kaufleute, die damals zum großen Teil Schotten waren. Nein, dann hätte Shakespeare seinen Stoff in nächster Nähe finden können. Er hätte ihn beispielsweise in der Entscheidung gefunden, die ein Glasgower Richter etwa um die Zeit traf, als ‹*Wie es Euch gefällt*› aufgeführt wurde. Sie lautet: «Wo der Zins den Satz von 48 Prozent übersteigt, geht das Gericht, so nicht das Gegenteil bewiesen wird, davon aus, daß der geforderte Zins zu hoch und die Transaktion roh und gewissenlos ist.» Wenn die Aufzeichnungen dies auch nicht ausdrücklich erwähnen, wurde diese Gerichtsentscheidung doch im ganzen Land als eine Warnung an die Adresse der schottischen Geldverleiher ausgelegt, denen es inzwischen fast gelungen war, den ehrlichen bäuerlichen Mittelstand Englands zu strangulieren. Andere Beschlüsse englischer Gerichte jener Zeit bestätigen den chaotischen Zustand, in den die Bankwelt gestolpert war. Es herrschte zum Beispiel große Verwirrung, was den Wert und Preis von Münzen betraf. Nun ist es eine bekannte Tatsache, daß, falls das Prägen in perfekter Weise erfolgt, alle Münzen zur gleichen Zeit den Schmelzpunkt erreichen. Dadurch wird, ganz allgemein gesprochen, der *Wert* von Münzen bestimmt. Aber wie man sich leicht vorstellen kann, gibt es immer wieder Unvollkommenheiten bei den so geschmolzenen Münzen. Kein Metall auf Gottes Erde, auch wenn es zu solch abstraktem Gebrauch wie Geld bestimmt ist, kann dem Säuretest im Schmelztiegel des Münzprägers standhalten. Jedenfalls, es kam dazu, daß der Preis in der *Münzanstalt* oft nicht mit dem vom Schatzamt dekretierten Nominalwert übereinstimmte. Im Rückblick fällt einem natürlich sofort auf, daß die Frage der «Unvollkommenheiten» nichts mit Preis und Wert zu tun hatten, doch waren diese genau die ärgerlichen Probleme, die eine Zeitlang an den Grundfesten der Lombard Street rüttelten. Die Chinesen hatten natürlich schon lange vorher begriffen, daß Bezahlung in *tale* nicht das gleiche war wie *tael* selbst. Wie konnte das auch sein, wo der allgemeine Brauch verlangte, daß man die beiden Worte verschieden aussprach? Denn erfreuen sich die Chinesen auch nicht der Vorteile eines beweglichen Alphabets, wie es die westlichen Länder benutzen, so hatten die Ideogrammatiker doch gewisse Pinselstriche für *tale* und gewisse ander für *tael* vorgesehen. *Tael* bedeutete für den Chinesen immer eine Gewichtseinheit. *Tale* dagegen war etwas anderes, gewöhnlich die Begleichung einer Schuld. In jedem Fall etwas *Tragbares*. Ähnlich in Nicaragua, wo vor der Ratifizierung und Übernahme des nordamerikanischen Geldsystems der Córdoba für den Durchschnittsnicaraguaner nicht nur einen Holzschuh bedeutete – ein Gegenstand von hohem Wert angesichts der schweren Regenfälle –, sondern auch die Münze selbst, auf der der Holzschuh oder Córdoba eingeprägt war. In Rumänien hatte der Lei nie eine greifbare, konkrete Bedeutung für die Rumänen. Es war ein Wort, das sich über die alte skythische Sprache ins Rumänische eingeschlichen hatte, wahrscheinlich in einer korrumpierten Form. Heute ist er praktisch nichts wert, nicht einmal einen Lei, sozusagen.

Ist einmal die Fähigkeit, in Kühen und Ziegen oder Scheffel Weizen und Faß Bier zu denken, verlorengegangen, muß man auf den nächstkonkreten Begriff umdenken, und das ist Bargeld. Bei den Römern und Griechen bedeutete Besitz stets *verfügbares Bargeld.* Manchmal berechnete man dieses Bargeld nach Sklaven, manchmal nach Land oder Juwelen, manchmal auch alles zusammen. Aber es war immer konkret und gewöhnlich *tragbar.* Wurde ein Cäsar ins Exil geschickt, nahm er sein Bargeld mit, und hatte er genug davon, konnte er glücklich bis ans Ende seiner Tage leben. Aber wo ist heute der Cäsar, wie reich er auch sei, der sicher sein kann, daß er nicht morgen ein armer Schlucker ist? Wo ist das Bargeld, das ihm die Tage des Exils angenehm macht? Den großen Ausbeutern der Antike war das Budget unbekannt. Wenn ihnen das Geld ausging – was häufig vorkam –, überfielen sie ein Nachbarland oder ermordeten elegant ihre begünstigteren Freunde, die Geld hatten. Es war noch ziemlich einfach, den Reichtum eines anderen Landes oder einer anderen Person zu konfiszieren, weil es immer «das greifbare Quantum Bargeld» gab. Und waren Geldverleiher selten, so gab es immer noch den heiligen Tempel, dessen Zinssätze nicht übermäßig hoch waren. Sklaven zu besitzen war damals so gut wie der Besitz von Bargeld. Aber Lohnsklaven zu besitzen, wie das heute üblich ist, bedeutet praktisch nichts, außer Ärger. Der Grund ist leicht ersichtlich. Ein Lohnsklave besitzt keinen Wert *an sich.* Oft kostet er an Nahrung, Kleidung und Unterbringung mehr, als er wert ist. Er ist jedenfalls nicht sein Gewicht in Gold wert, wie man so sagt. Aber selbst, wenn er es wäre, könnten wir angesichts des Zusammenbruchs des Goldblocks seinen Wert nicht errechnen. Wir kennen weder den genauen *Preis* von Gold noch seinen genauen *Wert.* Wir wissen nur, daß eine obskure, nicht kalkulierbare Beziehung zwischen Gold und Geld besteht. Aber Gold ist kein Geld mehr – nicht einmal das Barrengold, das unsere Vorväter mit solcher Mühe anhäuften. Und das ist ein Jammer, denn Gold ist in der Lage, die Phantasie stärker anzuregen als irgendein anderes dem Menschen bekanntes Symbol.

Es gibt heutzutage Leute, die unter dem Druck der suasorischen Logik des marxistischen Diureticums zu glauben vorgeben, daß Geld eines Tages völlig aus dem Bewußtsein des Menschen geschwunden sein wird. Viele dieser Leute, das ist offenkundig, haben noch nie Geld besessen und haben deshalb auch keine Vorstellung von der großen sinnlichen Befriedigung, die das bloße Handhaben von Geld bedeutet, selbst wenn es einem nicht gehört. Wie sonst wären der Angestellte im Kontor, die Voreingenommenheit der Chinesen für die Ladenkasse, der Geizhals oder der große Finanzier zu erklären, der kaum jemals eigenes Geld handhabt, sondern immer das anderer Leute? Geld in der Tasche zu haben ist eine der kleinen, aber unschätzbaren Freuden des Lebens. Geld auf der Bank zu haben ist nicht genau dasselbe, aber Geld von der Bank zu holen ist unbestreitbar ein großes Vergnügen. Die Freude liegt im Handhaben, nicht notwendigerweise im Ausgeben, wie uns einige Wirtschaftler glauben machen wollen. Es ist in der Tat sehr wohl möglich, daß die Münze oder das Bargeld auftauchte, um dieses sehr menschliche Bedürfnis zu befriedigen, denn mochte es einem Menschen, bei einiger Geduld, auch gelingen, all seine Besitztümer zu umarmen – gerechnet in Sklaven, Vieh, Juwelen, Weizen, Hopfen etc. –, so steht doch außer Frage, daß das Befühlen des eigenen Gelds oder der eigenen Geldsäcke viel bequemer und sogar vergnüglicher ist. Denn mit der Erfindung des Bargelds entdeckte man auch sofort, daß Geld wiederum Geld *macht*. Dies ist ein gesundes Prinzip und basiert auf einer Idee, die gänzlich verschieden ist von der jenes verstorbenen deutschen Professors, der das Geheimnis der Weltwirtschaft zu erklären versuchte, indem er sagte: «In Geld denken gebiert Geld.» In Geld denken gebiert nichts als Verwirrung. Das Handhaben von Geld ist es, das Reichtum hervorbringt und deshalb *mehr* Geld. Eine solch simple Wahrheit war es, die Christus, obwohl er kein Finanzier war, aussprach, als er sagte: «Dem wer da hat, dem wird gegeben werden; wer aber nichts hat, dem wird auch, was er hat, genommen werden.» Wie klar und unmißverständlich ist diese Sprache verglichen mit dem Kauderwelsch der Börsianer! Natürlich sprechen die Männer der Börse, die großen Welthändler, von Preisen. Aber was sind *Preise?* Ein Preis ist eine Ware, ausgedrückt in Gold oder einem anderen Metall, das von der Öffentlichkeit akzeptiert wird, ohne daß es an Ort und Stelle gewogen werden muß. Ein Preis hat nur insoweit einen Wert, als mobiles Bargeld zu seinem Ausgleich hinter ihm steht. Alles, was heute hinaufgehen und morgen hinuntergehen kann, hat weder Gewicht noch Substanz, noch Wert. Es ist nicht einmal Gas, denn Gas weist schließlich diese drei Kennzeichen zusammen auf. Dies beweist meines Erachtens am besten, wohin Denken in Geld führt, das der Zusammenbruch des Denkens ist oder, wie Newton es ausdrückte, ein «Vakuum in extenso».

Unsere Vorväter brauchten mehrere Jahrhunderte, bis sie erkannten, daß bloßes Gewicht keinen Wert schafft. Denn eine Münze, wohlgemerkt, kann nur zu einem Geldstück werden, wenn sie ohne Wiegen akzeptiert wird. Natürlich müßte sie – und muß sie auch – vorher gewogen werden, sonst wäre sie trügerisch und unecht. Jedenfalls, erst mit der Erfindung der Waage nahm das Gewicht den Platz einer besonderen Form ein wie der Glocken, Messer, Schlüssel und Röcke der alten chinesischen Währung oder der Dreibeine, Äxte und Becken der Zeit Homers. Zu den Vorteilen der gewogenen Münze zählte, für die Römer zumindest, die Abschaffung von Strafen in Vieh, eine Praxis, die sich bis ins 5. Jahrhundert v. Chr. hielt. Das Ende dieser primitiven Methode oder Bußezahlung ließ das Wort *pekuniär* hochkommen, das sich immer mit *Schwierigkeiten* verbindet. (Das lateinische Wort *pecunia*, das *Geld* bedeutet, kam von dem älteren Wort *pecus*, das heißt ein Stück Vieh.) Jedenfalls, alle diese Völker, die die großen Kulturen der Vergangenheit ausmachen, hatten einen wirklichen Sinn für Geld, ob in Kühen oder Ziegen ausgedrückt, in Scheffeln von Weizen, Hopfen oder Gerste, in menschlichen Sklaven, kleinen Schmuckstücken oder barer Münze. Es gab keine negativen Zahlen, die auf Debetposten hinwiesen. Der Reichtum eines Volkes oder eines einzelnen Menschen berechnete sich nach Geld und war in Geld oder seinen Äquivalenten ausgedrückt. Es gab Schulden, aber keine Debetposten! Die Menschen dachten positiv und konkret, was im übrigen ihre Sorgen nicht verringerte. Heute dagegen gibt es Menschen und Staaten, deren ungeheurer Reichtum sich nur negativ ausdrücken läßt, in Debetposten. Das sind die Leute, die an Geld denken, was es dazu macht und wie es dazu wird. Sie leben in einer Atmosphäre des ständigen Bankrotts und gedeihen dabei wohl. In den Lehrbüchern steht ein Axiom, das dieses Paradox erklärt. Es ist bekannt als das Gesetz vom abnehmenden Ertrag und lautet so: «Je ärmer ein Mensch, desto größer seine Steuerlast.» Denn wie schon Konfuzius feststellte, sind es die Armen, die die Reichen hervorbringen und nicht umgekehrt. Wenn wir nicht eine stets zunehmende Zahl von «freien Armen» haben können, werden wir zum alten Denkmodus zurückkehren müssen, der, wie wir schon sagten, der Idee von einem «mobilen Quantum verfügbaren Bargelds» entsprach. Es deutet in der Tat einiges darauf hin, daß unsere Enkel den Tag noch erleben werden, an dem das massiv-goldene «Talent» der ‹*Ilias*› wieder eingeführt wird. Denn niemals in der numismatischen Geschichte dieses Edelmetalls haben wir eine solche Hingabe vor dem Altar des Goldes erlebt. Gleich den alten Nibelungen vergraben wir das Zeug wieder im Schoß der Erde, bedecken es mit künstlichen Seen, legen zahllose Lager von Pemmikan, Munition und Explosivstoffen an, um es zu verteidigen. Doch inzwischen geht dieses selbe Gold hin und her vom einen Land zum anderen, fast so, wie das Kommunionsbrot in der Kirche herumgeht. Trotz Deflation, Entwertung, Entlarvung scheint seine Wirksamkeit nicht völlig verloren zu sein. Gold ist Gold, und solange es Menschen gibt, wird es nie genug davon geben. Es ist das angenehmste Ding auf der Welt, das man handhaben kann, und gleichzeitig Quell unserer köstlichsten Träumereien. Warum also sollten wir auf es verzichten? *Können wir auf es verzichten?*

Wenn wir auf die Geschichte des Geldes zurückblicken, fällt uns sogleich auf, daß Gold die große Währung Asiens war. Ich denke jetzt nicht an das «weiße Gold» der Griechen, sondern an das hellgelbe Gold, das Krösus in Lydien aus der Erde förderte. Ich denke an das «Talent» der Zeit Homers, an die Dinare der ersten Kalifen. Was für ein Unterschied, wenn man da an das Aluminium unserer Nachkriegswährung denkt, an den billigen, trügerischen Fünf-Cent-Nickel der Vereinigten Staaten, dessen Kaufkraft sich nicht einmal mehr nach Zigarren berechnen läßt. Was für ein Unterschied zwischen der goldhaltigen asiatischen Währung und dem schmutzigen eisernen Geld der Spartaner oder den grobschlächtigen Bleischeiben der Drawiden und Malayen! Silber gab es natürlich, da es immer in dem Gemisch Elektrum gefunden wird. Das ganze große 5. Jahrhundert hindurch gab es die berühmte Frei-Silber-Währung des Cyzicus, des Vorgängers von William Jenkins Bryan. Aber Cyzicus war so klug, das Ding beim rechten Namen zu nennen. Er nannte die Währung seines Königreichs *Elektrum*, und er achtete darauf, daß seine Münzen in ganz bestimmten Mengen Gold und Silber enthielten. Es war kein «Frei-Silber», sondern eine himmlische Ehe zwischen den beiden Edelmetallen, und deshalb wird der Name des Cyzicus bis auf den heutigen Tag von seinem Volk in Ehren gehalten . . . Nach einiger Zeit machte das Silber das Rennen. Es wurde zur ausschließlichen Währung der Parther und insgesamt, so könnten wir sagen, auch die der Sassaniden. Etwas später kamen Bronze und Kupfer in Mode, aber es wurde, wenn wir von den Chinesen absehen, meistens nur für Klein- oder Wechselgeld benutzt. Der französische Sou ist eine Ausnahme von der Regel, da nicht nur seine Zusammensetzung zweifelhaft ist, sondern auch niemand, nicht einmal ein Franzose, ihn wechseln kann. Sein Ursprung erinnert an den des Obeliskos der Zeit Homers. Der Obolus, wie er jetzt genannt wird, war ein Stückchen Eisen von so geringem Wert, daß die schlauen Griechen ihn nur als Almosen ausgaben. Ein weiteres Beispiel dieser Art von Geld haben wir zu biblischen Zeiten in dem «Scherflein der Witwe». Es ist die weltweit von knickrigen Leuten benutzte Art von Geld und die allerletzte Heuchelei von Großzügigkeit.

Münzen hatten immer eine Art Inschrift, manche ein Abbild aus der Tier- oder Pflanzenwelt. Der jüdische Sekel zum Beispiel war immer mit einem Zweig der wilden Petersilie bedruckt, die, wegen der drei kleinen Kugeln der Petersilie, schließlich zum abstrakten Symbol des Wucherers oder Pfandleihers wurden. Die Historiker haben sich bemüht, den Ursprung dieses einmaligen Emblems dem Wappen eines jüdischen Barons aus dem Mittelalter zuzuschreiben, aber an solchen Behauptungen ist nichts Wahres. Der jüdische Sekel bekam einen Zweig der wilden Petersilie aufgeprägt, weil die Petersilie das verbreitetste Erzeugnis Judäas war, die Quelle seines frühen Reichtums. Ägypten liefert mit dem «Weizen-Dukaten» aus Cheops' Zeiten ein ähnlichen Beispiel, desgleichen Nicaragua mit dem Córdoba, der jedem vertraut war, weil jeder den Córdoba tragen mußte, wenn es regnete. Abgesehen von der menschlichen Gestalt oder Büste, die später kam, gab es noch andere Typen von Inschriften für Münzen, insbesondere die «agonistischen», so genannt, weil sie zur Erinnerung an Wettkämpfe und Festspiele geschlagen wurden. Diese Münzen kommen mit Hitler und Mussolini erneut in Mode. Der Leser mag leicht dem Irrtum verfallen, «agonistisch» sei hier im Miltonschen Sinne gebraucht – *‹Samson Agonistes›* –, aber das Wort hat in Wirklichkeit einen prosaischeren und praktischeren Ursprung. Die alten Tyrannen hatten enorme Schwierigkeiten bei der Aufbringung des Geldes für die Ausrichtung dieser großen Wettkämpfe und Spiele. Die Finanzierung der Olympischen Spiele zum Beispiel war ein Unterfangen, bei dem man schon in Agonie verfallen konnte. Mancher griechische Geldmünzer ist bei dem Versuch auf der Strecke geblieben. Schließlich kam einem der Schlaueren aus dem Kreis der Veranstalter dieses großen Spektakels die glückliche Idee, neues Geld für die Spiele herauszugeben, und so wurden die zu diesem hohen Anlaß geprägten Münzen «agonistisch» genannt. Sie zeigten stets einen Ringkämpfer oder einen Diskuswerfer – von rein arischer Abstammung. Mit der Zeit wurden sie wertlos, aber bis dahin hatten sie auch ihren Zweck erfüllt, und so beklagte sich niemand besonders. Lange Zeit hindurch wurden nur mythologische Gestalten auf den Münzen abgebildet, wie etwa Herkules oder Kastor und Pollux, die «himmlischen Zwillinge», die so tapfer für Rom stritten. Im Laufe der Zeit wurden die Darstellungen dann abstrakter, so daß man den Münzen kaum noch etwas ablesen kann außer dem Familienstolz des Geldmünzers. Die gleiche Tendenz läßt sich bei den amerikanischen Silberstücken beobachten, besonders beim Dollar und dem halben Dollar, auf denen in äußerster Naivität *«In God We Trust»* geschrieben steht. Dabei gibt es weiß Gott keine praktischer denkende, dickköpfigere Spezies auf Erden als den amerikanischen Yankee. Diese Beispiele seien nur zur Erhellung der natürlichen Evolution angeführt, der die Ästhetik der Numismatik unterliegt.

Die Geschichte der römischen Währungs- und Münztaktik ist die interessanteste von allen, und zwar wegen der ausgefallenen Ideen der verrückten Cäsaren. Die Antoniniani des schändlichen 3. Jahrhunderts sagen alles. Sie waren so sehr entwertet worden, daß selbst die solide Kupfermünze, die Hauptstütze des armen Freigelassenen, in den Hintergrund trat. Erst etwa ein Jahrhundert vor dem Zusammenbruch des Römischen Reiches stellte Aurelian, der *restitutor gentis* und *pacator orbis*, die römische Währung wieder auf die Beine. Es war damals natürlich zu spät, da das Imperium schon dem Abgrund entgegenschlitterte. Das große Problem für die Römer bestand darin, eine Münze zu prägen, die sich in soundso viele Asse unterteilen ließ. Unter Augustus versuchte man, aus dem Dilemma herauszukommen, indem man das kupferne «As» schlug, welches einem Quadrans des messingnen Sesterz entsprach. Der Denar, die Hauptmünze des Reichs, entsprach zehn Assen, und ihre Hälfte, der Quinar, fünf Assen. Die nächst niedere Münze war der messingne Sesterz, der als der vierte Teil des Quinar soviel wie eineinviertel As wert war. Schließlich kam das kupferne As, das, dem Viertel eines Sesterz entsprechend, deshalb weniger wert war als ein Esel und infolgedessen als Wechsel- oder

Taschengeld verwendet wurde. Zum Schluß wurde die Währung so kompliziert, daß die Römer klugerweise davon Abstand nahmen, Geld mit Eseln gleichzusetzen. In der Anarchie des 3. Jahrhunderts geriet, wie ich schon andeutete, das kleine kupferne «As» gänzlich in den Hintergrund und ging schließlich über in den berühmten Besant des byzantinischen Reiches. Unter den Cäsaren waren die Lebenshaltungskosten beständig sehr hoch, und sie blieben dies auch nach dem Edikt Diokletians im Jahre 301, mit dem Höchstpreise festgesetzt werden sollten. Die traurige Erfahrung der römischen Kaiser lehrt uns zumindest eines – es gibt keinen *Höchst*preis für eine Ware. Sie offenbart auch noch einen anderen Aspekt des Wirtschaftslebens – wenn die Cäsaren auftauchen, geht das Geld vor die Hunde. Denn die Cäsaren sind in dieser Beziehung ganz wie die Russen: sie verstehen überhaupt nichts von Geld. Sie spielen gern Gott und geben sich in ihrer simplen, launischen Art dem Glauben hin, alles könne durch Fiats, Ukasse oder Edikte geregelt werden. Menschen mag man auf diese Weise unter Kontrolle halten, aber niemals Geld. Geld gehorcht seinen eigenen Gesetzen, die, wenn sie nicht göttlich sind, sich doch der menschlichen Kontrolle entziehen.

In Europa dauerte es mit einer bemerkenswerten Münzprägung bis zur Zeit des großen Schwaben Konrads III. Das Mittelalter hindurch war fast alles Gold Europas in den Händen der Alchimisten, was zur Folge hatte, daß Silber als Währung dem Gold den Rang ablief. Eine Zeitlang war Gold so selten, daß es «anonym» wurde. Im Frankenreich schaffte Pippin der Kurze durch ein Edikt die Goldmünze ab. Ludwig der Fromme war also der letzte Karolinger, der Goldmünzen schlagen ließ. Als die Päpste unter Urban V. ihre eigenen Münzen zu prägen begannen, war die Verwirrung vollkommen. Die Könige, die zu bloßen Marionetten der Feudalherren degradiert worden waren, konnten schließlich keine Münzen in ihrem eigenen Namen mehr herausgeben, und so kam es, daß die Grafen von Schlick, die allesamt Schwaben waren, die Idee des Silbertalers hatten, aus dem schließlich die sehr geschätzten Kronen, Ecus und Scudos Mitteleuropas hervorgingen. Mit Friedrich II. wurde die Goldmünzerei der Fatimiden wieder eingeführt; die Münzen trugen eine lateinische Inschrift und waren als Dukaten bekannt. Die eine Seite zeigte die Büste des Augustus, die andere den deutschen Kaiseradler, den später die Hohenzollern übernahmen. Florenz und Venedig schlugen weiter ihre eigenen Münzen, den Florin und die Zechine – der Florin zeigte Christus stehend, die Zechine sitzend. Ab und zu wurde auch die Heilige Jungfrau dargestellt, auf der in der Offenbarung erwähnten fünften Mauer der Stadt Gottes stehend. Von der Zeit von Ludwig dem Kind bis zu Maria Theresia gab es keine erwähnenswerte Standardwährung, wenn wir von der der Bans von Bosnien absehen, die etwa ein Jahrhundert lang regierten. Es gab natürlich die phänomenalen christlichen Zahlungsmittel der Balkanstaaten – von großem morphologischem Interesse, aber von geringem Wert für die Staatskasse. Erich von Pommern ist vielleicht eine Ausnahme; nachdem er Norwegen und Dänemark vereinigt hatte, machte er sich daran, die Währung Skandinaviens zu reformieren. Spuren seines großen Einflusses sind noch immer in den kleinen Zinnpfennigen zu entdecken, von denen Europa einst überflutet wurde. Betrachtet man sie unter dem Mikroskop, kann man noch immer die Buchstaben des Runenalphabets erkennen, die für die Inschrift benutzt wurden. In Marokko gab es eine äußerst heruntergekommene Währung, die erst im letzten Jahrhundert durch die Münzanstalten von Berlin und Birmingham aufgebessert wurde. Unter den Moguln gab Indien eine Serie allerschönster Sternzeichenmünzen heraus, bei deren Entwurf die Frau eines der Großmoguln Patin gestanden haben soll. Verse aus dem Rubaijat bildeten oft eine erstaunliche epigraphische Verzierung dieser Münzen.

China hatte natürlich auch beim Geld seine eigenen Vorstellungen. Acht Jahrhunderte lang hielt es an dem Fünf-Chu-Stück fest, das ursprünglich vom Kaiser Wu Ti geprägt worden war. Dann folgte ein Rückfall in die archaischere Form der *Pu*-und-Messer-Währung, die ein skandalöses Ende dadurch erreichte, daß die Regierung kühn ihre eigenen Fälscher auf sie losließ. Etwa vom 9. Jahrhundert an wurde fast ausschließlich Papiergeld benutzt – das erste auf der Welt überhaupt. Marco Polo, der vom mongolischen Kaiser Kublai Khan persönlich durch die große Münze geführt wurde, beschreibt es ausführlich. Doch über zwei Jahrtausende hielt sich das berühmte «Kupfergeld» Chinas, ein Rekord, an den keine andere Währung der Welt heranreicht. Schließlich wurde das «Kupfergeld» selbst für ein so friedliches Volk wie die Chinesen zu monoton, und so erfand Kaiser Wen Teh die Bleimünze in der Form eines Boots, in dessen Boden er ein Fingernagelzeichen einkratzte. Seit dieser Zeit – etwa seit der Mitte des 12. Jahrhunderts – lassen sich die Chinesen eifrig lange Fingernägel wachsen.

Bevor wir das faszinierende Thema der Münzprägung verlassen, halte ich einen Blick auf die bizarreren Währungen der Welt für angebracht. Eine der ungewöhnlichsten ist zweifellos der Silbertikal von Thailand, der die Form eines Brotkügelchens hatte. Diese morphologische Schrulle verdankt angeblich ihre Existenz der Freude eines der noch kindlichen Kaiser daran, den Armen Geld hinzuwerfen. Als dieser Kaiser dann volljährig wurde, zermarterte er sich das unterbemittelte Hirn mit der Frage, wie er die Rauferei noch in die Länge ziehen könnte, die jedesmal entstand, wenn er sich, seine königliche Freigebigkeit erweisend, in der Öffentlichkeit zeigte. Da kam eines Tages eine Gruppe chinesischer Gaukler an seinen Hof, und einer von ihnen, der etwas für den leicht beschränkten Kaiser übrig hatte, brachte diesen auf die Idee des Tikal, die auch sofort aufgegriffen wurde. Wenn wir weiter hinuntergehen durch die malayischen Staaten, finden wir andere Anomalien, wie etwa das Speer- und Kanu-Geld der räuberischen Naga, das Weidenblattgeld der Shan-Stämme, die exotischen Schneckenhäuser der burmesischen Eingeborenen und so weiter. Und dann kommt schließlich das komischste Geld überhaupt, das «Hut-Geld» von Pahang. Die Münze, der Form des Pahang-Huts nachgebildet, ist ein ausgehöhltes Viereck, übersät mit abgestumpften Pyramiden. Es ist die einzige den Numismatikern bekannte atavistische Münze. Ganz zweifellos verdankt sie ihren Ursprung dem berühmten «Weizen-Dukaten» der ägyptischen Fellachen, die, nachdem sie sich gegen den grausamen Cheops erhoben hatten, darauf bestanden, das Stigma ihrer Erniedrigung zu verewigen, indem sie die verhaßten Pyramiden auf ihre «Weizen-Dukaten» prägten. Wie die Leute von Pahang dazu kamen, dieses stigmatische Sinnbild zu benutzen, ist eine noch offene Frage, da Jahrhunderte zuvor jede Verbindung mit Ägypten abgerissen war. Es wird jedoch gesagt, einer der Kaiser von Pahang sei, kurz bevor er Amok lief, von einem merkwürdigen Traum heimgesucht worden, in dem er sah, wie sein Volk wieder einmal grausam mißhandelt wurde, und da er sich niemanden vorstellen konnte, der seinen Untertanen solche Mißhandlung zuteil werden ließ außer ihm selbst, wurde er verrückt und lief Amok. Und so verlangten, zum Andenken an sein außergewöhnliches Wohlwollen, seine Untertanen nach einem Wiederaufleben der alten Pyramiden und brachten schließlich den Schatzkanzler dazu, ihre Dankbarkeit gegenüber dem verstorbenen Monarchen dadurch auszudrücken, daß die Pyramiden zusammen mit dem Hut von Pahang zur Form einer Münze geprägt wurden.

Begeben wir uns über den Rücken des versunkenen Atlantis hinweg, stoßen wir auf eine andere merkwürdige Münze, den Bolivar Venezuelas. Wie natürlich jeder weiß, verdankt der Bolivar seinen Namen dem Nationalhelden Patsy Bolívar. Dieser war es, der die kleinen südamerikanischen Länder vom drückenden Joch der Spanier befreite. Seit der Zeit Montezumas standen die Eingeborenen von Südamerika unter der Herrschaft der Konquistadoren. Was sie an Währungen gehabt hatten unter den sozialistischen Regimen der Inka und der Azteken, war so ziemlich ruiniert worden durch die Habgier der Spanier, die sich gleich anderen Eroberervölkern nicht für die Währung selbst interessierten, sondern nur für das Gold, das für die Herstellung der verschiedenen Stücke von *tale* benutzt wurde. Die Geschichte der spanischen Hab- und Raubgier ähnelt in vielem der Persiens unter den Sassdingsda. So gründlich wandalierten die Spanier und die Sassdingsda, daß von keiner dieser großen Dynastien eine Münze übrigblieb. Heute sehen wir auf dem kleinen Goldbolivar die Friedenstaube, die endlich die verstreuten südamerikanischen Republiken vereinigt hat. Er ist nicht größer als ein Fingernagel, aber perfekt in der Ausarbeitung und unveränderbar im Goldgehalt. Die Taube ist natürlich ganz klein, aber sie ist da und wird es weiter bleiben zu Ehren des Nationalhelden.

In unseren eigenen geliebten Staaten gab es den Wampum der Indianer, der in den Wigwams hergestellt wurde. Er ist die älteste dem Menschen bekannte Währung und der direkte Nachkomme des Muschelgeldes, das in prähistorischen Zeiten die Leute der Kjökkenmöddinger benutzten. Diese erstaunliche Tatsache kann man jederzeit nachprüfen durch einen Besuch der Ostküste Dänemarks, wo die bedeutendsten dieser prähistorischen Muschelhaufen liegen. Außer den Überresten neolithischer Herzmuscheln, Miesmuscheln und Uferschnecken, damals von «voller Ozeangröße», findet man dort dieses alte Tauschmittel in der Form der elefantenzahnähnlichen Gehäuse der Zahnschnecken. Wie groß diese Gehäuse gewesen sein müssen, läßt sich der Tatsache entnehmen, daß ihrer fünfundzwanzig aneinandergeknüpft genau einen Faden maßen, das heißt 1,83 Meter. Sie besaßen bis zum Zusammenbruch des Goldblocks einen Wert von etwa zweihundert Dollar. Bei den alten Drawiden war die Muschel gesetzliches Zahlungsmittel bis zur Mogul-Invasion, als die Abwertung einsetzte und dieses alte Muschelgeld auf etwa neununddreißighundert für eine Rupie herunterbrachte. Danach fielen die geplagten Eingeborenen auf das Gehäuse der Landschnecke zurück, die in dieser Gegend äußerst selten und dementsprechend wertvoll war.

Der Wampum der Indianer Nordamerikas bestand aus Perlen, die aus der Hartschalmuschel oder Venusmuschel gemacht waren, wie sie allgemein genannt wurde. Das war der dunkle Wampum oder das Gold der Indianer. Der weiße Wampum, der dem Kupfergeld der Chinesen entsprach, bestand aus Muscheln der Wellhornschnecke und war weniger wert. Die Indianer Virginias, etwas verwöhnt durch die saftigen zweischaligen Muscheln, die in den Schlammzonen dieser Region reichlich vorkommen, bezeichneten den weißen Wampum verächtlich als *roenoke*. Der Wampum ist eigenartigerweise die einzige uns bekannte Währung, deren Wert durch die Farbe bestimmt wurde. Dies mag darauf zurückzuführen sein, daß die Indianer gleich ihren Abkömmlingen in der südlichen Hemisphäre mit Zahlen wenig im Sinn hatten. Wir wissen durch das Knotenschnursystem der Inka, daß Zahl und *tale* für sie ein und dasselbe waren. Auch müssen sie ein sehr altes Volk gewesen sein, da die Etymologie des Wortes *tale* immer den Begriff Zahl einschließt, den die Chinesen, wiederum ein sehr altes Volk, in ihrem Wort *tael* bewahrt haben. Dies beweist, wenn wir die Frage weit genug verfolgen, daß der Mensch, auf die Dauer gesehen, immer die Bezahlung in Sachleistung, das heißt in *tale*, vorzieht. Von allen anderen Überlegungen abgesehen, bleibt die Tatsache bestehen – und dies ist eine Besonderheit in der langen und komplizierten Geschichte des Geldes –, daß unsere Indianer Geld (ihren Wampum) nicht nur als Tauschmittel, sondern auch als Alphabet gebrauchten. Dem Weißen, der seit langem Bücher kannte, erschienen die Indianer zuerst als ein analphabetisches Volk, doch später, als Männer wie William Penn und Davy Crockett und Daniel Boone kamen, die die Indianer respektierten und sich die Mühe machten, ihre Lebensweise kennenzulernen, entdeckte man, daß die Indianer lesen konnten, nur lasen sie aus Perlen statt aus

Büchern. Diese Perlensprache war höchst subtil und kompliziert. Ein Wampumgürtel, wie ihn ein stolzer Irokesen-Häuptling oft um die Taille trug, konnte genausoviel und manchmal noch mehr erzählen als die hieroglyphischen Inschriften eines Obelisken. Oft berichtete er vom Geschehen einer Schlacht, gab Zeitpunkt, Ort und die Zahl der Getöteten und Verwundeten an. Manchmal war es nur eine mythologische Geschichte, die das Leben eines dahingeschiedenen Helden in den ewigen Jagdgründen beschrieb. Auf jeden Fall war es immer auch Geld und konnte, ob es sich nun um die Beschreibung einer Schlacht oder um eine mythologische Darstellung handelte, stets gegen Nahrung oder Waffen – oder, wie später, gegen Rum – eingetauscht werden.

Wir haben aus dem Vorangegangenen ersehen, wie etwas zu Geld wird. Gehen wir jetzt der Frage auf den Grund, warum es das geworden ist, was es heute ist, nämlich eine recht traurige Angelegenheit.

Man kann den derzeitigen beklagenswerten Zustand des Geldes nur verstehen, wenn man zuvor begreift, was man unter einer Depression versteht, da die Geschichte des Geldes in unserer Zeit eine einzige Folge von Depressionen ist. Wir stellen gleich zu Anfang fest, daß der Wirtschaftler, um ein so düsteres Wort wie Depression zu vermeiden, von «Konjunkturzyklen» spricht. Das heißt, es geht mit dem Geschäft mal auf und mal ab. Manchmal sind diese zyklischen Fluktuationen, wie sie genannt werden, rhythmisch, manchmal sind sie nur quasirhythmisch. Aber auf jeden Fall will es das Gesetz, daß alles, was hinaufgeht, auch wieder herunterkommen muß. Dies ist ein so natürliches, so leicht zu erfassendes Phänomen, daß es den Schreiber dieser Zeilen stets verwundert hat, wie Menschen sich das Hirn zermartern können nach einem Mittel, diese Zyklen abzuwenden oder zu dämpfen. Das ist fast so, als könne man erwarten, das Herz werde schlagen, ohne den Unsinn von Systole und Diastole durchzumachen. Geld ist, wie wir schon sagten, so sehr Teil des Lebens wie das Leben selbst und gehorcht seinen eigenen Gesetzen.

Wenn es einem Land wohl ergeht, muß es für sein Wohlergehen mit einer Krankheit bezahlen. Ist es reich genug, um sich einen guten Arzt leisten zu können, mag es sich wieder erholen, das heißt aber nicht, daß es für immer gesund bleibt. Nein, eines Tages muß es den Weg allen Fleisches gehen. Das Geld mag weiterleben, so wie die Körperzellen nach dem Tode weiterleben, geheimnisvolle Verwandlungen durchmachen und schließlich neue Formen des Lebens hervorbringen. Aber die Geschäftsleute, so nüchtern und abgebrüht sie erscheinen mögen, scheuen sich oft, diese Tatsachen zuzugeben. Die reicheren unter ihnen neigen dazu, müßige Banksalden aufzustellen, als könnten sie ihr privates Wohlergehen verlängern, indem sie sich mit ihrem Reichtum identifizieren. Doch ebenso, wie wir wissen, daß auch im Schlaf die Zeit weitergeht und mit der Zeit die Natur ihren Lauf nimmt, sollten wir uns auch bewußt sein, daß Geld nie müßig ist, und sei es in einem Tresor eingeschlossen. Geld ist immer tätig, entweder im konstruktiven oder im destruktuven Sinn. Ist es destruktiv tätig, haben wir Depressionen. Gewöhnlich erleben wir mehr Depressionen als Prosperitäten, was nur natürlich ist, wenn wir bedenken, daß der Mensch schon immer mehr destruktiv als konstruktiv tätig war. Der Mensch möchte gern die Last seiner Schuld von sich abwälzen und das Geld zur Wurzel allen Übels stempeln, doch wie der Papst selber gesagt hat – *Geld ist nicht der Ursprung allen Übels!* Geld ist die Augenscheinlichkeit von Besitz, und Besitz ist zeitlich, vergänglich und im höchsten Maße fluktuierend. Das ist aber auch alles, was wir gegen das Geld sagen können.

Natürlich ist der Besitz ungleich verteilt. Manche behaupten, alle unsere Mißhelligkeiten rührten direkt von diesem Umstand her. Einige möchten den Besitz völlig vernichten, damit wir vorm Angesicht des Herrn alle gleich armselig dastehen. Zugunsten dieses Standpunkts ist zu sagen, daß damit zumindest unser Mitgefühl entwickelt würde, das sich zur Zeit auf einem notorisch niedrigem Niveau bewegt. Geld ist jedoch nur theoretisch mit Besitz verwandt. Gewiß, in der Theorie stimmt der Satz «Aktion und Reaktion sind gleich und entgegengesetzt», aber Geld ist mehr als eine Theorie, und Besitz, selbst wenn er nicht Geld ist, ist zumindest etwas Reales. Was wir vor allem brauchen, ist eine klare Konzeption von *Geld*.

Das Dilemma, in dem wir uns heute befinden, besteht darin, daß der Lohnempfänger, wie sehr wir seine Kaufkraft auch erhöhen, nie genug hat. Hat er genug Geld für einen Packard, will er einen Rolls-Royce haben, und hat er einen Rolls-Royce, begehrt er ein Flugzeug. Um dies oder das haben zu können, braucht man Geld. Wo soll das Geld herkommen? Ganz gewiß nicht vom Himmel.

Geld muß gemacht werden, so wie alle anderen Dinge gemacht werden. Dazu ist ein gewisses Maß von Intelligenz erforderlich, das glücklicherweise den meisten Menschen fehlt. Der Mensch bildet sich ein, er braucht Geld, mit dem er seine Wünsche befriedigen, seine Krankheiten kurieren, für sein Alter vorsorgen könnte und so weiter. Aber nichts könnte der Wahrheit ferner liegen. Denn könnte Geld tatsächlich alle diese Wunder wirken, dann wäre der glücklichste Mensch auf Erden der Millionär, was offensichtlich nicht der Fall ist. Natürlich sind die, die weder genug zu essen noch einen Platz zum Schlafen haben, genauso elend dran wie der Millionär, vielleicht sogar noch elender, obwohl sich das nicht mit Sicherheit sagen läßt. Wie immer geht es auch hier um die goldene Mitte. Der ist gewiß glücklicher, der gut gegessen und geschlafen hat und außerdem mit etwas Geld in der Tasche klimpern kann. Solche Menschen sind eine Seltenheit – aus dem einfachen Grund, weil die meisten Menschen die Weisheit einer so einfachen Wahrheit nicht zu schätzen vermögen. Der Arbeiter glaubt, er wäre besser dran, wenn er die Fabrik unter sich hätte; der Fabrikbesitzer glaubt, er wäre besser dran, wenn er ein Finanzier sein könnte; und der Finanzier *weiß*, daß er besser dran wäre, wenn er den ganzen Kram los sein und ein einfaches Leben führen könnte. Wie der Papst gesagt hat: das Geld ist *nicht* die Wurzel allen Übels! Das Übel steckt in uns, in unserer Unzufriedenheit mit den Lebensbedingungen, in der wir uns befinden.

Gibt es einen Ausweg? Nein, überhaupt keinen. Wer Geld hat, wird nachts wach liegen und an sein Geld denken – wie er es festhalten oder vermehren kann. Wer kein Geld hat, wird auch wach liegen und daran denken, wie er welches kriegen kann und was er damit machen wird, wenn er welches kriegt. Und wenn es nicht Geld wäre, was die Menschen so auf die Folter spannt, dann wäre es etwas anderes. Man hat gesagt, alle Kriege seien Wirtschaftskriege, was stimmt, und wenn aus keinem anderen Grund als dem, daß der Mensch kaum Zeit hat, an etwas anderes als an seine Lebensbedürfnisse zu denken. Anzunehmen, es werde eine Zeit kommen, da wir wirtschaftlich in Frieden und Sicherheit leben oder irgendeine andere Art von Frieden oder Sicherheit genießen, ist eine Täuschung, der sich Idealisten hingeben. Wer einen vollen Bauch und ein bequemes Bett hat, glaubt gern, daß dieser angenehme Zustand ewig fortdauert. Aber nichts dauert ewig, ob wir uns dafür einsetzen oder passiv verhalten. Ob einer nun Talent oder Reichtum besitzt, er ruft Neid und Unzufriedenheit bei denen hervor, die es nicht besitzen, und so stellt sich eine Polarität her, die dafür sorgt, daß die Menschen sich ständig in die Haare kriegen.

Gestern hatten wir den Goldstandard. Heute sind wir davon herunter. Hat die Situation sich gebessert? Nicht sichtbar. Der Irrtum sowohl von Finanziers wie anderen Leuten liegt in der Annahme, für jedes Problem gebe es eine Lösung. In der Geometrie, ja, denn sie ist ein geschlossenes und rein abstraktes System. Aber die Finanz – und insbesondere die Hochfinanz – wird mit dem Leben identifiziert – und das Leben läßt keine Lösungen zu. Wir können bestenfalls darauf hoffen, daß unser Denken abgelenkt und unsere Aktivität angeregt wird. Wenn ein Krieg ausbricht, haben die, die nicht getötet werden oder mit dem Töten beschäftigt sind, alle Hände voll zu tun, um die Kämpfenden zu ernähren, zu kleiden und zu bewaffnen. Wenn das Schlachten vorbei ist, wird ein allgemeiner Bankrott erklärt. In den alten Zeiten wurden Kriege der Beute wegen geführt. Man vergewaltigte und plünderte, das war die motivierende Idee. Jedenfalls war es die Sache wert, in den Krieg zu ziehen. Außer Tod und Verstümmelung bringt die moderne Kriegführung Bankrott, Revolution, Influenza, Läuse, Syphilis und eiserne Medaillen oder Ordensbänder von keinem eigentlichen Wert mit sich. Es gibt keine Sieger und keine Besiegten; beide Seiten sind gewöhnlich demoralisiert, weil man sie zu einer solchen Aktivität angeheizt hat, daß sie, wenn der Frieden erklärt ist, nicht mehr die Bremse ziehen können. Sie überproduzieren weiter, wie es so heißt, bis es schließlich eine Panik gibt, der stets eine schwere Depression nachfolgt. Wenn alle offenkundigen Gründe zur Erklärung der Depression erschöpft sind, steht gewöhnlich ein Wirtschaftsprofessor auf, der ohne den Schatten eines Zweifels beweist, daß die Venus oder der Uranus an allem schuld war. Inzwischen stürzen die Menschen, die von Erklärungen genug haben, ihre Regierungen und setzen neue Regierungen ein. Von der neuen Regierung heißt es immer, sie verfolge die Interessen des Volkes. Aber aus neuen Regierungen werden bald alte Regierungen, und die Menschen sitzen gewöhnlich da, wo sie vorher waren, nämlich im Graben. Oft erscheint zusammen mit einer neuen Regierung auch eine neue Währung, und dann sind alle eine Zeitlang glücklich, weil das neue Geld magische Eigenschaften besitzen soll. Und solange der Glaube Bestand hat, besitzt sie diese auch – doch der Glaube stirbt wie alles andere. Bald gibt es wieder Armut und Ungerechtigkeit und dann Krieg oder Revolution oder beides. Und dann Tod und Verstümmelung und Bankrott und Läuse und Influenza.

Geld ist eines der unlösbaren Probleme des Lebens. Theoretiker sagen einem, das sei unnötig, aber Theoretiker sind gewöhnlich Ignoranten. Oft haben sie selber nie Geld gehabt, und wenn sie welches hätten, wüßten sie nicht, was sie damit machen sollten. Das letzte, was ihnen einfallen würde, wäre, es *auszugeben*. Und doch ist gerade dies die Hauptbefriedigung, die Geld zu bieten hat. Wer immer Geld hat, der möge es in Umlauf setzen! Wenn Geld frei zirkuliert, erreicht es eine Geschwindigkeit. Wirtschaftler nennen das die «Umlaufgeschwindigkeit», womit sie meinen, daß es immer zum Ausgebenden zurückkehrt, gewöhnlich verdoppelt oder verdreifacht. Es segnet den, der da gibt, und den, der da empfängt. Dieses Prinzip des Ausgebens, das oft als «Bumerang-Prinzip» bezeichnet wird, hat die Cäsaren ausgezeichnet, und deshalb werden ihre Namen nie vergessen werden. Sie wußten als gute Psychologen, wie wichtig es ist, Geld in Zirkulation zu halten. Unser General Grant kannte die Bedeutung dieses Prinzips ebenfalls. Hat er nicht kurz vor der entscheidenden Schlacht von Antietam Präsident Lincoln angewiesen, er solle sich umtun und die Leute vom Schatzamt mehr billige Dollarscheine drucken lassen? «Besser die als überhaupt kein Geld», sagte er. Und er hatte recht, was den Sieg im Bürgerkrieg betrifft. In seinem Privatleben scheint er bei Geld eine weniger glückliche Hand gehabt zu haben. Manche behaupten sogar, er sei als armer Schlucker gestorben. Doch das tut alles nichts zur Sache, wie Shakespeare sagt. Wichtig ist, daß jeder Mensch lernt, daß Geld nicht zu verachten ist. Wenn einer das Glück hat, ein wenig Gold zu besitzen, soll er ihm selber seinen Wert beimessen. Der Wert von Gold ist nicht 36 Dollar oder was immer pro Feinunze und auch nicht die Anzahl von Eseln, mit denen es gleichgesetzt werden kann; der Wert von Gold liegt in seinem mystischen Vorhandensein, in dem Vergnügen, das es beim Handhaben auslöst. Auf Edikte, Anweisungen, Ukasse, päpstliche Bullen und Gebote zu achten ist der Gipfel des Wahnsinns. Gold sollte man im Haus haben, wo man es betrachten und befühlen kann. Wenn Gold unerlangbar ist, dann auch Geld, Geld in welcher Form immer. Denn sind erst alle Theorien der Wirtschaftler zerplatzt, ziehen sich die, die so viel Verstand hatten, ein «mobiles Quantum Bargeld» aufzubewahren, noch am besten aus der Affäre.

Lesen oder nicht lesen

Nachdem ich ‹*Die Kunst des Lesens*› geschrieben habe, ein Buch, das die Kritiker zu lang und zu ungeordnet finden, finde ich es etwas schwierig, in ein paar Worten zu sagen, was ich in einem ganzen Band nicht sagen konnte. Vielleicht ist es das beste, ich greife einige wichtige Punkte heraus, die offenbar nicht ganz verstanden wurden.

Zunächst habe ich klarzumachen versucht, daß nach sechzig Jahren wahllosen Lesens mein Verlangen jetzt dahingeht, immer weniger zu lesen. (So etwas fällt einem schwer!) Mit jeder Post kommt ein unerbetener Stoß Bücher, von denen ich die meisten nicht einmal ansehe. Wäre ich so klug gewesen, dem Beispiel meines Jugendfreundes Robert Hamilton Challacombe zu folgen, hätte ich heute wahrscheinlich noch bessere Augen, eine bessere körperliche Verfassung und einen wacheren Intellekt. Ich glaube, im ‹*Wendekreis des Steinbocks*› habe ich geschildert, wie dieser Freund mich völlig unwissentlich in der Kunst des Lesens instruierte. Bis er etwa dreißig Jahre alt war, hatte er selbst nicht mehr als drei oder vier Bücher gelesen. (Whitman, Thoreau, Emerson.) Ich bin nie wieder einem Menschen begegnet, der so viel aus einem Buch herausholen konnte, oder einem, der sich so selten auf Bücher beziehen mußte. Den letzten Tropfen Saft aus einem Buch herauszupressen, ist eine Kunst, eine fast so große wie das Schreiben selbst. Hat man sie erlernt, nützt ein Buch so viel wie hundert.

Es sind nicht die sogenannten schlechten Bücher, deren Einfluß ich beklage, sondern die mittelmäßigen. Ein schlechtes Buch kann oft auf den Leser so stimulierend wirken wie ein sogenanntes gutes Buch. Ich sage «sogenannt», weil meines Erachtens niemand behaupten kann, dieses oder jenes Buch sei gut oder schlecht – *für ihn*. Das mittelmäßige Buch dagegen, für die meisten von uns die alltägliche Nahrung, halte ich für schädlich, weil es von Automaten für Automaten produziert ist. Und die Automaten unter uns sind es, die für die Gesellschaft ein größeres Risiko darstellen als die Bösen. Wenn es unser Schicksal ist, durch eine Bombe vernichtet zu werden, dann ist es wahrscheinlich ein Schlafwandler, der auf den Knopf drückt.

In meinem Buch habe ich eines hervorgehoben, das untergegangen zu sein scheint. Ich sagte, man solle (mit dem Lesen) bei seiner Zeit anfangen, bei seinen Zeitgenossen. Unser Erziehungssystem ist weltweit auf dem Trugschluß aufgebaut, daß der junge Mensch zuerst das wissen sollte, was bis zur Gegenwart geführt hat, und dann erst richtig anfangen. Ich kann mir nichts Absurderes, Falscheres vorstellen. Kein Wunder, daß Erwachsene, sogenannte, wenig Originalität, noch weniger Phantasie und praktisch keine Flexibilität besitzen. Ein Wunder ist es nur, daß wir, wenn wir erwachsen werden, nicht schon alle verrückt sind.

Wenn ich daran denke, was es heißt, nur die Literatur des eigenen Landes zu kennen! Ganz zu schweigen davon, daß man auch etwas von Kunst, Naturwissenschaft, Religion und Philosophie mitbekommen sollte. Wie gut erinnere ich mich an den Tag, als ich das College verließ! (Ich war nur drei Monate dort, dann habe ich Schluß gemacht.) In meinem Fall war es Spensers ‹*Faerie Queene*›, die den Ausschlag gab. Wenn ich mir vorstelle, daß dieses riesige Epos noch immer auf dem College gelesen und gekannt werden muß! Erst vor kurzem bin ich wieder einmal darauf gestoßen, um mich zu vergewissern, daß ich mich nicht total geirrt hatte. Es sei mir gestattet zu gestehen, daß mir der Kram heute noch unsinniger vorkommt als mit achtzehn Jahren. Ich spreche hier, wohlgemerkt, vom «Dichter der Dichter», wie die Engländer ihn nennen. Wie armselig nimmt er sich neben Pindar aus!

Nein, ich schäme mich nicht zu wiederholen, daß ich von meinen Gefährten aus der Gosse mehr gelernt, eine bessere Vorstellung von Literatur bekommen habe als von den Pädagogen, die unsere heiligen Lehrhallen bevölkern. Die Schule hat uns nie ein offenes Forum zur Verfügung gestellt, auf dem wir hätten ungehemmt und mit Leidenschaft über die Bücher diskutieren können, die uns gefielen. Das erinnert mich nur an unser sogenanntes demokratisches Wahlsystem. Wir wählen doch die Personen, die nominiert wurden – Leute, die wohl kaum der Typ des intelligenten Menschen sind, den wir im Amt sehen möchten.

Aber vielleicht ist der Punkt, der von den Kritikern am erhabensten übersehen wurde, der nichtliterarische Charakter meiner Eskapaden ins Reich der Bücher. Die ganze Verwirrung, die die

Kritiker so irritiert, berührt den Kern dessen, was ich sagen wollte. Was nützen uns Bücher, wenn sie uns nicht zum Leben zurückführen, wenn sie uns nicht veranlassen, noch begieriger vom Quell des Lebens zu trinken? Schon die Suche nach einem Buch ist, wie mancher von uns weiß, bisweilen lohnender als die Lektüre des Buches selbst.

Was ich, ganz kurz ausgedrückt, sagen will: ein Buch dient uns, wie irgend etwas anderes, oft nur als Vorwand für das, was wir wirklich suchen. Bücher, die uns unsere Mentoren empfohlen haben, mögen, zur rechten Zeit kommend, den gewünschten Erfolg haben, aber wie kann man solch glückliche Zufälle vorhersagen? Andererseits, wenn diese Bücher – und ich denke jetzt an wirkliche Literatur, nicht an billigen Kram! – uns in die Hände geraten, ehe wir für sie bereit sind oder wenn wir übersättigt, erschöpft oder nicht in der Stimmung sind, dann kann das Ergebnis katastrophal sein. Wenn die «freie Straße» der Weg ist, auf dem man durchs Leben gehen soll, dann gilt das doch gewiß auch für das Lesen. Laßt es ein Abenteuer sein! Laßt es *geschehen*! Es werden jeden Tag genug Knöpfe gedrückt, um diese Welt immer unlebenswerter zu machen!

Was wir alle hoffen, wenn wir nach einem Buch greifen, ist doch, einem Menschen nach unserem Herzen zu begegnen, Tragödien und Freuden zu erfahren, die zu uns selbst einzuladen wir uns scheuen, Träume zu träumen, die das Leben faszinierender machen, vielleicht auch eine Philosophie zu entdecken, die uns das Leben mit seinen Prüfungen eher erfassen läßt. Lediglich zu unserem Vorrat an Wissen etwas hinzuzufügen oder unsere Kultur – was immer man darunter versteht – weiterzuentwickeln, erscheint mir sinnlos. Mir wäre es lieber, einer ließe sich, wenn er anders nicht hinzureißen ist, zum Verbrechen hinreißen, als daß er sich immer tiefer in Bücher verkröche.

Aber vielleicht ist das Großartigste, was man durch das Lesen von Büchern gewinnen kann, das Bedürfnis, mit seinem Nächsten wirklich zu sprechen. Ein Buch richtig lesen, heißt aufwachen und leben, ein ganz neues Interesse an seinen Nachbarn entwickeln, besonders denen, die uns bisher in jeder Weise fremd sind. Nie gab es eine solche Fülle von Büchern und nie gab es eine solch abgrundtiefe Gleichgültigkeit gegenüber der Not unseres Nächsten. Oder solch geringe Fähigkeit, von sich aus zu denken und zu handeln.

Insgesamt gesehen muß ich sagen, daß ich unter den Ungebildeten bessere Menschen gefunden habe – besser in jedem Sinne des Wortes – als unter den Gebildeten dieser Welt. Die monströsesten Verbrechen gegen die Menschheit und Menschlichkeit werden Tag für Tag von denen begangen, die den Vorteil der Bildung genossen haben. Wenn wir Menschen gebildeter, bücherbewußter machen, können wir kaum behaupten, daß wir sie damit auch zu besseren Bürgern machen.

Ein Buch ist nicht besser als – und gewöhnlich nicht einmal so gut wie – ein Fels, ein Baum, ein Tier der Wildnis, ein Wolkenfetzen, eine Welle oder ein Schatten an der Wand. Wir, die wir Bücher machen, sind nicht Büchern verpflichtet, sondern den Dingen, die Menschen dazu bringen, Bücher zu schreiben: Erde, Luft, Feuer und Wasser. Gäbe es keine gemeinsame Quelle, aus der Autor und Leser gleichermaßen schöpfen, gäbe es keine Bücher. Wäre das so schrecklich, eine Welt ohne Bücher? Könnten wir uns nicht noch immer unsere Freuden, unsere Entdeckungen mündlich mitteilen? Fielen wir auf die Zunge zurück, bestünde nicht die Notwendigkeit, ganze Wälder zu vernichten, die Landschaft zu zerstören, die Luft zu verschmutzen, oder Geist und Körper derer abzustumpfen, die sich bemühen, uns mit geistigem und spirituellem Futter in der Form von Büchern zu versorgen.

Lindenzweige und Verrat

(Erstes Kapitel)

«Ach, armes Vögelchen, du wirst nicht mehr fliegen!»

Wir bringen sie auf die Welt, bewundern ihre Reinheit und Unschuld und überlassen sie dann ihrem grausamen Schicksal.

Wer sind die Kinder und wer sind die Erwachsenen?

Von ihrem ersten Augenblick auf der Welt an sind sie die Opfer von Ignoranz, Aberglauben, Grausamkeit, Heuchelei, Tyrannei und Vernachlässigung. Welche Chance haben sie, sich zu verteidigen? Sind sie Engel, wird man sie kreuzigen; sind sie Individuen, werden sie verstümmelt und gequält werden. Und wenn sie schon «gekrümmt» zur Welt kommen, wo ist dann die Hand, die sie geraderichtet?

Sie sind verdammt, so wie wir, die sie auf die Welt gebracht haben, verdammt sind. Der «Wilde» hat eine Chance, wenn er in seinem Milieu bleibt. Über unzählige Jahrtausende hinweg hat er bewiesen, daß er sich anpassen, Widerstand leisten, ausdauern und ausharren kann. Wir eilen mit jedem neuen Tag weiter unserer Vernichtung entgegen. Aber müssen wir auch unsere Nachkommen morden?

Nein! Nicht! Hört auf damit! Es beginnt mit der Wiege.

Zucht. Als ob *wir* wüßten, was gut für sie ist. «Es steht ihnen nicht zu, nach dem Warum zu fragen . . .» Tu das, nimm das, iß das. *Wir wissen das schon.*

Nun, wird aus dir ein braver kleiner Junge oder ein böser kleiner Junge? Der Angeklagte weiß nicht, was er antworten soll. Er ist schon verurteilt, ehe er noch den Mund aufmachen kann.

Er wird einmal ein böser kleiner Junge werden – ist natürlicher.

Alles, was Erwachsene tun, sagen oder lehren, finde ich fragwürdig. Was haben sie denn für sich selbst ausgedacht? Womit haben sie ihre Freiheit, ihr Verständnis bewiesen, ihr Recht zum Befehlen, Urteilen, Strafen, Vereiteln?

Angesichts des Durcheinanders, das wir alle aus unserem Leben gemacht haben, wäre es angebracht, wenn wir nicht rund um die Uhr den Herrgott spielten. Wir sollten ab und zu auf eine Frage antworten: «Ich weiß es nicht. Wie denkst du denn darüber?» Wir wissen so wenig, von uns, von allem.

Erwartet das Kind eine solche Antwort auch nicht, ist es sich doch nur zu sehr bewußt, wie wenig wir wissen, wie scheinheilig und engstirnig wir sind, wie gefühllos, phantasielos, ungeduldig und unduldsam. Es weiß auch, wie feige wir sind. Es sitzt nie mit verschränkten Händen da, wenn der Oberste Gerichtshof sein mühsames, spätes Urteil fällt; es protestiert energisch, schreit die Ungerechtigkeit hinaus, die es spürt. Wofür es eins draufbekommt.

Und wenn es fragt, warum *wir* nicht etwas tun – bezüglich dieses oder jenes Übelstands –, könnt ihr ihm dann eine ehrliche Antwort geben? Könnt ihr klar und sinnvoll erklären, warum man Menschen im Gefängnis verfaulen läßt, warum sie dafür gequält werden, daß sie etwas anderes glauben, als sie sollten, warum dies und das? Könnt ihr ihm sagen, was die Zivilisation ist? Wißt ihr es? Oder gebt ihr euch damit zufrieden, ihm das zu sagen, was man schon euch gesagt hat?

Seid ihr sicher, daß die Erde sich um die Sonne dreht? Könnt ihr Bewegung definieren? Könnt ihr beschwören, daß die Zusammensetzung eines fernen Planeten diese oder jene ist? Seid ihr auch nur sicher, daß die Sonne ein Feuerball ist?

Die Leute, von denen ihr eure Antworten bekommt, sind sich nicht so unbedingt sicher. Es gibt keine absoluten Werte mehr. Wir haben Theorie und Spekulation. Und Experimente. Auch alle möglichen Beweise. Beweise! Wie ich das Wort liebe!

Doch alles ist im Fluß begriffen, alles ist bestreitbar, ständigem Beweis und Gegenbeweis unterworfen. Selbst Gott. Wo das Kind betroffen ist, darf nichts im Zweifel gelassen werden. Es muß die Antwort bekommen, und wenn wir sie ihm mit Gewalt beibringen müssen. Wenn es an die Wahrheit geht, das ist etwas anderes. Im Hinblick auf gewisse Dinge darf es die Wahrheit erst hören, wenn es sie schlucken kann. Und dann ist es schon zu spät. Es hat bereits irgendeine entstellte, desillusionierende Art von Wahrheit entdeckt, die alles verdirbt. Nicht die Wahrheit, die einen frei macht! Diese Wahrheit wird es nie erfahren – wenn es nicht aufbegehrt, eure Autorität in Frage stellt, sich von euch lossagt.

Ihr schreibt Bücher, die ihr das Kind zu lesen zwingt – Geschichte, Naturwissenschaft, Religion, Philosophie –, und in diesen Büchern lügt ihr, entstellt ihr, spiegelt ihr göttliches Allwissen vor.

Ihr sagt nie die Wahrheit über euer Land, eure Götter, eure Helden, eure Entdeckungen und Erfindungen. Ihr hättet es am liebsten, wenn das Kind glaubt, die Sonne geht im Hintern seiner Mutter auf und unter.

Alles, was außerhalb euers Gesichtskreises liegt, ist pervertiert. «Liebe deinen Nächsten!» fordert ihr, aber ihr traut eurem Nächsten nicht, achtet ihn nicht, besprecht euch nicht mit ihm, duldet sein Aderssein nicht. Wir sind, was wir sind. *Dixit.* Und was genau seid ihr, ihr Schleicher, Kriecher, Katzbuckler, Drückeberger? Hundert Prozent was? Reine *merde,* das seid ihr. Angetreten – vorwärts, marsch! Das seid *ihr.* Wo ihr auch immer kriecht oder krabbelt oder schleicht, ist eine Flagge, die euch beschützt. Oder beschützt ihr *sie*? Antwortet darauf, wenn ihr könnt.

Die Plagen, die die Ägypter heimsuchten, waren zahlreich und schlimm. Die Plagen, die *ihr* losgelassen habt, sind nicht zu zählen und nicht zu benennen. Kein Gott des Zorns hat sie über euch hereingebracht; ihr habt eure undenkbaren Geißeln alle selber erfunden. Beanspruchte der Allmächtige Jehova nur den erstgeborenen Sohn und die Tiere des Feldes, so verschont ihr niemanden und nichts, nicht einmal das Gras, nicht einmal die Luft, die wir atmen. Weh über euch, stolze Eltern, ihr macht die Erde wüst.

«Ihr habt uns nach Shamoking und Wyoming geschafft. Ihr habt dieses Land verkauft. Ich sitze wie ein Vogel auf einem Zweig. Ich blicke um mich und weiß nicht, wo ich ausruhen soll. Laßt mich herunterkommen und dieses Land mein eigen machen, auf daß ich eine Heimstatt habe für immer.»*

Was sind wir für eine Gesellschaft, wir Erwachsenen, die ständig Verträge brechen, den Unglücklichen ausbeuten, stets anderen vorschreiben, wie sie leben sollen, und es selbst nicht wissen. Jeden Tag, an dem wir unser Brot verdienen, kommen wir beschämt heim, die Arbeit unserer Hände verachtend, uns selbst schmähend als die kleinen Speichellecker, die wir sind. Während wir vorgeben, für den Unterhalt unserer Lieben zu sorgen, berauben, betrügen, quälen, verwunden, verstümmeln und töten wir unseren Nächsten. Jeder gibt den Schwarzen Peter weiter: somit ist niemand verantwortlich.

* Die Worte von Teedyuscung, Häuptling der Delawaren, bei der Vertragskonferenz in Easton, Pennsylvania 1756.

Soll das Kind stolz sein auf seinen Vater, den Generalissimo, auf dessen Befehl Tausende den Tod fanden und zahllose andere fürs Leben verkrüppelt und verstümmelt wurden? Soll das Kind stolz sein auf seinen erhabenen Vater, den Richter, der tagtäglich Männer und Frauen dazu verurteilt, ihr Leben lang im Gefängnis zu verfaulen? Soll das Kind stolz sein auf seinen Vater, den Gesetzgeber, der so viele Gesetze verabschiedet hat, daß er sich nicht einmal an ein Zehntel von ihnen erinnern kann? Soll es stolz sein auf seinen Vater, den Forscher, der seine Tage damit zubringt, auf der Suche nach magischen Heilmethoden hilflose Kreaturen zu zerschneiden? Oder der Kühe schlachtet, Schafe, Schweine, bis er Amok läuft? Kann das Kind einen Vater achten, der Bankkassierer ist, Verkäufer im Warenhaus, Arbeiter am Fließband, Versicherungsvertreter, Wahlpropagandist, FBI-Agent, Rechenmaschinenbediener, Gewerkschaftsführer, Stahl- oder Eisenmagnat? Ist dies die Arbeit der Welt? Ist es dies, was bewirkt, daß die Welt sich weiter dreht? Wie tief muß man fallen, um sein bißchen Brot zu verdienen!

Eltern verlangen vom Kind immer Respekt und Gehorsam. Sie verlangen das, aber sie wissen nicht, wie sie es durchsetzen sollen. Wie kann man diesen verkrüppelten Sklaven Respekt und Gehorsam erweisen, die da allabendlich frustriert, geschlagen, beschämt nach Hause kommen. Kein Wunder, daß sie nach der Flasche greifen oder wortlos vor dem Fernsehschirm sitzen!

«Je sais l'avenir par coeur», schrieb Paul Valéry.

Auch das Kind kennt die Zukunft auswendig. Der kleine Junge kennt die armen Wichte, die täglich jede Sünde im Kalender begehen – in seinem Namen. Bald wird er es genauso machen. Wie der Vater, so der Sohn. *Soit.* Nur wird morgen noch mehr wie gestern sein.

Armer Dad! Er hatte nie eine Chance. Einmal hätte er aufbegehren, darauf pochen können, er sei ein Mann, einmal hätte er sich vornehmen können, eher zu sterben, als solche Erniedrigung zu erdulden – aber das war, bevor er sich einen Lebenspartner nahm. Erst einmal im Geschirr, kann er nur noch den Rücken krümmen.

Vielleicht hat er geträumt, mit einem Partner zusammen hätte er moralische Unterstützung, und zu zweit könnten sie ein Problem besser angehen. Aber das war eine Illusion. Ist man erst eingespannt, ist Aufbegehren Verrat. Schon zu träumen ist Sabotage.

Mütter drängen den Brotverdiener nicht mehr, sich von seinen Ketten zu befreien. Die moderne Mutter ist ja nicht nur Mutter, sondern selber Brotverdiener. Sie denkt noch weniger an die fesselnden Ketten als Dad. Sie verlangt nach der Freiheit, ein Sklave zu sein, sie verlangt nach dem Recht, für den falschen Mann ihre Stimme abzugeben, sie will sich betrinken, wann sie Lust hat, und schlafen, mit wem es ihr Spaß macht, sie will die Kleider, den Schmuck, die hunderterlei Dinge, die ihr Mann ihr nie geben kann trotz des fabulösen Geldes, das er verdient.

So werden die Kinder ihrem Schicksal überlassen: dem Kindermädchen, dem Lehrer, der leeren Wohnung, dem Fernsehgerät, den Rowdies auf dem unbebauten Grundstück. Sie lernen schnell. Sie lernen, daß das Leben eine Besserungsanstalt ist und daß der einzige Ausweg im Ausbrechen besteht. Brich aus oder stirb. Die meisten sterben. Sie sterben lebendig: sie werden Kadaver, sepulkrale Faksimiles von Mom und Dad, zufrieden damit zu warten, bis ihre Nummer aufgerufen wird.

«Im 20. Jahrhundert», sagte Victor Hugo, «wird der Krieg tot sein, wird das Schafott tot sein, werden Grenzen, werden Dogmen tot sein; der Mensch wird leben. Er wird etwas Höheres als diese Dinge besitzen – ein großes Land, die ganze Erde, und eine große Hoffnung, den ganzen Himmel.»

War das der Ausspruch eines Visionärs? War das der Prophet, der durch den Dichter sprach? War es reiner vitaler Überschwang, der diese verrückte Verheißung inspirierte? Denn Victor Hugo war, wie jeder weiß, einer der vitalsten Menschen, die je gelebt haben.

Wem sollen wir glauben – den Visionären oder den Realisten, die nichts von Realität verstehen?

Schon der Name *Jesus* soll soviel bedeuten wie «das, was befreit ist» oder «das Wesen der Realität ist es, frei zu machen».

Und ihr werdet die Wahrheit erkennen, und die Wahrheit wird euch frei machen!

Wessen Wahrheit? Die Wahrheit, die jeder Meister der Realität proklamiert, die Wahrheit Gottes im Menschen – oder die Scheinwahrheiten des Naturwissenschaftlers, des Predigers, des Lehrers, des Gesetzgebers, des Politikers, des Staatsmanns, des Diplomaten, des Kriegers, des Geschäftsmanns, des Arbeiterführers, des Finanziers, des Zeitungsverlegers?

Wenn euer Kind euch nach der Wahrheit fragt, was setzt ihr ihm dann vor? Denkt ihr überhaupt einmal über die Wahrheit nach? Ist ein Körnchen davon noch in euch?

«Ich tue mein Bestes», höre ich euch sagen. Welch bequeme Täuschung!

Ein Kind braucht viel mehr als euer Bestes. Es braucht euch ganz, bis zum äußersten. Was erwartet ihr von ihm? Soll es einmal *euch* in Schutz nehmen, wegen eurer Unzulänglichkeiten, eures Mangels an Willen, Mut, Phantasie, wegen eurer Verwirrung, Verzweiflung, Gelangweiltheit, eurer ständigen Frustration? Oder wollt ihr *es* um Verzeihung bitten? Darum bitten von ganzem Herzen, euer Leben lang?

Es macht euch so viel Ärger, nicht wahr? Es will einfach nicht verstehen, nicht mitmachen, will die Dinge nicht nach eurer Weise sehen. Und was ist eigentlich *eure* Weise? Könnt ihr ehrlich sagen, ihr habt eine Lebensweise?

Was könnt ihr, zudem, wirklich euer eigen nennen? Das Haus, in dem ihr wohnt, die Nahrung, die ihr verschlingt, die Kleider, die ihr tragt – ihr habt weder das Haus gebaut noch die Nahrung erzeugt, noch die Kleider gemacht. Ihr habt das Geld gemacht – und wie! –, um diese Notwendigkeiten zu kaufen. Jemand anderer hat sie für euch gemacht.

Das gleiche gilt für eure Ideen. Ihr habt sie fertig bezogen. Ein anderer hat sie für euch gedacht. Ihr selbst habt ja nicht einmal die Zeit zum Denken, die Kraft oder auch nur den Wunsch.

Und ihr verlangt Gehorsam und Respekt, ihr, die ihr selber nichts seid, die ihr nie etwas von entscheidender Bedeutung tut, weder mit euren beiden Händen noch mit eurem Hirn oder eurem Herzen. Ihr wollt eine freie Welt, Freizeit zum Träumen und Schöpferisch-tätig-Sein, ein harmonisches Familienleben, Kinder, die euch lieben und verehren, und alle materiellen Bequemlichkeiten, die euer Herz begehrt, und dazu noch Frieden und Sicherheit und endlose Glückseligkeit.

Ihr könnt das nicht alles haben, und ihr wißt das auch. Aber dafür habt ihr euch festgelegt, dafür seid ihr. Aber ihr rührt nie einen Finger dafür. Und eure Kinder, die das instinktiv auch alles wollen, sie sollen nichts davon haben, wenn ihr es nicht zuvor habt. Ist es nicht so? Wenn ihr unglücklich seid, werden auch sie unglücklich sein; wenn ihr weder Liebe noch Verehrung kennt, weder Wahrheit noch Loyalität, noch Hingabe, wie sollen sie es dann kennen können? Hungert ihr nach Freiheit und Freizeit, so tun sie es. Seid ihr nicht vom selben Blut und Stoff? Wenn ihr nicht aufhören könnt, zu streiten und zu nörgeln, wie sollen sie es dann? Sprecht ihr sie voller Liebe und Verstehen, voller Toleranz und Geduld an? Tretet vor, ihr Tugendbolde, daß ich euch besser sehe! Für mich seht ihr alle gleich aus, ob ihr euch Richter, Spitzel, Priester, Zuhälter, Heilsarmeeschwester, Prostituierte oder Taschendieb nennt. Als Ehemänner und Ehefrauen, als Eltern und Erzeuger, als Prediger und Lehrer, als Arbeiter und Verbrecher, als Patrioten und Befreier, als Tyrannen und Sklaventreiber, als Kriecher und Speichellecker, als Verräter und Abartige – nichts unterscheidet euch voneinander. Ihr seid alle mit der gleichen Bürste geteert: ihr verehrt den gleichen Gott, wiederholt die gleichen Irrtümer, redet den gleichen Blödsinn, kommt mit den gleichen billigen Entschuldigungen, begeht die gleichen Dummheiten, Irrtümer, Sünden.

Wieso also sollte euer Kind anders sein? Wie könnte es *nicht* so sein wie ihr, genauso ignorant, genauso intolerant? Wo findet es die rechte Anweisung, würdige Verhaltensvorbilder? Welche Hoffnung soll es nähren, wenn ihr selber keine habt? Wer gibt ihm Mut, wenn ihr selber schon abgedankt habt?

Der Herr rette die kleinen Kinder. Sie sind da. Der Wind weht und der Regen ist kalt. Aber sie sind da und warten.*

* Aus ‹*The Night of the Hunter*› von Davis Grubl, Harper & Bros., New York 1953.

Drei neugeborene Elefanten

«Alles arbeitete auf sein Schicksal hin: die Bäume, die Pflanzen, die Haifische. Alles – nur der Schöpfer nicht!» So singt Lautréamont im dritten Gesang, in dem der Allmächtige die Rolle des Geohrfeigten übernehmen muß. Aber das war alles vor langer Zeit, wie Isidore selbst sagt, nur um rasch hinzuzufügen: «Aber ich glaube, er weiß, wo ich jetzt bin.» (Ich frage mich.) Und dann, in einer der bezeichnendsten Passagen des ganzen Werks, fährt er fort: «Er meidet meine Statt, und wir leben beide wie zwei benachbarte Monarchen, die sich einer des anderen Macht bewußt sind, einer den anderen nicht überwinden können und der nutzlosen Schlachten der Vergangenheit müde sind.»

Wie zwei benachbarte Monarchen! Oder das Ego und sein Eigen . . .

‹*Maldoror*› handelt fast ausschließlich von Gott dem Allmächtigen. Gott im Menschen, Mensch in Gott und der Teufel kommen ganz zuletzt. Aber immer Gott. Dies muß betont werden, denn sollte das Buch über Nacht ein Bestseller werden (infolge jener von Angelsachsen so begehrten Nebenprodukte wie Wollust, Grausamkeit, Laster, Haß, Rachsucht, Gewalttätigkeit, Verzweiflung, Ennui, Vergewaltigung etc.), könnte es geschehen, daß Gott in Vergessenheit gerät und man sich nur noch des wilden kleinen Isidore Ducasse alias Comte de Lautréamont erinnert. Gott hatte bei der Entstehung dieses Buchs seine Hand im Spiel, genauso wie bei der Entstehung von ‹*Une saison en enfer*›, ‹*Les fleurs du mal*› und anderer sogenannter beunruhigender Werke, die nur deshalb beunruhigend sind, weil wir nur mit Widerwillen sowohl den Schatten wie die Majestät Gottes anerkennen. Es ist höchst wichtig, dies zu betonen, weil, wenn nicht ein Wunder geschieht oder der Zufall besiegt wird, irgendein obskurer und unschuldiger Buchdrucker wie Etienne Dolet es ausbaden und aufs Schafott gehen muß.

Fast fünfundsiebzig Jahre nach Erscheinen dieses berüchtigten Werks (das übrigens kein Präzedenzfall für die hundertzwanzig Tage wurde) spricht ein eminenter amerikanischer Anwalt, begeistert über die durch Richter Woolsey (James Joyce gegen Amerika) getroffene Entscheidung, schwärmerisch von dem damals (1933, Jahr der vergessenen Wunder) den Zensoren verabreichten Körperschlag. «Die Notwendigkeit für Heuchelei und Umschreibung in der Literatur ist abgeschafft», sagt er. «Schriftsteller brauchen nicht mehr zu Euphemismen Zuflucht zu nehmen. Sie können jetzt ohne Furcht vor dem Gesetz grundlegende menschliche Funktionen beschreiben.» Genau das hat der junge Isidore getan. Er verlangte kein Pardon und gab keines. Sein Vorläufer war Jonathan Swift, und sein Haupttestamentsvollstrecker war der Marquis de Sade, der den größten Teil seines Lebens im Gefängnis verbrachte. Isidore kam mit heiler Haut davon, indem er jung starb. Später dann wurde er für André Breton und seine Gruppe das, was Rimbaud für Claudel und die unbekannte glänzende Schar in seinem Gefolge bedeutete.

Baudelaire war ein Regen von Fröschen, Rimbaud eine Nova (die noch immer flammt) und Lautréamont ein schwarzer Bote, der den Tod der Illusion und den darauf folgenden Alptraum der Impotenz ankündigte. Hätte es im ganzen 19. Jahrhundert nur diese drei düsteren Leuchtsterne gegeben, so könnte dieses Jahrhundert sich schon als eines der illustresten in der Literatur bezeichnen. Aber es gab noch andere – Blake, Nietzsche, Whitman, Kierkegaard, Dostojewskij, um nur einige wenige zu nennen. In der Mitte dieses erstaunlichen Jahrhunderts wurde eine Grenze überschritten, und danach gibt es kein Zurück mehr. Fast alle europäischen Nationen und sogar Amerika haben zu diesem *Putsch* beigetragen: es war das Jahrhundert von großen Gangstern in allen Lebenszweigen, in jedem Bereich, den himmlischen eingeschlossen.

Die drei großen Banditen waren Baudelaire, Rimbaud und Lautréamont. Und jetzt sind sie geheiligt worden. Jetzt sehen wir, daß sie verkleidete Engel waren. Fünfundsiebzig Jahre hinter der Zeit, gleich einem entgleisten Zug, der sich dennoch seinen Weg bahnt, selbst durch Pontinischen Sümpfe, Friedhöfe und die krummen Geschäfte von Finanziers hindurch, trifft Lautréamont in Amerika ein. (Er war vorher schon mindestens einmal da, wenn ich mich nicht irre, wurde aber nicht bemerkt. Geradeso wie Breton völlig unbemerkt, in die Fenster von Antiquitätenläden hineinspähend, die Third Avenue in New York entlanggeht.)

«Ich existiere weiter, wie Basalt! In der Mitte wie am Anfang des

Lebens gleichen sich Engel: wie lange ist es her, daß ich mir nicht mehr gleiche!» So klagt er im vierten Gesang, der mit den Worten einsetzt: «Ein Mensch oder ein Stein oder ein Baum ist dabei, den vierten Gesang zu beginnen.» Stimmt. Und nichts zuvor Erfundenes, nicht einmal Vergils Vierte Ekloge, läßt sich dem vergleichen. Aber das gilt auch für die anderen Gesänge. Sie gleichen nicht einmal einander: sie sind Engelslampen. Manchmal brüllen sie «wie riesige Büffelherden von der Pampa». Oder sie spritzen Sperma aus wie der Pottwal. Oder sie personifizieren sich wie «das Haar», das der Schöpfer, sehr zu seiner Verlegenheit, im Bordell zurückließ. Um richtig auf ihren Geschmack zu kommen, muß man sich diesen jungen Montevideaner vorstellen (der «wahrscheinlich an irgendeiner durch seine ungesunde und bohemehafte Lebensweise herbeigeführten respektablen bourgeoisen Krankheit starb»), wie er auf das Klavier einhieb, während er sie verfaßte. Sie sind französisch nur von der gewählten Sprache her. In allen ist etwas Aztekisches, etwas Patagonisches. Auch etwas von Feuerland, das wie ein verrenkter Zeh in dem eisigen Wasser liegt, das es einhüllt. Und vielleicht auch etwas von der Osterinsel. Nein, nicht vielleicht – ganz bestimmt.

Was ich mich frage, ist nicht, wie der Angelsachse, sondern wie der Orientale dieses Buch aufnehmen wird. Timur-Leng hätte in seinem eigenen Volk nicht die Gefühle erwecken können, die er bei den Völkern auslöste, welche er hinschlachtete. Auf ähnliche Weise ist Ramakrischna für den Westen zu einer Art «Monstrum» der Ekstase geworden. Lautréamont, ausschließlich dem eigenen Beispiel folgend, nahm den europäischen Gong (der seit Jahrhunderten das eigene Totengeläut schlug) und kickte ihn buchstäblich durch die Gegend. Das macht ihn nicht im geringsten zu Cab Calloway oder Minnie the Moocher. Es macht ihn mehr und mehr zu Lautréamont, was (für uns) unerträglich ist.

Man könnte es eine neue Bibel nennen, geschrieben auf einem neuen Sinai, ausdrücklich für «die Boa abwesender Moralität und die Monsterschlange der Idiotie». Die geheimnisvollen Brüder sind einbezogen, genauso wie die benachbarten Monarchen – und die Engelslampe. Auch können wir seine erste grausame Liebe nicht ignorieren, den Haifisch mit allen seinen Flossen. Wunderbar. Wunderbar durch und durch, und nicht wie die Tintenflecke – nur hier und da. Pluto erhebt sich, Gott und Mensch in einem einzigen

Tod verschmolzen. Und dann treten die Janitscharen des Satans auf und sein *camelot*, die Maschine. Und die unheimlichen Vögel und Tiere Nordamerikas. Und Broken Blossom und Broken Brow, gefolgt von jenem Film, an dem wir noch arbeiten, mit dem Titel ‹*Die Hinschlachtung der Unschuldigen*›.

Rimbaud war von Geburt an verdammt – er hatte nicht die geringste Chance. Doch hatte keiner vor ihm bemerkt, daß die Sonne ausgebrannt war. Jetzt, hört ihr es deutlich? – klägliches, ersticktes Stöhnen aus Schiffstrümmern. Kolossales Katzengeschrei, da die Schnecken (ihres Schläfenschmucks beraubt) mit Macht unterwegs sind. O ja, es wird noch andere entzückende kleine Werke der Phantasie geben – da ist der Mann ganz in Schwarz, Lewis Carroll, zum Beispiel –, aber das Pferd ist endgültig ausgeweidet. Haltet nicht mehr Ausschau nach trunkenen Schiffen oder einem Armageddon, wo Drachen und Adler miteinander kämpfen. Sucht nicht nach der Ente des Zweifels mit den zinnoberroten Lippen, weil wir diesen Geschmack nicht mehr mögen.

Plötzlich, als wäre unter dem Fußboden eines Boudoirs ein Vulkan ausgebrochen, gerade als Frankreich im Begriff ist, seinen ersten tödlichen Schlag einzustecken, bricht eine Leidenschaft so schwarz wie Pech hervor. Leidenschaft, sage ich, und keine lauwarme Pisse aus der schmutzigen Blase eines Druckers. Persönliche Fehden besitzen ihre Leidenschaft, auch wenn es eine Fehde nur mit dem Schöpfer ist. Isidore hatte eine Fehde, eine Leidenschaft. Er war allein. Wirklich allein, wohlgemerkt, und das in einer Welt, wo selbst ein Spaziergang, wie es ein französisches Genie lakonisch ausdrückte, Geld kostet. Es gab keine traurigere Welt als die Welt des 19. Jahrhunderts – für die, die Flügel hatten. Was tut man in solchen Zeiten? Man fliegt davon. Man entflieht. Man schwingt sich davon mit dem Albatros. Aber wohin? Das beginnen wir erst gerade zu entdecken. Flieg erst einmal, das ist die Moral des 19. Jahrhunderts. Und laß die Welt der Schnecken und Boas untergehen wie einen faulen Korken.

Gewöhnlich sprechen die Kritiker von Stil und dergleichen. Hier gibt es keinen Stil, von dem zu sprechen wäre. Das Ganze war schon außer Stil, bevor es geschrieben war. Man verstehe, bitte, daß wir es mit einem Beduinen in einer Knopffabrik zu tun haben. Wir haben, sollte wer darauf bestehen, die Ode, die Litanei, die Apostrophe, die Invektive, die Jeremiade, die Binsenweisheit, den

Reigen, den Refrain, den Revolverschuß, den Tod und die Wiederauferstehung, die Apokryphen, die Verfluchung und die Tracht Prügel, zusammen mit dem Vokabular eines Diamantschneiders, eingelegt in Malvasier – alles so glorios wie ein Sechsmaster. Da ist auch noch der Bierschaum, sogar die Laus, falls es einen juckt. Aus der Analyse dieser Ingredienzien und Paraphernalien erfahrt ihr nichts. Jemand hat sich gekreuzigt, das ist alles, worauf es ankommt. Und er hatte einen bösen Namen, schlimmer, als er sich anhört. (Aber er klingt immer wie eine Sturmglocke, ganz gleich, in welcher Sprache!) Ihr werdet auch Zärtlichkeit in diesen Gesängen finden und abgrundtiefe Demut. Und wenn ihr noch nie zum Nadir gereist seid, dann habt ihr hier Gelegenheit dazu.

Als sich Isidore nach Paris begab, ging es mit der ganzen Welt bergab. Eine wahre Schlittenfahrt, die aber im Unbewußten stattfand, sozusagen. Eine richtig fröhliche *dégringolade* war es. So fröhlich, daß manche, wie Wordsworth, Tennyson und andere Verblendete, ihre Zehen durch des Himmels reifgeschmücktes Tamburin streckten. Dann begann eine Reihe höchst unethischer Morde, die jetzt die Proportionen eines Pogroms annahmen. (Wir stehen erst auf der Schwelle . . . es kommt noch lebhafter, keine Angst.) Als der Riß sich nicht mehr verbergen ließ, fand eine Fusion statt, eine Schweißarbeit von Expertenhand, und Traum und Wirklichkeit – wie zwei Boxer in der Arena – reichten sich die Hand. Der Mann, der die zwei Reiche zersägt hatte, klappte zusammen wie ein Taschenmesser. Es war, als hätte er auf einer belebten Straße die Heilige Jungfrau in zwei Teile zersägt, einen Revolverschuß abgegeben, um die Polizei zu alarmieren, in aller Ruhe auf den nächsten Bus gewartet, um dann an irgendeinem *carrefour* in ein Fahrzeug umzusteigen, das eher nach seinem Geschmack war. Normalerweise würde ein solcher Mensch, wenn er geschnappt wird, in eine Zwangsjacke gesteckt. Nicht so Isidore. Er lebt jenseits der Ergreifung. Er schreibt jene Reklamen an den Himmel, die, rückwärts gelesen, Maldoror ergeben. Ein herrliches Aufbrüllen von reinem Haß, Bosheit und Schmähung. In ihm liegt das Aufbrüllen von Gold – reinem Gold, nicht Gleit-Gold. Und in ihm liegt auch das reine Böse, nicht das Ersatzprodukt alter Jungfern und Klerikaler. (Wie wenig echtes Böses gibt es auf der Welt! Und wieviel Gold! Und was bedeuten alle diese schwarzen Kruzifixe?)

«Jetzt sind wir mitten in der Realität, soweit es die Tarantel betrifft.»

Stil, Effekt, Absicht, alles an diesem Buch ist monströs. So ist das Bild der Göttin Kali. So ist die Mathematik, wenn man nur richtig darüber nachdächte. So sind die guten Tagen kleiner Menschen. So sind die Legenden von Heroen. Und so ist endlich und unvermeidlich der Schöpfer, von hier unten gesehen. Wäre es anders nicht zu einfach, wie ein schöner Traum, sagen wir, der plötzlich umgeschlagen ist? Und warum nicht ab und zu Monster in einer Welt, die gerammelt voll ist von Narren und Engeln? In der bösen Sprache von Maldoror – «Ich werde ihnen raten, am Penis des Verbrechens zu saugen, da ein anderer es schon getan hat.» Gewiß nicht die Sprache des Hofes, aber schließlich haben wir es auch nicht mit einem Scharlatan zu tun.

So ging in der Mitte des 19. Jahrhunderts, als gerade die Minnesänger freie Bahn zu haben schienen, eine Zeitbombe los. Es war wie ein ganz schrecklicher Furz. Sie hat auch gespritzt. Und so haben wir fast ein Jahrhundert später – wie schnell arbeitet der Fortschritt! – eine schöne malvenfarbene Ausgabe einer Höllenmaschine, die, indem sie die Embryonalhülle zersprengte, auch den Embryo in die Luft jagte. Deshalb gleichen wir uns alle so ekelhaft, auch wenn wir nicht schön oder verstümmelt sind. Deshalb sind wir lauter Luftgewehrkugeln, die das gleiche Ziel treffen und immer ins Schwarze, ins Bullauge, wie wir sagen. Der Bulle blinzelt nicht einmal. Niemand blinzelt oder zwinkert. Es ist ein wüstes Durcheinander, und das Bullauge bleibt weit offen, starrend, endlos und erbarmungslos. Was passiert ist, ist nie geschehen, weil es ein böser Traum war. Es hängt da wie eine verdorbene Speckschwarte. Es deutet zum Azimut. Zum Schluß wird es jene köstlichste aller mathematischen Figuren schaffen, die Asymptote. Und damit hättet ihr so ziemlich alles, ganz kurz gefaßt.

Anderson, der Geschichtenerzähler

Ich muß gleich zu Anfang sagen, daß ich den Menschen Sherwood Anderson kaum kenne, da ich ihm erst in seinem letzten Lebensjahr und da nur zwei-, dreimal begegnet bin. Ich hatte immer gehofft, ihn eines Tages kennenzulernen, weil ich unbedingt wissen wollte, ob er eine Geschichte auch so gut erzählen wie schreiben konnte. Meine Bewunderung für seine Erzählung wird nie aufhören. Gerade zwei Monate vor unserer zufälligen Begegnung im Foyer seines Hotels hatte ich vor einer Gruppe von griechischen Freunden auf dem Verfassungsplatz in Athen eine Stegreifrede über ihn gehalten. Ich weiß noch, wie sehr er sich freute, als ich ihn kurz nach meiner Rückkehr nach Amerika bat, einige seiner Bücher zu signieren, die ich meinen griechischen Freunden schikken wollte. Ich freute mich sogar noch mehr als er, weil das Buch, das ich am meisten schätzte – ‹*Many Marriages*› –, an den größten Geschichtenerzähler ging, dem ich je begegnet bin, George Katsimbalis aus Amaroussion, über den ich in ‹*Der Koloß von Maroussi*› geschrieben habe.

Daß ich das Glück hatte, einige bemerkenswerte Erzähler kennenzulernen, hängt, glaube ich, damit zusammen, daß ich das bin, was man den «perfekten Zuhörer» nennt. Am meisten bewundere ich, außer dem großen Katsimbalis, den Maler Hans Reichel, Blaise Cendrars und Conrad Moricand, einen Astrologen und Okkultisten in Paris. Hätte ich Anderson besser kennengelernt, ist nicht zu ermessen, an welche Stelle in der Reihe faszinierender Erzähler ich ihn eingeordnet haben würde. Aber ich erinnere mich nur an einige allzu kurze Begegnungen, und selbst die fanden in Gegenwart anderer statt.

Ich nehme an, die Bemerkung, die er bei unserer allerersten Begegnung machte, ist allen seinen Freunden vertraut. Er muß sie, das Gefühl hatte ich, mehr als einmal wiederholt haben. Es war eine Art Apologie des Sinnes, daß er eigentlich seine Stoffe anderen gestohlen habe – natürlich nicht anderen Schriftstellern, sondern einfachen, arglosen Leuten, die sich nicht bewußt waren, welch künstlerische Möglichkeiten in ihren unbeholfenen, stockenden

Geschichten versteckt waren, denen er so geduldig und ehrfurchtsvoll lauschte. Aber wie er das so feststellte, das überraschte mich, denn ich war immer der Ansicht gewesen, daß der Schriftsteller sein Material im Leben suche und nicht in seinem eigenen leeren kleinen Kopf. Aber Anderson, der das so sehr betonte, beim Sprechen ein wenig schüchtern lachend, litt entweder an einem Schuldgefühl, das absurd war, oder offenbarte sein außergewöhnliches Gefühl für Ehrlichkeit. Vielleicht hatte seine Naivität auch etwas Gekünsteltes, vielleicht wollte er die große Mühe verschleiern, die er auf das Erzählen seiner ungekünstelten Geschichten verwandte. Alle großen Geschichtenschreiber, besonders die, die eine Schwäche für die Einfachheit haben, schwitzen über ihren Manuskripten wie Sträflinge. Integrität und Achtung vor dem Metier sind nicht die einzige Erklärung für diese selbstauferlegte Plackerei. Schriftsteller dieser Art beziehen ihr Material unmittelbar aus dem Leben. Als Künstler sind sie nicht zufrieden mit den Unvollkommenheiten des Lebens, sondern suchen das Roherz zu blanken, abstrakten Quintessenzen zu verfeinern. Sie möchten gewissermaßen das Leben lebensgleicher machen. Das ist ein Dilemma, das durch reines handwerkliches Können nicht zu überwinden ist. Je besser ihre Geschichten werden, desto schlimmer für die Kunst. Kunst und Leben sind getrennt voneinander, und die einzige Verbindung zwischen ihnen ist der Künstler, der, indes er sich immer mehr offenbart, jene Vereinigung der beiden verwirklicht, die gänzlich eine Sache der Schöpfung ist. Gänzlich eine Frage des Muts, möchte ich sagen, denn was ist Schöpfung, wenn nicht offenbarte Imagination? Die Skrupulosität und Gewissenhaftigkeit des Vereinfachers ist ein Zeichen von Angst. Die Art oder der Inhalt der Geschichte ist nichts; wie man an sie herangeht, sie handhabt, ist alles. Saroyan ist heute unser wagemutigster Erzähler, und doch habe ich das Gefühl, daß er ängstlich ist. Ängstlich, meine ich, an seinen eigenen Kriterien gemessen. Seine Entwicklung geht nicht in die Richtung, die wir uns vorgestellt hatten. Er hat am Anfang eine große Hürde genommen, aber er weigert sich, über weitere zu setzen. Er läuft weiter, und sein Schritt ist gefällig und leicht, aber wir hatten ihn uns als Gemse vorgestellt, nicht als Jährling.

Die besten Erzähler, die ich kennengelernt habe, sind die, die ihre Geschichten mündlich erzählen. Mir ist der Mensch, der geborene Geschichtenschreiber, lieber als der Geschichtenschreiber. Ich glaube, wenn ich dies sage, zolle ich diesen Menschen einen größeren Tribut, als wenn es andersherum wäre. Um ihre volle Wirkung zu erreichen, muß eine Geschichte laut erzählt werden; zu ihr gehören die Gesten, die Pausen, das Stocken und Neuanfangen, das Verknoten und Entknoten, das Verwirren und Entwirren. Es sollte ein gewisses Maß von Befangenheit und Verlegenheit dabei sein, gefolgt von völliger Selbstvergessenheit, von Ekstase und Sichgehenlassen und Delirium. Eine Geschichte sollte in die Luft geschrieben werden, den vier Winden überantwortet, und vergessen werden, sobald sie erzählt ist. In sich ist sie nichts – ein Schöpfungsakt, wie sie ständig zu Millionen stattfinden. Das einzig Wichtige an einer Geschichte ist, daß jemandem danach zumute war, sie zu erzählen. Sie zwischen Einbanddeckeln aufzubewahren und zu untersuchen, als wäre sie ein totes Insekt, sie nachahmen oder ausstechen oder übertreffen zu wollen, ist toter Gang und tötet die Schöpfung. Der Geschichtenerzähler ist ein Schauspieler, der den Sinn des Lebens bereichert und erhöht. Der Schreiber von Kurzgeschichten ist meistens eine Plage. Tut er es nicht, um eine Frau und ein Kind vorm Verhungern zu bewahren, dann tut er es, weil er mit seinen ursprünglichen Zielen gescheitert ist, welches sie auch immer waren. Die Kurzgeschichtenschreiber gehen in der Regel nicht freudig, unbekümmert, trotzig ans Werk, sondern murrend, widerwillig, unter höchst törichter Gewissenhaftigkeit, das eine Auge auf die Uhr, das andere auf den imaginären und oft unsichtbaren Honorarscheck gerichtet. Sie geben ihr Lebensblut hin, um es unschöpferischen Tölpeln leichtzumachen, sich die Zeit zu vertreiben. Der Lohn, wenn – falls – er eintrifft, verbittert sie nur noch mehr. Sie haben keine Zuhörerschaft – sie haben «Kunden», die sie wie Ratten sogleich verlassen, wenn ihnen ein verlokkenderes Stück Käse vor die Nase gehalten wird.

Was mich an Anderson beeindruckte, war sein Genie dafür, sich des Trivialen zu bemächtigen und es wichtig und universell zu machen. Eine Geschichte wie ‹*Das Ei triumphiert*› ist ein Klassiker. (In einem seiner letzten Bücher, ‹*Kit Brandon*›, findet sich ein weiteres herrliches Beispiel, eine kleine Geschichte für sich von dem Mann, der zu einem Pferd wurde, auf allen vieren ging und zehn oder fünfzehn Minuten lang ein Pferd war – ein Pferd, wie man noch nie eines zu Lande, zu Wasser, in der Luft oder im Märchen gesehen hatte.) Es freute mich sehr, Anderson sagen zu können, wie gut mir ‹*Das Ei triumphiert*› gefallen hatte. Ich stieß auf den Band in einem Augenblick, als ich völlig verzweifelt war, weil ich nicht sagen konnte, was ich wollte, und schon alles aufgeben wollte. Dieses Buch ermutigte mich. Alle Bücher Andersons taten das. (Bis hin zu ‹*Dunkles Lachen*›, als ich praktisch aufhörte, amerikanische Autoren zu lesen.) Er schien die wirkliche, die authentische amerikanische Stimme zu haben. Der Stil war so frei und natürlich, dachte ich damals, wie das Glas Eiswasser, das in jedem Haus und Restaurant auf dem Tisch steht. Später erfuhr ich, daß er nicht so frei und natürlich, sondern durch eine lange Lehrzeit erworben worden war.

Letztlich fesselt an Anderson das starke und menschliche Wesen, welches bewirkt, daß man ihn manchmal denen vorzieht, die ihm als Künstler unbestreitbar überlegen sind. Dieses Wesen spürte ich sofort, als ich ihm begegnete. Dos Passos, den ich auch gerade erst kennengelernt hatte, war mit uns zusammen, und wir begaben uns zu dritt in eine nahe gelegene Bar. Jetzt rede! dachte ich im stillen. Zeig mir, daß du der geborene Geschichtenerzähler bist, für den ich dich immer gehalten habe! Und er tat es. Diese Eigenschaft, die ich so sehr bewundere, diese Manie für Kleinigkeiten (die Cendrars in noch höherem Maße besitzt) kam sofort zum Vorschein. Ich hing an jedem Wort, das er fallenließ, als wären es kleine runde Goldnuggets. Die Art, wie er die Worte aneinanderreihte, wie er immer wieder abbrach, suchte, zögerte, unschlüssig sich vortastend, all das war genauso, wie ich es beim Lesen seiner Bücher empfunden hatte.

Seine Rede, so natürlich, so lässig, so behutsam und gut gelaunt, drang aus einem Menschen heraus, der in die Welt verliebt war. In seiner Sprache war nichts von Boshaftigkeit, nichts von Ärger, nichts von Niedrigkeit, von Kleinlichkeit. Allenfalls eine leise Melancholie – nie ein Gefühl von Enttäuschung. Er besaß einen grenzenlosen Glauben an den kleinen Mann. Ich glaube, er machte zuviel aus ihm, aber das spricht eher zu Andersons Gunsten. Man kann nicht zuviel aus den unbedeutenden Menschen machen; sie sind die Hoffnung der Zukunft.

Andere Schriftsteller, die ich kennenlernte, waren in starkem Maße so wie ihre Bücher. Anderson war mehr als seine Bücher. Er war alle seine Geschichten *und* der Mensch, der sie schrieb – der, der ihnen zuhörte! Wie er eine Geschichte erzählte, von einer Person, der er begegnet war, von einem Vorfall, der ihm mißfallen hatte, daran erkannte man die fast religiöse Ehrerbietung gegenüber seinem Material. Er versuchte nie, seinen Stoff zu dominieren, zu kontrollieren oder dirigieren. Er ließ immer seine Figur für sich selbst sprechen. Er besaß die Geduld nicht nur des Künstlers, sondern des Frommen: er wußte, daß unter der schorfigen Kruste hell glänzendes Erz verborgen war. Er wußte, daß im Grunde alles von gleichem Wert ist, daß Stallmist so entscheidend und inspirierend ist wie Sterne und Planeten. Er kannte auch seine eigenen Grenzen. Er schrieb nicht über den gemeinen Mann, als wäre er eine Art seltener Vogel, gerade erst entdeckt vom Soziologen oder von seiner Karikatur, dem Sozialarbeiter; er schrieb über den gemeinen Mann, weil er selbst einer war und weil er nur über Menschen schreiben konnte, die er kannte und verstand.

Einer seiner Freunde sagte mir, als Anderson nach Paris kam und zum erstenmal den Louvre, die Seine, den Jardin des Tuileries sah, habe er geweint. Diese Geschichte klingt authentisch. Anderson besaß die Gabe des Sich-ergeben-Könnens. Er war demütig und ehrerbietig. Er konnte über einem Messer oder einer Gabel in Ekstase geraten. Er kannte auch seine eigenen Schwächen – konnte sich über sie lustig machen, wenn ihm gerade danach zumute war. Er versuchte nicht, andere Schriftsteller zu verdrängen; er verlangte nur, daß sie ihm ein wenig Platz ließen, ihm erlaubten, einer der ihren zu sein, einer der geringsten unter ihnen. Goldene Eigenschaften sind so selten heutzutage.

Ich spreche vom Geschichtenerzähler, aber da möchte ich eine wichtige Unterscheidung treffen zwischen ihm und den professionellen Geschichtenerzählern, von denen Amerika verseucht ist. Der professionelle Geschichtenerzähler langweilt mich zu Tränen. Seine Geschichten sind steril und niederdrückend. Was man bei ihnen vermißt ist das Schöpferische. Alles, was sie zu vollbringen scheinen – und mehr wollen sie offenbar nicht –, ist, den Augenblick hinauszuschieben, vor dem sich der Amerikaner am meisten fürchtet, nämlich den Augenblick, an dem er mit sich selbst allein sein wird und erfahren wird, daß er leer ist.

Ein Geschichtenerzähler von der anderen Art, wie Anderson, versucht nie, ein Vakuum abzublocken. Wenn er eine Geschichte erzählt, so deshalb, um eine Stimmung, eine Atmosphäre zu schaffen, an der alle teilhaben können. Er strebt nicht danach, sich zu behaupten oder ins Rampenlicht zu rücken. Ihn kümmert es nicht, ob einmal ein verlegenes Schweigen eintritt oder ob der Abend ein Erfolg wird oder nicht. Es ist ein Austausch, eine Kommunion durch Worte, mit deren Hilfe die einmaligen Erfahrungen der anderen Anwesenden zu einem gemeinsamen Fundus menschlicher Erfahrung verschmolzen werden können – und aus einem simplen Zusammenkommen ein Fest wahrer Brüderlichkeit machen. Mir gefiel schon die Art, wie Anderson sich an den Tisch setzte bei den verschiedenen Malen, die wir zusammen waren. Er ließ sich gleichsam auf Dauer nieder, dessen sicher, daß, wenn schon kein anderer, er jedenfalls etwas auf der Pfanne hatte, weil er nie ohne sein Werkzeug kam. Ich meine jenes Werkzeug, das er aus sich selbst gemacht hatte. Er brachte *sich* mit, so möchte ich es ausdrücken. Und er gab sich auch. Wie herrlich, einem solchen Menschen zu begegnen! Natürlich waren alle seine Geschichten gut. Sie waren wie reife Früchte, die von einem übervollen Baum fallen. Wenn Amerikaner zusammenkommen, scheinen sie immer ein Streitgespräch führen zu wollen. Bei Anderson war das anders, bei ihm wollte man einfach zuhören, träumen, in seine eigenen Gedanken auf Wanderschaft gehen, so wie er dies tat. Man hatte das Gefühl, daß man seine Zustimmung zu solchem Tun besaß. Er hielt einen nicht mit einem funkelnden Auge fest, erwartete nicht, daß man an den richtigen Stellen lächelte oder zum Schluß applaudierte. Er gab nicht vor, der Allmächtige zu sein, der die Geschichte der Schöpfung erzählte. Er war nur ein Dolmetscher, ein Sprachrohr, ein Schauspieler, der seine Rolle absolvierte. Man fühlte sich ruhig und zufrieden, wenn er seine Geschichte beendet hatte. Man wußte, es kam noch eine, wenn man ihm nur die Zeit ließ, sein Glas auszutrinken oder sich über den Mund zu wischen. Er gab einem das Gefühl, daß man Zeit in Fülle hatte – daß es nichts Besseres zu tun gab als das, was man gerade tat. Er war nicht mit einem Teil seiner selbst schon fort, um noch einen Zug zu erwischen oder einen Streik zu organisieren. Er war ganz da und gab sich ganz in seiner ruhigen, steten Weise («nur die Ruhe kann es bringen!»), gab, was reif und zum Herunterfallen bestimmt war, mühte sich nicht, beschleunigte nichts, fragte sich nicht, ob es genau die richtige Qualität war oder nicht.

Und so sehe ich ihn gern vor mir, nun, da er von uns gegangen ist. Ich sehe ihn als einen ruhigen, gelassenen Geist, an einem runden Tisch sitzend unter einem schattigen Baum, wie er sich mit anderen dahingeschiedenen Geistern unterhält. Wahrscheinlich redet man von himmlischen Kleinigkeiten, von dem Zeug, aus dem die Flügel gemacht sind oder dergleichen. Man trinkt himmlisches Ambrosia und vergleicht es mit den irdischen Surrogaten. Man befühlt das himmlische Gras oder streichelt die astralen Kühe. «Es ist schön hier!» höre ich ihn sagen. «Genauso, wie ich es mir vorgestellt hatte. Gar nicht so sehr viel anders als unten.» Ja, ich kann ihm folgen, wie er lässig dahinschlendert, vielleicht nach einer Brücke suchend, wo ein still-zufriedener Angler sitzt, und sich fragt, was der wohl für eine Geschichte zu erzählen hätte. Zweifellos seinem Schicksal dankend, daß man hier zumindest nicht von ihm verlangt, sie zu Papier zu bringen. Eine Ewigkeit zum Umherwandern, eine Ewigkeit Zeit, um Dinge zu berühren, Dinge zu riechen und mit Alteingesessenen und Neuankömmlingen Geschichten auszutauschen.

Die meisten Menschen stellen sich den Himmel als einen langweiligen Ort vor, aber das liegt daran, daß sie selber langweilig sind. Ich bin sicher, Anderson findet ihn nicht langweilig. Der Himmel war genau für ihn gemacht. Und wenn wir eines Tages dorthin kommen und uns wiederbegegnen, mit welch himmlischen Geschichten wird er uns dann unterhalten!

Ich bin nicht im geringsten traurig über sein Dahinscheiden. Ich beneide ihn. Ich weiß, er lebt dort in Frieden, so wie hier.

Die Romane Albert Cosserys

Albert Cossery ist ein junger, in Kairo geborener Ägypter, der ein Jahr in Paris verbrachte und französisch schreibt. Er gewinnt rasch Anerkennung, nicht nur in der französisch sprechenden Welt, sondern auch in England und bald, wie wir hoffen, auch in Amerika, wo sein erstes Buch ‹*Men God Forgot*› jetzt auf englisch herauskommt. Er hat gerade sein drittes Buch beendet, einen langen Roman mit dem Titel ‹*Les Fainéants dans la Vallée Fertile*›, der Ende dieses Jahres (1945) erscheinen wird. Alle seine Bücher sind ins Arabische übersetzt worden und rufen im Nahen und Mittleren Osten einige Unruhe hervor. Meines Erachtens taugen sie dazu, in viele Sprachen übersetzt zu werden, denn ihre Botschaft ist universal. Cossery schreibt ausschließlich über das unverminderte Elend der Massen, über die kleinen Leute, über alle von Mensch und Gott Vergessenen. Kein noch lebender Schriftsteller, den ich kenne, beschreibt treffender und unerbittlicher das Leben der riesigen, verborgenen Massen der Menschheit. Er stößt zu Tiefen der Verzweiflung, Erniedrigung und Resignation hinab, wie sie weder Gorki noch Dostojewskij erreichen. Er beschäftigt sich natürlich mit seinem eigenen Volk, dessen Elend begann, bevor man von westlicher Zivilisation träumte. Trotz der anscheinenden Düsternis und Flüchtigkeit, in der sich seine Figuren bewegen, drückt der Autor doch in jedem seiner Werke seinen unbezähmbaren Glauben an die Kraft des Volkes aus, sein Joch abzuschütteln. Sprecher dieser Hoffnung ist gewöhnlich eine der Figuren, die sich offensichtlich in einer aussichtslosen Lage befinden. Es ist kein lauter Aufschrei, sondern eine stille, feste Versicherung – so wie das plötzliche Aufblühen einer Knospe in der dunkelsten Stunde der Nacht.

In ‹*Men God Forgot*› haben wir fünf recht kurze Vignetten, die uns einen Vorgeschmack von Cosserys Zubiß und Elan vermitteln. Für mich war das Buch eine völlige Überraschung, das erste Buch seiner Art, seit ich die Werke der großen russischen Schriftsteller der Vergangenheit gelesen habe. Es ist so die Art Buch, das Revolutionen vorausgeht und Revolution fördert, falls menschliche Sprache noch irgendeine Wirkung ausübt. Cossery läßt hier die

Sprachlosen sprechen. Natürlich sprechen sie nicht wie die professionellen, marxistisch indoktrinierten Agitatoren. Ihre Sprache ist kindlich, schlicht bis zur Dummheit, aber schwanger von einer Bedeutung, die, wenn sie verstanden wird, denen, die an der Macht sind, das Zittern und Beben einjagen muß. Oft drücken sie sich in einer märchenhaften, traumhaften Sprache aus, die in ihrem Fall keiner psychoanalytischen Deutung bedarf. Sie ist so klar wie die Schrift an der Wand. Tatsächlich, das ist genau das, was Cossery tut – er schreibt seine Botschaft an die Wand! Nur spricht er nicht für sich selbst, sondern für die Massen. Er ergeht sich nicht in den Grauen des Elends, wie man nach einem flüchtigen Blick annehmen könnte; er kündet das Heraufkommen einer neuen Morgenhelle, einer machtvollen Morgenhelle für den Nahen, den Mittleren und den Fernen Osten.

Seine Bücher sind gesättigt von einem beißenden, wilden Humor, der einen zugleich lachen und weinen macht. Es besteht keine Trennlinie zwischen dem Autor und den armseligen Menschen, die er beschreibt. Er ist nicht nur für sie, er ist auch einer von ihnen. Indem er ihre Schrullen ausdrückt, hat man das Gefühl, daß Albert Cossery dabei lernt, die eigene Stimme zu gebrauchen, sie zu gebrauchen in einer ganz neuen Weise, einer Weise, die nie wieder vergessen werden wird. Einem Menschen der westlichen Welt, besonders einem Amerikaner, werden seine Figuren wahrscheinlich fremdländisch, lächerlich, ja fast unglaubwürdig erscheinen. Wir haben vergessen, daß Menschen so tief sinken können; wir wissen nichts von diesem abgrundtiefen Existenzniveau, nicht einmal in unseren hinterwäldlerischsten Gebieten. Aber Leute, die informiert sind, versichern mir, daß Cosserys Menschen weder in ihrer Person noch in ihrer Situation etwas Unglaubwürdiges oder Phantastisches an sich haben. Er hat uns eine allzu wirkliche Wirklichkeit gegeben, unglaublich nur deshalb, weil in unserer «aufgeklärten» Ära solche Dinge überhaupt möglich sind.

‹*The House of Certain Death*›, sein zweites Buch, könnte man sehr wohl als symbolisch betrachten. Wir alle leben in diesem «Haus des gewissen Todes», ob wir uns dessen bewußt sind oder nicht. Der große Riß in der Wand ist jedem offenkundig, nur nicht dem Hausherrn. Die Frage ist, wohin sollen wir gehen und wie stellen wir es an? Für die große Menge, der es nur um das blanke Fortkommen geht, ist jedes Haus zum Untergang verdammt. Die

Lösung, wie sie eine der Figuren des Buches sieht, besteht darin, keine Miete mehr zu zahlen. Sie haben alles in ihrer Macht Stehende versucht, um auf ihre düstere Not aufmerksam zu machen – vergebens. Sie haben sogar einen Brief an die Regierung geschrieben, doch es erhebt sich die ernste Frage: kann die Regierung lesen? Dieser Brief ist übrigens ein Meisterstück. Für die Mieter geschrieben hat ihn Ahmed Safa, ehemals Straßenbahnfahrer, jetzt Verkäufer von gestohlenen Katzen und Haschischraucher. Ahmed Safa drückt in ihm den frommen Wunsch aus, daß die Regierung sich das Haus ansieht, um sich selbst ein Urteil zu bilden. Wenn nicht, fügt er hinzu, bringen wir es zu euch hin, was auf das gleiche herauskommt. (!) Ein Mieter jedoch scheint sich nicht darum zu kümmern, ob das Haus einstürzt oder nicht. Das ist Bayoumi, der Mann, der abgerichtete Affen hält. «Warum nicht auf der Straße leben?» sagt er zu einem der anderen Mieter. «Die Straße ist für alle gemacht. Dann verlangt keiner Miete von dir.»

Abdel Al ist anderer Ansicht. Er ist derjenige, der die anderen aufgefordert hat, keine Miete mehr zu zahlen, und er ist es, der schließlich dem herzlosen Hausbesitzer, Si Khalil, Angst und Schrecken einjagt. Gegen Ende des Buches begegnen sie sich eines Tages in einem Park. Si Khalil meint, sie sollten einander doch verstehen, müßten versuchen, sich näherzukommen. «Zwischen dir und mir wird es nie eine Verständigung geben», erwidert Abdel Al. «Wir haben nichts gemein miteinander.» Si Khalil läßt nicht locker. Er hat Angst vor den Folgen, sollten alle dummen Mieter seines zerbröckelten Hauses so denken wie Abdel Al.

Sagt Abdel Al: «Was die Angst einjagt, das bin nicht ich, das ist die ganze Masse von Menschen hinter mir, siehst du sie nicht?»

Si Khalil versucht ihm begreiflich zu machen, daß Kummer ihn berührt hat. «Auf den Straßen des Lebens gibt es Kummer und Leid ohne Zahl.»

«Auf der Straße des Lebens», gibt Abdel Al zurück, «begegnet man bisweilen der Rache.»

Si Khalil zeigt sich skeptisch und verächtlich. «Es ist kein Sinn in deinen Worten», sagt er immer wieder.

«Eines Tages wirst du eines besseren belehrt werden», sagt Abdel Al.

«Du wirst lang vorher tot sein», erwidert Si Khalil.

«Das Haus wird uns alle begraben», sagt Abdel Al. «Aber wir

sind zahllos. Es wird uns nicht alle töten. Die Menschen werden weiterleben und wissen, wie sie sich zu rächen haben.»

Damit gehen sie auseinander. Wir warten jetzt darauf, daß das Haus einstürzt.

Schweb still wie der Kolibri

Es war in der Düsenmaschine auf dem Flug von New York nach San Francisco, in dreißig- bis vierzigtausend Fuß Höhe und ohne das leiseste Beben, als ich mich unwissentlich ein paar Zentimeter in die Zukunft hineinbewegte. Wir schafften die Strecke in fünfeinhalb Stunden. Es war ein Flug bei Tage, und trotz der Höhe war die Erde unter uns (und ihre Veränderung durch den Menschen) deutlich zu erkennen. Was für ein Geometer, der Mensch! Ganze Distrikte als Quadrate und Rechtecke: Distrikte, überquert buchstäblich im Flug. Alles sehr an Walt Disneys graphische pythagoreische Demonstrationen in «Mathematic Land» erinnernd.

Zweifellos war es die Behaglichkeit, die bewegungslose Bewegung, die ungewohnte Perspektive, was mich umwarf. Zusammen mit den Exemplaren von *Life* und *Time*, jetzt mehr denn je veraltet, die von Hand zu Hand gingen gleich den Trümmern eines explodierten Planeten. Sie gehörten, wie es schien, einer so fernen Vergangenheit an. Einer Vergangenheit weit entrückter als die von Altamira oder Lascaux. Sie gehörten zur Welt der Dinge, und wir hatten die Welt der Dinge weit hinter uns gelassen. Wir waren jetzt den Lüften anheimgegeben, und sie waren erfüllt von geheimen Vibrationen, von unsichtbaren Strahlen und unvorstellbarer Kraft. Ja, obschon nur wenige Zoll über dem Boden, gewissermaßen, näherten wir uns bereits den *carrefours* von unvermessenen Bahnen einer geheimnisvollen magischen Kraft, dazu bestimmt, nicht nur unseren Vorstellungen vom Leben, sondern unser Leben selbst zu verändern. Noch eine kleine Anstrengung, noch ein Schub weiter und wer weiß, vielleicht schaffen wir es. Schaffen wir es zur Vega, zur Beteigeuse, noch weiter gar. Hinaus aus unserem grenzenlosen Universum und hinein ins Blaue – ins Blaue des Poeten und Träumers, ins Blaue der Mystiker. Vielleicht in die «Obertöne» irgendeines göttlichen musikalischen Raumes.

Wie einen Refrain wiederholte ich in Gedanken: «Heute fünfeinhalb Stunden, morgen zwei; übermorgen nur noch ein paar Minuten vielleicht.» Und dann – was sollte uns hindern? – eine Geschwindigkeit, die Geschwindigkeit bedeutungslos machte.

Wir reden so leichtfertig von der Lichtgeschwindigkeit daher. Welche Realität besitzt sie für uns, diese Lichtgeschwindigkeit? Seit der Mensch aufgehört hat, wie der Wurm zu kriechen, strebte er danach, der Phantasie durch die Tat gleichzukommen. Dafür wurden die Poeten und die Heilande gekreuzigt. Ihre Ketzerei bestand darin, daß sie es wagten, auszugreifen, zu versuchen, mit ihren Fingerspitzen nach denen des Schöpfers zu tasten, den Zirkel zu vollenden.

Nichts allzu Überraschendes wird je durch die Technik erreicht werden. Das Universum hat kein Armaturenbrett, kein Gewicht, keine Substanz. Nicht einmal einen Zweck. Auch ist es weder Traum noch Illusion. *Es ist.* Selbst der erhabenste Gedanke kann ihm nichts hinzufügen und nichts abnehmen. Es wächst, verändert sich, entspricht jedem Bedürfnis, jedem Verlangen. Es kann mit oder ohne Gott existieren. Es ist wie ein Denken, das seine eigenen Fragen stellt und beantwortet.

Unsere Bedürfnisse . . . Wessen bedürfen wir? Ganz gewiß braucht man um so weniger, je befreiter man ist. Der Weise demonstriert es täglich, und der Dumme auch. Nur zu atmen, zu wissen, daß man lebt, ist das nicht herrlich? Wenn man aus vierzigtausend Fuß Höhe auf die Aktivität dieses Geometers von einer Ameise – genannt Mensch – hinunterschaut, beeindruckt einen die völlige Sinnlosigkeit von Schweiß und Mühe, Wallen und Schwallen. Bei allem, was er vollbracht hat – lediglich, um sein Leben zu fristen, wohlgemerkt –, hat er doch die Oberfläche des Planeten kaum angekratzt. Stellt all diese Anstrengung einen Fortschritt dar? Die Vögel schwingen sich über das Lärmen und Treiben hinweg, zufrieden damit, auf dem Wind zu gleiten. Sie hinterlassen keine Denkmäler im Raum, keine Schriften am Himmel. Jedes Wesen der freien Wildnis ist eine Demonstration von Glauben und Freude. Der Mensch allein, der Herr der Schöpfung, leidet. Leidet nicht unter Mangel, sondern unter einem unnennbaren Verlust.

Die Welt der Dinge eilt ihrem Ende zu. Es ist unvermeidlich. Denn die Mühen des Menschen, seine Geschicklichkeit, sein Erfindergeist sind vergebens gewesen. Der Geist des Menschen beginnt nicht nur in den Weltraum und die in ihm verborgenen Geheimnisse zu schauen, sondern zu einer höheren Seinsebene hin. Seine Gedanken bewegen sich schon in neuen Dimensionen. Mehr und mehr sucht er imaginativ zu leben, in Übereinstimmung mit seiner eigenen göttlichen Natur. Er hat die Maschinen gründlich satt, die Therapien, die keine Linderung bieten, die Religionen und Philosophien, die keinen Bezug haben zu der magischen Existenz, die zu führen er im Begriff ist. Er hat erkannt, daß das Leben überall ist, in allen Dingen, an den Rändern des Universums wie im Zentrum, und daß es nirgends abwesend ist, nicht einmal im Tod. Weshalb sich dann so stur an es klammern? Was kann gewonnen werden, das nicht schon verloren ist? Ergib dich! flüstern die stillen, leisen Stimmen. Über Bord mit dem Gepäck!

Es scheint unmöglich, daß wir in unserem gegenwärtigen Zustand hoffen können, da draußen etwas zu finden, das wesentlich anders ist als das, was wir bereits kennen, bereits hier haben. Wir suchen nur, was zu finden wir gerüstet sind. Es könnte aber geschehen, daß wir, die Wege und Mittel zum Angriff auf das Unbekannte noch weiter vervollkommnend, auf erschütternde Wahrheiten stoßen, die die ganze Zeit vor unserer Nase gelegen haben. Wir entdecken vielleicht, daß in unserem eigenen geheimnisvollen Bewußtsein und Herzen alles vorhanden ist, dessen es bedarf, um unsere Sehnsüchte, unsere verrücktesten Träume zu befriedigen. Es mag sich nicht nur als gefährlich und absurd herausstellen, weiter das Widerstand leistende Nichts aufzubrechen, wie das Atom, sondern auch als nichtig. Sind wir nicht in unserem bloßen Sein wunderbar? Warum nicht wunderbar denken, wunderbar handeln, wunderbar leben? Während wir noch am Schloß herumfummeln – der ewige Zeitvertreib des Menschen! –, geht die Tür vielleicht von selbst auf. Die Tür zur Wirklichkeit, meine ich. War sie überhaupt je verschlossen?

Das größte Wunder ist die Entdeckung, daß alles wunderbar ist. Und das Wesen des Wunderbaren ist – schiere Einfachheit. Nichts wird gewonnen durch Schweiß und Mühe, durch Überlegungen, Hingabe, Gebet, Beharrlichkeit, Geduld, Standhaftigkeit – oder Trägheit, um das auch noch hinzuzufügen. Man stelle sich vor, die Planeten hielten inne, um sich über ihre Umläufe klarzuwerden! Man stelle sich vor, sie bemühten sich, ihre feurigen Bahnen zu verändern! *Denken* – was für ein Laster! *Sich mühen* – welche Absurdität! Zu *wissen* ist so leicht, so schmerzlos. Der Grund für jede Art von Wachstum und Kultivierung wird vorbereitet durch das Brachliegen.

Wie kann der Bruch also erreicht werden? Es ist der Mensch

selbst, der brechen muß. Bis jetzt ist er nur zersplittert worden wie das Glas, das er für seine Windschutzscheiben benutzt. Er ist nur mit schwereren Körpern kollidiert, nie mit einer zerschmetternden, verheerenden Idee. Eine narrensichere Welt herbeisehnend, will er sich nicht dem Hinschlachten unterwerfen, welches das Denken ausüben kann. Selbst wenn er verrückt wird, funktioniert die Denkmaschine weiter. Ganz gleich, ob die Zahnräder klemmen – der Mensch ist jene seltsame Gattung Tier, die in einer völlig irren Welt funktionieren kann. Es wäre noch immer *seine* Welt.

Und ist das nicht eine verrückte Welt, die wir jetzt bewohnen? Welch zwingender Sinn wohnt unseren Taten, Plänen, Gedanken inne? Was wir schaffen, trägt nur zu unserer Not und Verwirrung, unserer letztlichen Vernichtung bei. Nichts, was unsere kranken Hirne erfinden, vermag dieser durch und durch hohlen Existenz auch nur ein Gramm Freude hinzuzufügen. Je mehr wir entdekken, je mehr wir erfinden, desto verkrüppelter und frustrierter werden wir. Und dieser trunkene Maschinist, dieser Drucktastenirre denkt daran, das äußere Universum zu erforschen. Was für ein Witz!

Nein, *Homo sapiens* wird es nie schaffen. Er befindet sich im letzten Entwicklungsstadium. Seine Welt der Dinge wird im Nu verschwinden. Der Jammer ist, daß er dem Ziel so nahe kam und es verfehlte. Wobei ist er gescheitert? Indem er sich weigerte, die wunderbare Natur seines eigenen Seins zu erkennen. Er verlangte nach Macht statt nach Beherrschung, nach Effizienz statt nach Herrlichkeit. Vielleicht wird man einmal von ihm sagen, das Leben habe nie einen tüchtigeren Versager gezeugt.

Es mag so etwas wie Evolution geben, mit all der unglaublichen Langwierigkeit, die der Begriff beinhaltet. Aber der Weg Same–Knospe–Blüte ist etwas anderes. Es gibt so etwas wie Wachstum – und es gibt endlose Umwandlung. Man kann die Stücke immer wieder neu ordnen, prüfen und immer wieder prüfen, aber sie setzen sich nie zusammen. Man kann auch einen Sprung ins Blaue tun. Für den Visionär ist die Tat alles. Nirwana, im Sinne von Erwachen. Wobei das Erwachen die Erfüllung ist.

Ist die Zukunft, gleich Geschwindigkeit und Bewegung, dazu bestimmt, ein bedeutungsloser Begriff zu werden? Leben nicht die Menschen der Zukunft von Anfang an unter uns? Was ist das Universum anderes als ein Denkzustand? Wenn man sich mit dem

Problem der Geschwindigkeit herumschlägt – oder ist es das Rätsel des Lichts? –, wird einem immer deutlicher, daß es so etwas wie Bewegung, Schwerkraft, Hitze oder Licht gar nicht gibt. Ebensowenig wie Atome, Moleküle, Protonen, Elektronen. Nur Götter und Teufel, Geburt und Tod, Ignoranz und Glückseligkeit. Nichts da draußen kann geheimnisvoller, rätselhafter sein als hier in unserer eigenen Brust. Das Körperliche ist das Unwirkliche, das Schattenreich. Geist *ist* alles, und sein Reich ist die Wirklichkeit. Was ist, entzieht sich der Kenntnis. Im Hinblick auf das winzigste, unbedeutendste Stückchen dieses substanzlosen Universums verbraucht sich das Denken. Der Geist kann nur mit der Nahrung wahrer Substanz spielen, die ihm vorgelegt wird; er kann nie in einem letzten, absoluten Sinn wissen.

Ohne Absicht, wenn auch nicht ohne Grund, denken wir von Tag zu Tag metaphysischer. Der Traum von der Beherrschung der Naturkräfte hat schließlich dazu geführt, daß wir uns fragen – was *ist* Beherrschung? An welchem Punkt in der Entwicklung der Geschwindigkeit zum Beispiel wird man sagen können, daß wir die Situation beherrschen? Wenn wir in der Lage sind, die Lichtgeschwindigkeit zu erreichen? Wenn wir uns blitzschnell von einem Punkt des Universums zu einem beliebigen anderen befördern können? Gibt es irgendeinen Grund, eine so furchteinflößende Geschwindigkeit zu erreichen? Der einzige Zweck bei der Verfolgung solch wunderbarer Ziele wäre, so scheint mir, der, daß wir dabei selbst verwandelt würden. Vielleicht werden wir erst durch die Erlangung solcher Freiheit anfangen, das Wesen und den Sinn all unseres Tuns in Frage zu stellen. Wenn der Geist allein fähig ist, diese unglaublichen Sprünge zu tun, weshalb dann den Körper mitschleppen? Oder, wenn Geist und Körper eins sind, was wir jetzt mehr und mehr annehmen, wären wir dann nicht, in Körper, Seele und Geist, da, wo und wann immer wir sein wollten?

Von mehreren Orten und aus den frühesten Zeiten besitzen wir Zeugnisse, die von übermenschlichen Leistungen gewisser Wesen berichten. Wie skeptisch wir zu solchen Aussagen auch eingestellt sein mögen, wir sind dennoch fähig, bei dem Gedanken an Besucher von anderen Welten in Erregung zu geraten. Es wird sogar versichert, diese Besucher aus dem Weltraum wandelten zur Zeit unter uns hier auf der Erde. Manche behaupten sogar, mit ihnen gesprochen zu haben. Ob das stimmt oder nicht – wenn sie tatsächlich hier sind, haben sie für die Reise keine Million Jahre gebraucht. Auch haben sie, das möchte ich hinzufügen, keine Äonen gebraucht, um unsere Sprache oder Sprachen sprechen zu lernen. Und wenn sie in jeder Sprache sprechen können, was sollte uns dann von der Annahme abhalten, daß sie zu allen Menschen in allen Sprachen gleichzeitig sprechen könnten? Oder, nach Pfingstweise, die Illusion vermitteln, als täten sie es? Die Sprache ist im besten Fall ein ärmliches Verständigungsmittel. Die Seele, die zur Seele spricht, der Geist, der die Rede erfüllt, das ist es, was Worten Sinn verleiht.

Dies meinte ich, als ich gerade davon sprach, daß unsere Einstellung metaphysischer wird. Die Probleme, mit denen wir uns seit so vielen Jahrtausenden herumschlagen, neigen dazu, ihr Aussehen zu verändern, indes wir uns ihrer scheinbaren Lösung nähern. Was zum Beispiel wird Geschwindigkeit bedeuten, wenn man schneller als das Licht reisen kann, was, wie nüchterne Wissenschaftler sagen, im Bereich des Möglichen liegt? Welchen Sinn hat es, Radar und andere Kommunikationstechniken zu entwickeln, wenn bereits nachgewiesen ist, daß Menschen sich telepathisch über jede Entfernung hinweg verständigen können? (Und würde es etwa schwieriger sein, sich von einem Planeten zum anderen, von einem Universum zum anderen zu verständigen? Und wenn, was ebenfalls wieder und wieder über zahllose Jahre hinweg demonstriert wurde, Menschen durch ein Wort oder eine Handberührung, manchmal durch ihre eigenen Suggestivkräfte geheilt werden können, warum bilden wir dann weiter Mediziner aus, die sich nicht im geringsten bemühen, solche Phänomene zu verstehen oder zu erforschen?)

An einem bestimmten Punkt seines Lebens setzte sich Gautama Buddha unter einen heiligen Feigenbaum in dem Entschluß, sich nicht von der Stelle zu rühren, bis er das Geheimnis menschlichen Leidens durchdrungen hätte. Jesus verschwand für siebzehn Jahre, um danach in sein Heimatland zurückzukehren, durchtränkt von einer Lebensweisheit, die all unser Wissen zu nichts werden läßt.

Wir sind so sehr daran gewöhnt, auf den Tod hin zu denken. Aber der Tod verheißt nichts, löst nichts. Das Leben beginnt nicht in irgendeiner entrückten, idealen Welt, einem paradiesischen Hiernach; es beginnt und endet hier, wo immer wir sind, unter welchen Umständen immer. Als dreidimensionale Wesen sind wir dauernd in der Lage, in mannigfaltigen Dimensionen zu leben. Dies ist der Sinn des Lebens, daß es unendlich veränderlich, unerschöpflich, unauslöschlich ist.

Das derzeitige Verlangen, Raum und Zeit zu erleben, ist voreilig, gelinde ausgedrückt. Es ist nur ein weiterer, noch spektakulärerer Ausdruck des Gelüsts, uns von den Problemen zu befreien, die wir selbst herbeigeführt haben. Niemals hat man aufmerksam auf die Worte der Erwählten gehört; in allen Bereichen, von der Jurisprudenz bis zur Astrophysik, dominiert noch immer der Quacksalber. Wir tun nichts, um unsere Leiden, unsere Laster, unsere Unzulänglichkeiten loszuwerden; wir betteln um das Unmögliche – zu sündigen, ohne den Preis dafür zu zahlen. Indem wir nicht zugeben wollen, daß wir selbst so geheimnisvoll und unzerstörbar sind wie das Universum, betrachten wir den Weltraum als eine Art Tierreservat, das sich zu unserer Fernsehunterhaltung und weiteren Verdummung ausbeuten läßt. Es ist das uralte Schema von Erforschung, Plünderung, Ausbeutung, Vernichtung.

Die Ironie dabei ist der Umstand, daß unsere Probleme hier auf Erden noch so lächerlich geringfügig sind. Kaum haben wir gelernt, unseren Verstand zu gebrauchen, da befinden wir uns schon im Sterben. Wir werden alt, ehe wir gereift sind. Noch schlimmer, den größten Teil unseres Lebens hindurch sind wir krank, verkrüppelt, frustriert. Kurz, wir sind fast von Anfang an verbraucht.

Es gibt eine tröstliche Wahrheit, die unausweichlich ist. Jedesmal wenn wir vor uns davonlaufen, werden wir mit noch größerer Kraft zurückgetrieben. Jedes Bemühen auszubrechen, stößt uns weiter in uns selbst zurück. Es *mag* den Menschen gelingen, den äußersten Rand des Universums zu erreichen, aber wichtig daran wird nicht sein, daß wir dorthingekommen sind, sondern daß wir mehr über uns selbst erfahren haben. Könnten wir einen Stein auf dem Feld aufheben und wahrhaft seine Natur erfassen, sein Wesen, sein Sein sozusagen, würden wir den ganzen Weltraum verstehen und kennen und ermessen. Wir hätten es nicht nötig, unsere Körper hinauszuschleudern wie wildgewordene Kometen. Wären wir im Augenblick ganz hier, wären wir auch dort, ganz gleich, wo, in allen Augenblicken.

Viel zu einfach, zweifellos. Aber das ist das Wesen des Realen. Warum die Welt verändern? *Verändert Welten!* Welch ein Unterschied.

So sinnierte ich vor mich hin, während wir uns mit fünfhundert Meilen pro Stunde langsam dahinbewegten. Morgen tausend pro Stunde; übermorgen fünftausend. Man multipliziere es mit einer Billion oder was immer . . . was ist der Unterschied? Kommen wir dadurch irgendwohin? *Wohin?* Ist der Körper und Geist des Menschen des 20. Jahrhunderts ausgerüstet, um mit all diesem abstrakten Zeug fertig zu werden? Sollten wir nicht zuvor lernen, auch rückwärts zu fliegen oder in der Luft still zu schweben wie ein Kolibri? *Und was ist mit dem Honig?* Ehe wir vor uns hinauskommen können, müssen wir hinter uns zurückgehen. Überwinden wir den Raum, überwinden wir auch die Zeit. Welche Zeit wird es dann sein? Und welchen Vektor würden wir dann als den unseren betrachten?

Buddha gab uns den achtfältigen Pfad. Jesus zeigte uns das vollkommene Leben. Lao Tse ritt auf einem Wasserbüffel davon, nachdem er seine umfassende und fröhliche Weisheit in einigen unvergänglichen Worten zusammengefaßt hatte. Was sie uns mitteilen, diese Leuchtgestalten, war dies: es besteht keine Notwendigkeit für all diese Gesetze, Kodizes und Konventionen, die wir haben, für diese gelehrten Bücher, diese Armeen und Kriegsmarinen, diese Raketen und Raumschiffe, diese tausenderlei Belastungen, die uns nur niederdrücken, voneinander trennen und uns Krankheit und Tod bringen. Wir brauchen uns nur wie Brüder und Schwestern zu verhalten, unserem Herzen und nicht unserem Verstand zu folgen, zu spielen und nicht zu arbeiten, zu schöpfen und nicht Erfindung auf Erfindung zu häufen. Sie haben, wenn wir uns dessen auch nicht bewußt sind, die Requisiten unserer Scheinwelt zerstört. Gewiß, die Welt steht noch oder dreht sich noch, aber sie ist ihres Sinns entleert. Sie ist toter, diese illusorische, alltägliche Welt, als wenn sie von einer Million Atombomben zerschmettert worden wäre. Wir leben als Geister inmitten einer Welt von Ruinen. Alles ist sinnlose Wiederholung. «Da bin ich, und da bin ich immer», sagt Rimbaud. Weder Lao Tse noch der Erleuchtete, noch der Friedensfürst haben Ausflüge in den Weltraum unternommen, es sei denn in ihren Astralleibern. Sie haben Welten verändert, ja. Sie sind weit gereist. Aber indem sie still stehen blieben. Vergessen wir nicht, daß sich der Weg nach innen zur Quelle so weit und tief hinzieht wie der Weg nach draußen.

Unter den bizarren Gedanken, die mich anfielen, während wir

dort oben kaum ein paar Zoll über der Haut der Erde dahinsummten, war auch der an Milarepa, den tibetanischen Heiligen. Seinen Biographen zufolge war er zum Himmel aufgefahren nicht im Dunkel der Nacht, sondern bei hellem Tageslicht und vor den Augen seiner geliebten Gefolgsleute. Er hatte sein Gewand zurückgelassen, zu einem kleinen Bündel aufgehäuft, und während er schon gen Himmel fuhr, ermahnte er seine Jünger noch, sich nicht um seine geringen Habseligkeiten zu streiten. Doch siehe da, seine Füße hatten kaum den Boden verlassen, da stürzten sie schon darauflos, balgten sich um die Kleider des verehrten Mannes und rissen sie in ihrer Besitzgier in Fetzen. Dieses vertraute, so oft wiederholte Drama erinnerte mich daran, daß der Jünger immer der Verräter ist, der Gläubige immer der Mörder.

Im Anschluß daran mußte ich an ein Buch denken, das mich sehr beeindruckt hat, den *‹Stern der Ungeborenen›* von Franz Werfel. In ihm geht es um ein Utopia etwa in fünftausend Jahren, von heute an gerechnet. Ein monumentaler Ausgriff der Vorstellungskraft, dieses Werk. Wie kam sie zustande, die große Veränderung in der Anschauung des Menschen? Wie ging es zu, daß der Mensch aus dem törichten Wilden, der er jetzt ist, zu einem Menschen des Friedens, einem Raumreisenden wurde, einem Unsterblichen, wenn er es wollte? Durch reinen Zufall. Durch die Tatsache, daß die Sterne ein wenig näher kamen und die Menschen mit ihrer Strahlung überwältigten. So lächerlich dieser Kunstgriff scheinen mag, so sollte doch nicht übersehen werden, daß bei allem Geschick, mit dem wir die Bahnen der Himmelskörper beobachten, niemand mit Sicherheit sagen kann, daß nicht morgen oder übermorgen neue Planeten, neue Sterne, sogar strahlendere Welten in Sicht kommen werden, aus einer Ecke des Universums (oder Multiversums) hervor, die wir übersehen haben, heranrasend mit einer Geschwindigkeit, wie wir sie uns nicht vorzustellen, geschweige denn zu berechnen vermochten.

Daß Dinge einfach geschehen – damit müssen wir immer rechnen.

So wunderbare Geometer, so trunkene Mathematiker wir auch sind, wir hinken dennoch immer ein paar Lichtjahre hinter unseren Berechnungen her. Wir arbieten nur mit gegebenen Größen, nicht mit solchen, die vielleicht im Entstehen begriffen sind. Nein, wir sind noch nicht zu dem höchsten Mathematiker vorgedrungen, dem gesichtslosen Denken des Denkens selbst. Wir mögen noch so viel aufzeichnen, planen, kalkulieren und postulieren, wir werden immer wieder Überraschungen erleben. Verlaßt euch darauf!

«Up, Josephine, in our flying machine . . . and away we go!» Ja, oben sind wir, seit über fünfzig Jahren jetzt. Doch wir wissen nicht, können es nicht sagen, was hinauf und was hinunter ist, was vorwärts oder rückwärts, was auswärts oder einwärts. Eines ist sicher: wenn sich Parallelen im Unendlichen treffen können, dann können Maschinen ohne Brennstoff fahren und Menschen ohne Maschinen fliegen und Gedanken schneller reisen als das Licht, ohne sich zu krümmen oder abgeleitet zu werden.

Die Maschine ist nur die Substanz eines Gedankens. Denkt intensiver, denkt schneller, Freunde! Diese eindrucksvollen Raketen sind nichts als Schwärmer und Feuerräder. Schickt eure Radarsignale von einer Galaxie zur anderen – es ist nur Spaß. Aber warum Badminton spielen, wenn da draußen Wesen sind, die unter oder über uns stehen, wer weiß, und darauf warten, daß wir Menschen von der Erde wirklich etwas sagen? Arbeitet ihr schon an der Botschaft, die ihr aussenden werdet, wenn ihr endlich mit unseren himmlischen Nachbarn Kontakt aufgenommen habt? Werdet ihr verschlüsselt das Repertoire von neuen tödlichen Waffen beschreiben können, das wir geschaffen haben? Und wenn sie keine Lust haben, werdet ihr sie zum Zuhören zwingen?

Wenn solche Fragen in nur vierzigtausend Fuß über dem Meeresspiegel lächerlich klingen, wie müssen sie sich dann in zwölf Millionen Lichtjahren Entfernung auf einem noch unentdeckten Planeten für Wesenheiten anhören, die nicht mehr als Primaten, Zweifüßer und Vierfüßer denken?

(Ein Tip: erkundigt euch so früh wie möglich, ob es da draußen im Weltraum Kommunisten gibt oder nicht. Ihr könntet sie nach den Titeln ihrer bevorzugten verbannten Bücher fragen. Und ob sie Toiletten mit Wasserspülung benutzen oder einfach Klos.)

Wenn die Evolution ein Faktum ist, und warum nicht, da es langsame und schnelle Fakten gibt, genauso wie kalte und heiße Kriege, dann läßt sich mit Sicherheit voraussagen, daß wir in weniger als einem Lichtjahr in der Lage sein werden, alle die törichten Dinge zu tun, von denen wir jetzt träumen, und vielleicht noch mehr. Wenn man in einer langsamen Düsenmaschine in nur vierzigtausend Fuß Höhe die Musik eines dahingeschiedenen Beethoven, die Schlummerlieder eines Crosby, die beschönigenden Botschaften eines Eisenhower oder die Schimpfkanonaden eines Chruschtschow hören kann, was sollte uns dann daran hindern, einmal jener Sphärenmusik zu lauschen, die den Alten zufolge seit eh und je spielt, ohne Partituren, Dirigenten und Instrumente? Vielleicht unterhält sich in Einsteinscher Weise dieser bescheidene Heilige Milarepa, auf dem Horn eines Kometen sitzend, eben jetzt mit jenem köstlichen Schelm Lao Tse, indes sie auf ihrer fröhlichen Reise von Planet zu Planet, Universum zu Universum begriffen sind. Vielleicht haben sie es inzwischen aufgegeben, darüber zu sprechen, wie unmöglich es ist, von einer Ebene zur anderen, außer asymptotisch, das Elixier der Weisheit, die Wahrheit der Liebe, die Glückseligkeit vollkommenen Verstehens zu vermitteln.

O ja, wenn ich so vor mich hin sinne, frage ich mich manchmal; ob eine der großen auf unsere Raumfahrer wartenden Überraschung nicht vielleicht der Zusammenstoß mit ermordeten Heiligen und Heilanden sein wird, die ihre Körper wieder besitzen und vor Gesundheit strahlen, während sie sich in den ätherischen Strömungen fortbewegen, munter wie Delphine, frei wie die Vögel, kuriert von solchem Narrenteien wie Gutes tun, Kranke heilen, Tote auferwecken, die Dummen belehren.

Wir sind leider nur, was zu sein wir uns einbilden. Aber in diesem «nur» können riesige Universa des Seins Form und Gestalt annehmen. Wenn wir nur wüßten, daß wir alles sein können, was wir uns vorstellen! Daß wir schon sind, was wir zu sein wünschen.

Schon ein flüchtiger Blick in die Zukunft kann die Illusion vermitteln, daß der gräßliche Lärm aufgehört hat. Liegt das daran, daß die Notwendigkeit oder der Zwang, zu machen und zu zerstören, abgeschafft ist? Ich mußte daran denken, wie dieser unser Kontinent aussah, ehe der Weiße ihn übernahm. Mir schien, daß Stille ein großer Faktor in der Welt des Indianers war, daß er keinen unnötigen Aufruhr machte, daß er eher den längeren Umweg einschlug als die Abkürzung. Vielleicht lebte sein Denken in Ruhe. Ganz gewiß brauchte er keine Aktienbörsen, keine Eisengießereien, Blechwalzwerke, Kruppfabriken, Laboratorien, Zeitungen, Münzanstalten, Munitionsdepots. Er brauchte, so könnte es scheinen, nichts von dem, was uns so unentbehrlich dünkt. Nicht daß seine Welt ein Paradies gewesen wäre. Aber sie war nie eine sinnlose Welt. Sie besaß Schönheit, Tiefe, große Zwischenzeiten der

Stille, und sie vibrierte von Gefühl.

Von den Wolken aus gesehen, war alles, was von dieser alten Welt übriggeblieben zu sein schien, die große öde Region des Wilden Westens. Der schönste, aufregendste Teil des fünfstündigen Schauspiels. So verlassen dieses Gebiet wirkte, erfüllte es doch eine Stimmung des Friedens. Der übrige Teil des Kontinents schien von den Spuren eines Irren zerschnitten zu sein, von den Zügen eines monströsen Schachmeisters, der die Spielregeln vergessen hatte.

So vergänglich, diese Mühe des Geometers! Oben war alles glatt, koordiniert, leicht; unten – Babel und Verwirrung, Kampf und Unfähigkeit. Einen kurzen Augenblick lang hatte ich den Eindruck, daraus hinauszugleiten, alles hinter mir zu lassen, für immer. Aber die Stimmen, die über den Äther kamen, straften die Vorstellung Lügen. Es waren die Stimmen von Erdmenschen, und ob sie säuselten oder rockten und rollten, ob sie einen Krieg androhten oder von immerwährendem Frieden schwatzten, es waren die Stimmen von Dummköpfen, Tölpeln, Versagern. Man konnte ihnen nicht ausweichen, selbst hier oben im Blau nicht. Die Maschine gehörte ihnen und würde zu ihrem Horst zurückfliegen. Sie würden weitere Maschinen hervorbringen, kompliziertere Maschinen, verblüffendere Maschinen, maschinengleichere Maschinen, bis die Welt und alle ihre von Menschen gemachten Teile eine einzige große ineinandergreifende Maschine einer Maschine war.

Originaltitel und Quellen

Die Stunde des Menschen (*The Hour of Man*); Kinder der Erde (*Children of the Earth*); Sesam, öffne dich (*Open Sesame!*); Patchen: Mann des Zorns und des Lichts (*Patchen: Man of Anger and Light*; zuerst erschienen bei Bern Porter, New York 1946); Ein offener Brief an alle (*An Open Letter to All and Sundry* ; zuerst erschienen in *The Plight of the Creative Artist in the U.S.A.*, Bern Porter, Berkeley 1944); Erste Liebe (*First Love*); Offener Brief an kleine Zeitschriften (*Open Letter to Small Magazines*); Mein Leben als Echo (*My Life as an Echo*); Von der Unmoral der Moral (*The Immorality of Morality*); Ionesco (*Ionesco*); Walt Whitman (*Walt Withman*); Henry David Thoreau (*Henry David Thoreau*; zuerst erschienen in *Life without Principle*, James Ladd Delkin); Geld und wie es dazu wird (*Money and How It Gets That Way*; zuerst erschienen im Selbstverlag, Paris 1938); Lesen oder nicht lesen (*To Read or Not to Read*); Lindenzweige und Verrat (*Lime Twigs and Treachery*); Drei neugeborene Elefanten (*Let Us Be Content with Three Little Newborn Elephants*; zuerst erschienen in *Of, By and About Henry Miller*, Alicat Bookshop Press); Anderson, der Geschichtenerzähler (*Anderson the Storyteller*, zuerst erschienen ebd.); Die Romane von Albert Cossery (*The Novels of Albert Cossery*, zuerst erschienen ebd.); Schweb still wie der Kolibri (*Stand Still Like the Hummingbird*).

Die Titelgeschichte, *Von der Unmoral der Moral*, deutsch von Oswald von Nostitz, Alexander Koval und Ursula von Wiese, ist mit freundlicher Genehmigung des Verlags Die Arche, Zürich, dem dort 1958 erschienenen gleichnamigen Band entnommen.

Entfallen gegenüber der Originalausgabe sind die folgenden, auf deutsch bereits veröffentlichten Texte: Wenn ich nach meinem Revolver greife (*When I Reach for My Revolver*), erschienen in *Von der Unmoral der Moral*, Verlag Die Arche, Zürich 1958); Einer auf der Suche (*Quest*), erschienen als Vorwort zu George Dibbern, *Unter eigener Flagge*, Claassen Verlag GmbH, Hamburg

1965; Der Engel ist mein Wasserzeichen (*The Angel is My Watermark*), erschienen als Vorwort zu Henry Miller, *Der Engel ist mein Wasserzeichen,* Verlag Dumont Schauberg, Köln 1961.